南部アフリカ社会の百年

植民地支配・冷戦・市場経済

小倉充夫［著］

東京大学出版会

One Hundred Years of Nsenga Society in Zambia:
Colonial Rule, Cold War, and Market Economy
Mitsuo OGURA
University of Tokyo Press, 2009
ISBN 978-4-13-056104-4

はじめに

二年間過ごしたザンビアの首都ルサカを後にしたのは一九八四年八月、ジャカランダの花が咲きそめる頃であった。その時はいつまたこの国に来ることがあるだろうかと思いつつ空港から飛び立った。一九八二年からの二年間は外務省の専門調査員として滞在したが、そもそもザンビアに赴任したのは偶然の重なりによった。ところがその偶然により、一九八六年一〇月には国際開発センターの経済基盤調査、八八年八月には外務省の文化無償評価調査、九〇年三月には同じく外務省の無償資金協力評価調査などでその後もザンビアに繰り返し来る機会があった。最初の滞在がきっかけで、経済協力に関連してザンビアの調査を依頼されることとなったのである。ザンビアとのかかわりはこのようにあまり主体的なものとはいえない形で始まったのである。地域研究にかかわる大学院生など、現在の若い研究者に比べれば頼りない船出であった。

私は第三世界における開発の社会学的研究とアフリカに関心があったので、一九七七年から七九年にかけて二年間、国際文化会館の社会科学フェローシップ（通称新渡戸フェローシップ）により英国サセックス大学開発研究所に所属した。そこでの研究成果を基礎にした『開発と発展の社会学』（東京大学出版会）の出版直前に、ザンビアの日本大使館が専門調査員を探しているという話を耳にした。それまではケニアとタンザニアに行った程度だったので、アフリカでの本格的な調査を始め、できれば長期間滞在したいと思っていた矢先のことであった。ザンビア行きはたまたまだったのである。

私の基本的な関心がザンビアの歴史や現状と密接に結びついていることに気づくのはしばらく後のことであった。ザンビアは典型的な鉱山・プランテーション型輸出経済構造を特徴とする社会であり、イギリスによる支配の下にある南部アフリカの周辺部であった。そして現在は南アフリカを中核とする南部アフリカ経済圏の周辺部である。すなわち世界的な南北問題の入れ子構造を南部アフリカは示している。北ローデシア（現在のザンビア）から南ローデシア（現在のジンバブウェ）や南アフリカなど領外への出稼ぎ労働ばかりでなく、北ローデシア内の鉱山都市への労働移動が顕著であった。その中で専ら労働力の流出地であるのが本書で対象とする地域、すなわち東部州ペタウケである。ザンビアがこのような入れ子状になった近現代世界の構造を示していることに次第に気づいていった。

なお本書で取り上げる村や人々は決して例外的なそれではない。紛争や飢餓とも無関係ではなく、むろんそこには葛藤や栄養不足はある。しかしそれは経済的に貧しい社会に共通する程度のものであり、極端に悲劇的なことが展開したところでもない。だからこそ本書が取り上げる社会にはザンビアで、南部アフリカで、アフリカで、そして多くの途上国で普通に生活している人々と共通する面が多いと思われる。そうした人々の生活とその歴史にこそ一九世紀末からのおおよそ一〇〇年にわたる世界の有り様が埋め込まれているといえよう。

文部省科学研究費補助金による海外学術調査「アフリカ諸国における都市化の比較研究」（一九八七―九一年、研究代表者・日野舜也）に参加する機会を得、本格的にザンビア研究に取り組むことになったのは一九八七年からである。八七年にはルサカのコンパウンド（低所得者層が住む居住区を意味する）であるカウンダ・スクウェアとカマンガ、および北部の鉱山都市ムフリラで、八九年にはルサカのコンパウンドのチャワマで農村・都市間移動に関する調査を実施した。ところが都市で調査をしていても、調査対象者のほとんどが農村から都市へ働きに出て来た人々であるので、次第にそうした人々が生まれ育った場所、すなわち村のことが気になり出した。そこでルサカへの出稼ぎ者が多い東部州の農村で調査を行うことにした。一九八九年のチャワマ調査の後、東部州ペタウケ県を訪れ、今日に至るペタウケとのつきあいが始まった。

一九八九年に私を受け入れてくれたのがヤパカ村とテレペ村（以下村名は全て仮名）であった。それ以来、一九九〇年、九一年、九三年、九四年、九六年の各年度および九九年から二〇〇六年まで毎年、東部州ペタウケ県にあるこの二つの村に通い続けた。滞在期間のほとんどは日本の大学が休みの夏期（ザンビアでは涼しい乾期）であるが、二〇〇〇年と二〇〇一年は夏期（二〇〇一年は六―八月）のみならず一二月にも、そして二〇〇五年は一二月から翌年一月の間のみ調査を行った。したがって滞在期間は最大で二カ月、冬の場合は半月と短い。筆者は人類学者のように長期にわたる村での住み込み調査をしたわけではない。村に住み込んだのは最初の三回（一九八九年、九〇年、九一年）のみであり、その他はペタウケ・ボマ（植民地時代行政官が駐在した場所をさし、今日でもペタウケの町をボマという）の郊外にあるモーテルに宿泊し毎日村に通った。

一九九三年以降の調査も科学研究費海外学術調査として実施した。それらは以下の通りである。「アフリカにおける低温地帯の農業利用と環境保全に関する研究」（一九九三―九六年、研究代表者・島田周平）、「南部アフリカにおける地域的再編成と人の移動」（一九九九―二〇〇一年、研究代表者・小倉充夫）、「国際移動の自存戦略とトランスナショナル・ネットワークの文化人類学的研究」（二〇〇〇―〇二年、研究代表者・庄司博史）、「南部アフリカにおける民主化と社会構造変動に関する学際的研究」（二〇〇三―〇五年、研究代表者・小倉充夫）、「アフリカ・中東地域の社会文化変容と国際関係」（二〇〇六―〇八年、研究代表者・小倉充夫）。ヤパカ、テレペの二つの村は各年度の調査対象に常に含めたが、その他ペタウケ・ボマへの帰還者については二〇〇二年、国境の村（ウサラカ村、ワクロチャ村）については二〇〇一年、二〇〇三年、〇四年、ペタウケ・ボマの商業・商人については二〇〇四年から〇六年に主な調査対象とした。

本書は同じ地域へのこうした継続的な訪問と調査にもとづくものである。したがってヤパカ村とテレペ村を擁するカリンダワロの首長、ウサラカ村とワクロチャ村を擁するムワンジャバントゥの首長、ヤパカ村、テレペ村、ウサラカ村、ワクロチャ村の各村長と村民の助けがなければ調査は不可能であった。とりわけヤパカ村の村長の尽力に負うところが多い。一九八九年から九一年にかけての調査では村での宿泊を世話してくれ、九一年には自宅を提供してくれた。それればかりでなく彼の教えてくれた様々な情報は大変有益であった。またザンビア大学経済社会研究所の調査官ジョナス・ピリ氏はほとんどの調査に、やはり同じ研究所の調査官マイケル・ピリ氏は二〇〇〇年から調査に同行してくれた。両氏ともにチェワの出身であり、ペタウケの主要民族ンセンガではない。しかしチェワとンセンガは東部州の同一言語集団に属している。筆者のンセンガ語が上達しない中で、両氏の手助けは不可欠であった。また両氏による情報収集も多大な助けとなった。

面接調査においては両氏のいずれかが私に同行した。面接における使用言語はほとんどの場合ンセンガ語およびチェワ語である。しかしボマでの面接は英語でも行った。年度ごとに調査目的に関連した質問項目をあらかじめ準備した。テープによる録音以外、聞き取り結果は英語で記録するか、チェワ語で助手が記録し英訳した。両氏の他にテレペ村村長の息子がしばしば面接に同行し筆者を助けたばかりか、情報提供者となった。

筆者が村で最初に出会ったときの子供たちは今や立派な大人である。成長の過程での交流は私の研究にとって貴重であったが、何よりも楽しい思い出となった。私が運転していた車の鍵を隠し、村中を大騒ぎさせた少年はいまや村の有力者である。一軒一軒を訪ねまわる私についてきた少女は女性ばかりの世帯で母親を助ける存在になった。子供たちといえばあることを忘れられない。一九八九年にはじめてペタウケに向ったとき、ザンビア大学から借り受けた四輪駆動のエンジン発火装置は途中で早くも故障してしまった。その結果、始動時にはいつも誰かに車を押してもらわなければならなくなった。しかしペタウケの村では私が車に乗り込むと子供たちがいっせいに車を後ろから押してくれるようになった。困っていると誰かがたすけてくれたのである。

もちろん厳しい現実を認識させられることもあった。調査を始めたときのカリンダワロ首長もテレペ村の村長も今は故人となった。世話になったヤパカ村の村長も目が見えなくなり、足が悪い高血圧の妻と共に鉱山都市ンドラに住む息子の元に今は引き取られている。しかしより悲しいことは身の回りの世話をしてくれた若い人たちが亡くなったことである。村長の家に宿泊していたとき沐浴の湯を沸かし、洗濯をしてくれた若い女性も今はいない。行くたびに食事を作ってくれた村長の姪も二〇〇四年には亡くなった。彼女は仕事をしながらよく歌っていた。「この世は辛いことばかりだけど、天国で幸せになれる」という意味の賛美歌のほかに、興味深かったのは「昼はキリスト教徒だけれども、夜には呪術師になる」という歌であった。その意味を最初に知ったときには、ザンビアの農村で人々が直面している事態、苦悩の深さ、しかしまたどこでも人間が抱える普遍的な問題を垣間見た思いがした。

本書は様々な学問分野・方法とその専門家の研究によっている。筆者が学部・大学院の学生として学んだ社会学とその関連領域、主にイギリスで学んだ開発研究、そして他のアフリカ研究者による研究、さらに若い時にはよく参加させていただいたアジア経済研究所（現日本貿易振興会アジア経済研究所）でのアフリカに関する研究会の成果、そして筆者が勤務した大学での国際関係研究である。この国際関係研究ということについて若干の説明をしておきたい。

筆者が津田塾大学学芸学部国際関係学科に赴任したのは一九七三年四月のことであった。大学院を終えた直後である。当時の社会学の状況からすると、アフリカに関心をもつ社会学者は大変珍しい存在だったと思う。自分でも社会学科より国際関係学科の方がふさわしいかもしれないという気持があった程度で、この学科に所属することがどれほど私に大きな影響を及ぼすことになるかは当時知る由もなかった。学科には政治・経済・社会・文化にわたる総合学としての国際関係学を構築しようとする熱気が溢れていた。国内で最初の国際関係学科として設置された直後であり、私の赴任直後には早くも大学院国際関係学研究科が設置された。そこで唱えられた目的は単に専門諸科学を寄せ集めることではなく、諸科学が出会うこの場で諸科学を問い直すということであった。国際関係という現象に異なる分野の専門家が各方面から接近し総合的に把握するということだけにとどまらない姿勢であった。むしろ国民国家の枠組に縛られた旧来の学問を国際的な関係性の中で再考することが目指されたのである。その中心になったのが江口朴郎先生と百瀬宏先生であったといえよう。こうした環境の中で社会学、アフリカ地域研究、国際関係学の関連を踏まえた方法を取りあえず国際社会学と称しておこうと私は次第に思うようになったのである。

この方法と筆者の考える国際社会学の特徴については序章で述べることにするが、教師になって間もない頃の自分のある発言を鮮明に記憶している。入会してあまり月日の経っていない時だと思うが、国際政治学会が地域研究に関するシンポジウムを行うことになり、報告者の一人に指名された。そこで地域研究を志す者として将来農村社会学と国際関係論（その頃は方法としての国際関係学という認識をまだもっていなかったため国際関係論という表現を用いた）との接合を目指すという大きなことを言った覚えがある。発表をした時に暖かい励ましの言葉を川田侃先生からいただいた。私は一九九〇年から五年間上智大学に勤務することになったが、綿貫譲治先生から転勤の話をいただいた時に直ちに思い出したのはその時のことであった。なぜなら私がこれから所属することになる上智大学国際関係研究所に川田先生はおられたからである。あの学会での約束を果たしえたかどうか自信はないが、本書はそれを目指してきた結果である。

考えてみれば私はいくたの僥倖に恵まれたとしかいいようがない。新渡戸フェローのことを教えていただいた大学院時代の指導教員綿貫譲治先生、ザンビア勤務の話をいただいた山田秀雄先生（当時アフリカ学会会長）、そして江口朴郎先生、百瀬宏先生との出会いがなければ私の研究はずいぶんと違ったものになっていたであろう。フェローも大使館勤務の仕事も自分で探したわけではないという呑気さであった。学生のとき江口先生の授業を受講はしたが、途中で放棄する有様であった。江口先生とはのちに勤務先の学科で共に教鞭をとることになり、日々謦咳に接する中で、先生の国際関係史研究の深さをやっと理解できるようになった。研究者の主体性を常に厳しく問う先生からすれば、私は論外の存在であったはずである。にもかかわらず実に暖かく接してくださったことはいまだに忘れがたい。なお御名前を一々挙げないが、他に多くの方に、特に同僚に教えられ大変お世話になったことを記しておきたい。

一九八七年から九一年にかけての調査に基づきまとめたのが『労働移動と社会変動——ザンビアの人々の営みから』（有信堂、一九九五年）である。本書はそれ以降の調査に基づくものである。したがって農村から都市への労働移動に限定していた前著にくらべ、本書は出稼ぎ者の帰還、地方都市ペタウケの商工業とその農村との関連、国境に近い村、さらに民族間関係など研究課題は広がり、ペタウケに関する総合的な把握を試みたものとなっている。前著では明示しなかった方法論も今回は意識的に明確化した。詳しくは序章で述べる。前著との重なりを極力避け、必要最小限言及することに止めたので、ペタウケからの都市への移動に関しては前著を参照していただければ幸いである。

書名について一言触れておきたい。書名にある通りの一〇〇年間をこの小著であつかうとしたら乱暴だとの誇りを免れないであろう。私にはそもそもその能力はない。記述の主要な部分は独立後、とりわけ二〇世紀末から現在までの短い期間である。しかし現在の問題を理解するためには、植民地支配、場合によってはそれ以前に遡って考察する必要があった。したがって努めて歴史的背景、とりわけ国際関係の展開を踏まえて考察した。調査を実施した地域に即すると、書名にある南部アフリカをザンビア東部州のンセンガとすべきであろう。しかしンセンガを南部アフリカの中に位置づけて、その一部として考察することを示すとともに、ンセンガという特定地域の分析を通じて南部アフリカの歴史と構造の一端を浮き彫りにしようと試みた。書名はこうした姿勢を示すものとして受けとめていただければと思う。

目次

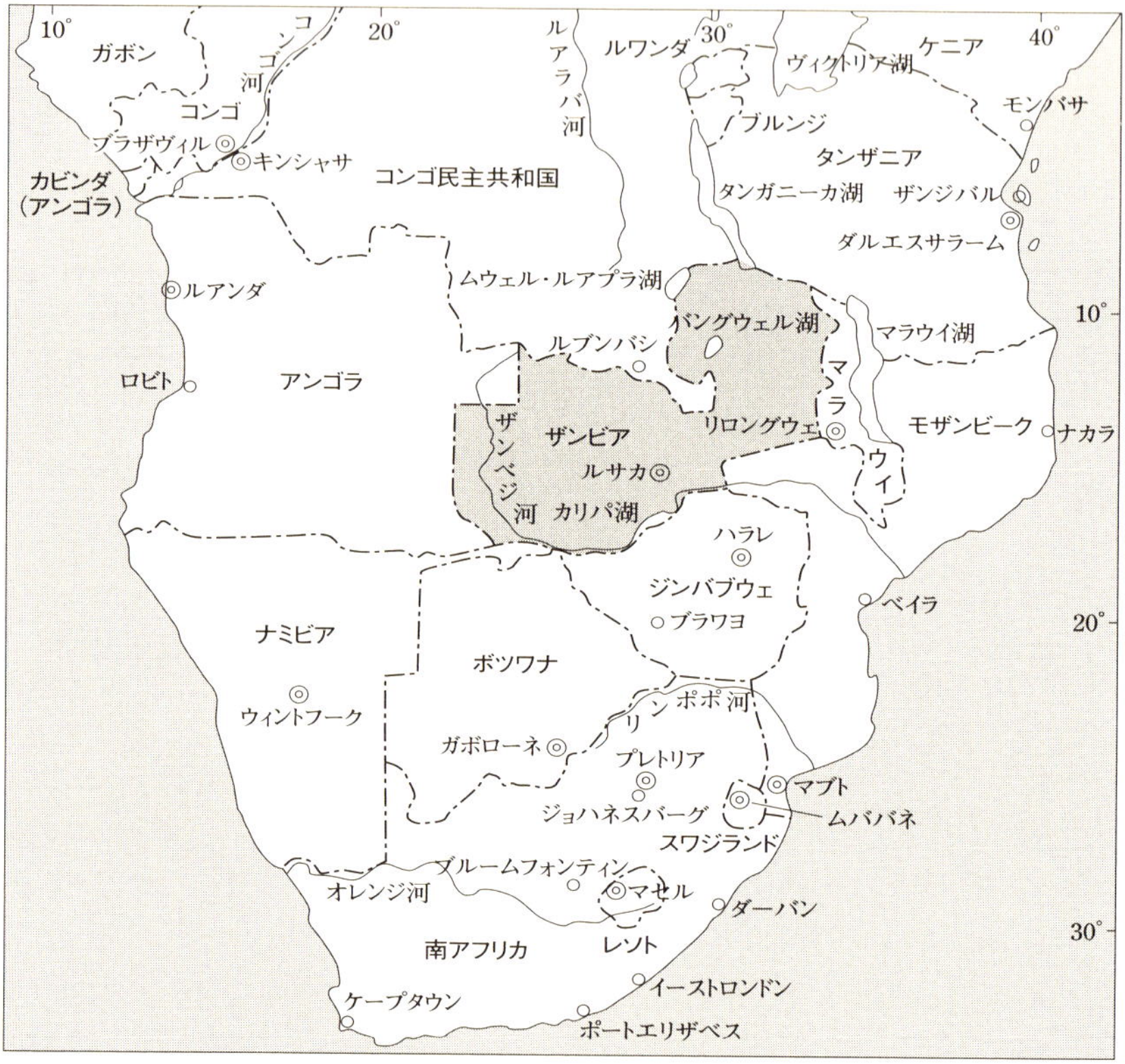

地図1　アフリカ大陸南部

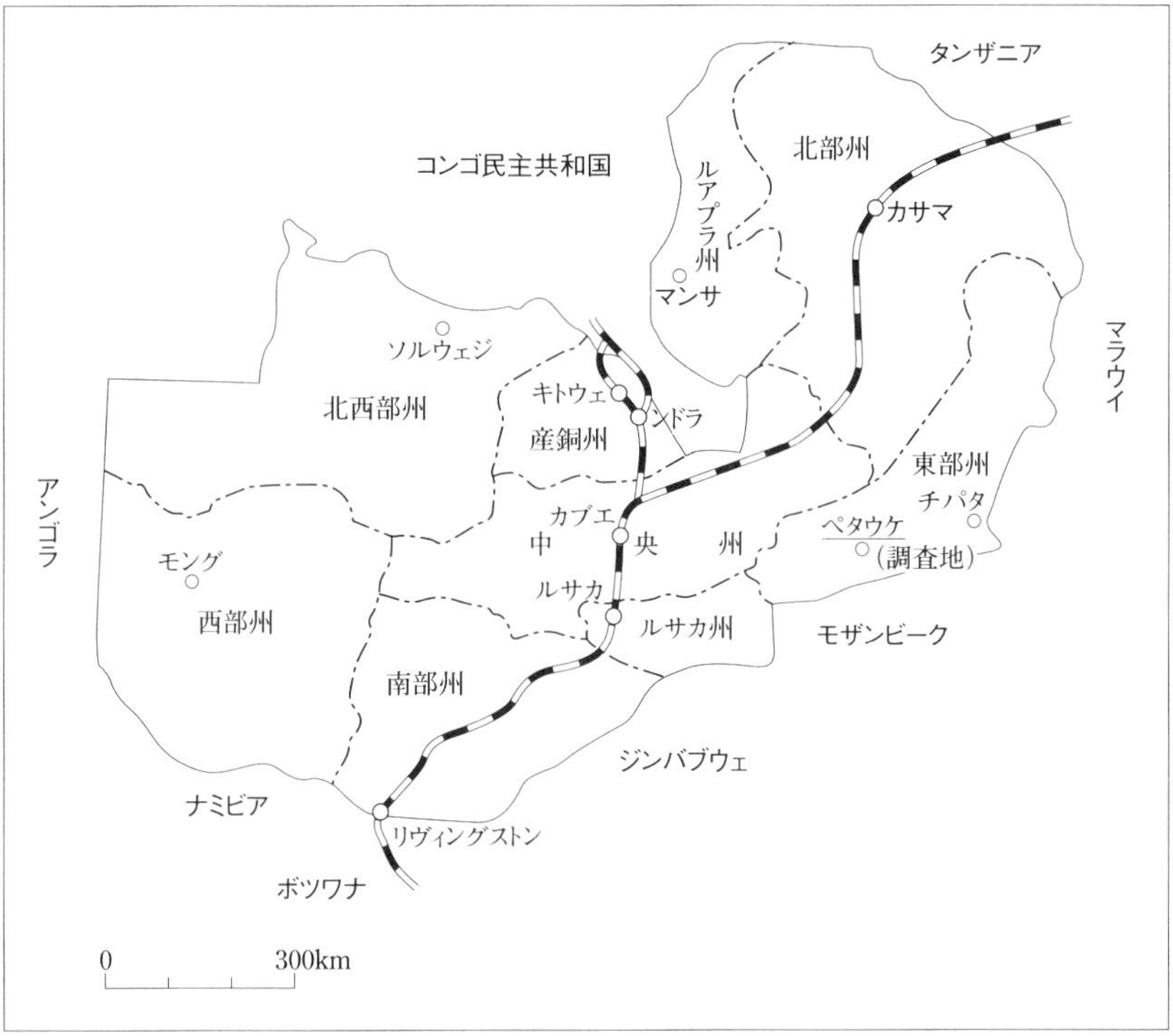
タンザニア
コンゴ民主共和国
北部州
ルアプラ州
カサマ
マンサ
マラウイ
ソルウェジ
北西部州
キトウェ
ンドラ
産銅州
東部州
アンゴラ
カブエ
中央州
チパタ
ペタウケ
(調査地)
モング
西部州
ルサカ
ルサカ州
モザンビーク
南部州
ジンバブウェ
ナミビア
リヴィングストン
ボツワナ
0
300km

地図２　ザンビア全図

序章
ザンビア農村社会と国際関係
——課題と方法——

調査村ヤカパ村

1　問題提起

帝国主義時代の幕開けとともに、アフリカは一九世紀末の短期間のうちにヨーロッパ列強により分割され、エチオピア、リベリアを除き植民地となった。奴隷貿易以来の長いアフリカとヨーロッパの直接の接触にもかかわらず、現在の南アフリカ共和国（以下南アフリカ）を形成することになる地域を除き、サハラ以南にはこの時期まで本格的な植民地は形成されていなかった。アフリカ分割に先立つ一九世紀は伝道と内陸探検の時代と呼ばれる。長年イスラム教徒を通じてしか知りえなかったアフリカ内陸部についてヨーロッパ人自らが直接知るようになった。同時にこの時代は西アフリカ産の油椰子や落花生が石鹸や蝋燭の原料として輸出されるなど、大陸の歴史はアメリカ・ヨーロッパとの三角貿易からヨーロッパとの双方的関係へと変化しつつあった。

アフリカ分割を象徴するのがドイツ帝国宰相ビスマルクが主宰したベルリン会議（一八八四年一一月—一八八五年二月）である。他国の権益のない場所をアフリカ人首長との保護条約締結により併合できるという、分割の手続きを決めた会議である。その結果、植民地獲得競争は激化した。それにはアフリカが原材料の供給地および商品市場として注目されてきたという背景があった。またイギリスにとっては、他の列強の侵出にたいしてインドへの安定的なルートを維持するということも獲得競争に加わる重要な理由であった。

分割によりアフリカはヨーロッパを中心とする資本主義の世界的な構造の中にしっかりと組み込まれた。西アフリカはすでに市場を通じてヨーロッパと結びついていたが、植民地化以降は統治機構を通じて特定の原材料生産に特化させられていく。アフリカ人小農による商品作物栽培が進展し、ヨーロッパ系の商社が流通を支配して巨額の利益を得た。西アフリカはその気候がヨーロッパ人に適さず、鉱山資源にもさほど恵まれていなかった。そのため多くの入植者を引きつけることはなかった。これらがプランテーション農業ではなく、アフリカ人による小規模な商品作物栽培を発展させたゆえんである。

鉱山・プランテーション型輸出経済は西アフリカに成立した小農型輸出経済と異なり、特許会社が特定地域における鉱物採掘権を得て開発する。あるいは植民地政府がアフリカ人から土地を収奪し、企業やその土地に入植した入植者により、開発される。これが鉱山・プランテーション型輸出経済の特徴である。この場合、アフリカ人は生産の経営主体となりえず、アフリカ人自身の手による農業発展は目指されるどころか阻止された。こうした経済構造の発展は南部アフリカにおいて顕著となった。アフリカ人は海外で働かされる奴隷としてではなく、プランテーションや鉱山ではアフリカの富をヨーロッパのために生産する労働力として利用されていくことになった。

植民地化により、アフリカ経済は市場原理のみならず、統治の力学によっても左右されるようになった。植民地政府によるアフリカ人からの土地収奪はその典型であるが、課税による労働力調達もその一例である。自給農民は家屋税・人頭税を課せられ、納税のために現金収入を必要とするようになった。その結果、彼らは賃金労働者として鉱山経営者や白人農場主に雇われる身とならざるを得なかったのである。

ところで分割と植民地化の様相において、南部アフリカは他の地域とかなり異なる。オランダ東インド会社が中継地として一七世紀中葉この地に入植者を送り、その後アンゴラ、東アフリカ、そしてインドやマレーから奴隷を導入して植民地が建設された。一九世紀初頭になるとイギリスがケープを占領し、その結果、北方に移動したオランダ系住民は一八三九年にナタール共和国を建設する。しかしイギリスはインド洋に面した南部に他のヨーロッパの勢力が進出することを阻むため、ナタールをケープ植民地に編入した。そのためオランダ系住民はさらに北方内陸へ移動し、イギリスは一八五二年に南アフリカ共和国（通称トランスヴァール）を、そして一八五四年にオレンジ自由国の成立を認めた。

アジアへの補給地として重要であっても貧しい農業地域にすぎなかったこの地域が一躍注目されるようになるのは、一八六七年のキンバリーでのダイヤモンド鉱脈の発見と一八八六年の現在のジョハネスバーグ近郊における金鉱脈の発見によってである。こうした鉱物資源の発見は南アフリカの位置づけを根本的に変えたばかりか、南部アフリカ全体をゆるがした。トランスヴァールの北方に第二のラント（金鉱脈のある地名ヴィットヴァーテルスラントの略称）があるのではという期待が領土拡大の野望を強めたのである。イギリス南アフリカ会社のセシル・ローズはロシュナーという人物を派遣しロジの王レワニカと協定を締結し（一八九〇年）(Roberts, 1976 : 160)、現在のザンビア西部（北西ローデシア）を勢力下に置くとともに、ロベングラを王とするマタベレ王国を一八九三年に征服、一八九五年にはマショナランドとあわせて南ローデシア（現ジンバブウェ）を成立させる。ケープからカイロに至るイギリスの支配地域をひとつに結びつけるという野望をもっていたセシル・ローズであったが、大陸中央部にあるカタンガ（コンゴ民主共和国南部にある鉱物資源の豊かな地域、現シャバ州）を得ることができず、彼の支配地域の北端がローデシアとなることで満足しなければならなかった。一八九九年に会社は正式にこの地を北東ローデシアと北西ローデシアに分け、一九〇〇年にフォート・ジェイムソン（現在の東部州州都チパタ）を北東ローデシアの本部とした。北西ローデシアの本部はカロモにあり、後にリヴィングストンに移った。この二つは一九一一年に合併され北ローデシアとなる。本書で取り上げるのはこの北ローデシア、現在のザンビアである。なお以下では植民地時代であることを示す場合は北ローデアシアと書き、特にその必要がない場合はザンビアと表記する。

北ローデシアは大陸中央の内陸にあるため輸送費用がかかり、開発の期待は抱かれていなかった。入植者はカタンガを市場とするトウモロコシと牛肉の生産にたずさわった。そして会社にとって北ローデシアはカタンガの鉱山と南ローデシアへの労働力供給地として意義を持つようになっていった（Roberts, 1976 : 177）。支配ははじめから労働力供給地とする目的で行われたのである。一九二四年に会社による統治から植民省による直接統治になるが、会社は北西部での鉱物採掘権を保持した。その時はこの権利がさほど価値がでるとは考えられていなかったが、後にこの特権こそが銅の採掘により会社に大きな利益をもたらすことになったのである。

さて二〇世紀中葉の独立以降、アフリカ分割による植民地の境界をそのまま国境として引き継いだアフリカ諸国は、国家形成の矛盾に伴う対立や紛争に苦しめられることが多かった。対立はしばしば民族間、地域間で激化した。アフリカ外の勢力はその対立を利用あるいは助長し、とりわけ冷戦下の大国の思惑は血生臭い争いをアフリカで引き起こしてきたのである。南部アフリカにおいては東西の陣営と南アフリカがかかわることにより、解放闘争は熾烈を極めた。一九七五年に独立したアンゴラとモザンビークは政府側と反政府側が闘う内戦に突入した。ローデシアとナミビアは独立そのものが大幅に遅れ、ローデシアがジンバブウェとして独立したのは一九八〇年、ナミビアが独立したのは一九九〇年になってからである。冷戦の時代に欧米諸国が反共の旗の下で抑圧体制を黙認した結果、二〇世紀末までアパルトヘイト体制が存続した。

それゆえ、東西の戦場とまでいわれたアフリカへの大国の直接的な介入は、冷戦の終焉によりようやく減少したのである。しかしその後、大国は新たな形でアフリカに影響を及ぼすようになった。すなわち大国や国際機関による市場経済化と民主化の推進である。実施のされ方によっては、この二つが貧困や不平等の拡大、そして紛争を生じさせる結果になった。冷戦後の世界経済の一層の緊密化と一体化によって、途上国の中には開発が急速に進んだ地域もあったが、アフリカ諸国はその恩恵を容易にこうむることができなかった。アメリカ合州国とソヴィエト連邦双方に対してアフリカ諸国が巧みな外交を展開した冷戦時代とは異なり、今日では政治的にもその影響力は低下した。その結果、現在のところアフリカはかつてと比べ一層周辺化されたともいえ、人々はかつてないほどの疎外感を抱くことにもなった。アフリカが援助国や国際機関の意向に逆らうことは困難であり、逆らえば投資・交易・援助の枠組の中に統合されるどころか、むしろ排除される危険さえある。こうして冷戦の終焉と市場経済による一元化の進展という二〇世紀末の歴史的転換は、アフリカにおける人々の生活に大きな影響を及ぼしつつある。

しかし冷戦終焉によりアフリカが失った対外的な交渉力を回復する可能性が全くないわけではない。貿易、投資、援助などで、中国がアフリカとの関係を近年急速に強めている。急激な存在感の強まりが一部に中国人や企業への反感を生み出しているが、内政に干渉せず、教師面もせず、パトロンとして振る舞わない初めての大国として中国への期待は大きい。中国は欧米諸国の対アフリカ政策に影響を及ぼす存在になりつつある。

アフリカは植民地化されて以来、世界経済の周辺であり、輸出用商品作物の栽培あるいは鉱物資源の採掘に特化させられ、そのための低賃金労働者を生み出してきた。これらは、植民地時代以来、今日に至るまで継続している。一九世紀末のアフリカ分割以降、植民地支配が進展するにつれ、労働力需要が拡大していった。それ以前、奴隷貿易の時代においては、多数のアフリカ人が奴隷としてアフリカ大陸から連れ去られ、苛酷な労働を強いられた。それにかわり、植民地化後はアフリカ人が大陸内で強制労働に従事させられ、やがて低賃金労働者として雇用されるようになったのである。

サハラ以南のアフリカにおける労働力需要が急速に拡大する時期は地域によって異なる。しかし輸出用商品作物の栽培が発達してくる一九二〇年代には、アフリカ人労働力の調達が多くの植民地政府にとって重要な課題となった。公共事業などにおいて強制労働が行われ、ポルトガル領では二〇世紀の後半まで続けられた。大量の労働力を調達するのが困難であったため、当初はインドなどアフリカ外からの契約労働者も導入された。

やがてさまざまな方法により、アフリカ人は強制労働ではなく賃金労働に従事させられるようになった。すでに述べたように、用いられた主な手段は課税であった。一九世紀末から二〇世紀初頭までには、アフリカのほぼ全域で課税が実施されるようになった。しかし、植民地経営に必要な労働力を安定的に獲得することは二〇世紀前半まで容易でなく、労働力の調達は植民地政府の重要な課題であり続けた。なぜ農民から賃金労働者への転化が順調に進展しなかったのだろうか。通常農民は出身の共同体に耕作権を有する土地を持ち、自給的農業を営むことが可能である。課税という強制がなければ、賃金労働者になる動機はあまり生じない。納税以外の目的、例えばヨーロッパから輸入された商品や婚資にする牛の購入のためにという目的が加わることにより、次第に賃金労働者化は進行する。しかしその場合でも、目的達成に必要な現金を得たならば帰郷する。すなわち出稼ぎ還流型労働形態が主流だったのである。

南部アフリカにおいて、植民地政府や入植者・企業は労働力不足という課題をアフリカの他地域に先がけて抱え、しかも持ち続けてきた。サハラ以南アフリカの中で、南部アフリカの南端は最も早く本格的な入植型植民地となった。一八六〇年代にはインド洋沿岸のナタールにおける砂糖プランテーションなどに、インド人が農業労働者として導入された。ダイヤモンド鉱脈と金鉱脈の相次ぐ発見は労働力需要を急増させた。すなわち南アフリカをはじめ、南部アフリカは、早くから大量のアフリカ人労働者を生み出すことになったのである。南部アフリカ以外のサハラ以南アフリカでは一九二〇年代になって本格的な労働力需要が生じた。それ以前は例えばケニアのモンバサとキスム間の鉄道建設のために導入されたのはインド人契約労働者などであったが、南部アフリカでは一九二〇年代に鉱山・プランテーションでの需要がさらに増加した。イギリス領では公共事業以外で強制労働は禁止されたため、強制によらない間接的な方法（主に課税）による調達が必要であった。

しかしながら南アフリカ鉱山に必要とされた労働力を南アフリカ内で調達することは困難であった。その結果、南アフリカにおける労働力需要は南部アフリカ全体を巻き込むことになった。南アフリカの鉱山ばかりでなく、プランテーション農業、さらに南ローデシア（現ジンバブウェ）における鉱山および入植者によるプランテーションが加わり、南部アフリカにおける出稼ぎ労働は一層活発化した。さらに南アフリカを中心とする商業・金融・交通網の発展は、アフリカでは他に類をみない域内の相互依存関係を発展させた。

アフリカの他地域に対する南部アフリカの特徴として、入植型植民地としての長い歴史、ヨーロッパ系人口の多さ、複数の植民地が一九六〇年代ではなく一九七〇年代以降に独立したこと、その独立の過程で激しい武力闘争が行われたことなどがよく指摘される。それらに加えもう一つの特徴は、域内各植民地・各国間にある密接な経済的関係の存在である。第一次世界大戦後、アフリカに植民地をもつ帝国は帝国内の自給率を高めようと、各植民地はいくつかの原材料、商品の生産に特化させられることになった。その結果、たとえ隣接していても、各植民地間の相互依存関係は深化せず、宗主国と植民地の関係が強まった。

たしかに南部アフリカにおいても同じことは生じた。イギリスと南北ローデシア・南アフリカ、ポルトガルとアンゴラ・モザンビークといった関係である。しかし南部アフリカ地域に他の諸地域と異なる様相を与えたのは、南アフリカの存在であった。一八七〇年から一九一三年にかけて、サハラ以南アフリカへの外国投資の多くは南アフリカと南北ローデシアに流入した。南アフリカ連邦成立時（一九一〇年）の南アフリカにおける白人人口は一〇〇万人をはるかに越えていた。このことは他のアフリカには見られない規模の購買力のある人口が存在すること、すなわち国内市場が存在することを意味し、輸入代替産業化とそれによる現地資本蓄積が可能となった。戦間期には南アフリカで国営鉄鋼公社が設立され、ヨーロッパが戦乱に巻き込まれる第二次世界大戦にはヨーロッパからの供給が断たれ、一層の産業化が促進したのである。こうして南アフリカ経済の発展と労働力需要の拡大は、商品流通、労働力移動、それらに必要な輸送手段の発展をもたらし、南部アフリカ域内の緊密な相互依存関係を発展させた。北ローデシアはこうした緊密な相互関係を形成する地域の北端に位置していた。

なお南部アフリカの植民地が独立を始める一九六〇年代から、アパルトヘイト体制が崩壊する九〇年代までは、南アフリカと他の南部アフリカ諸国との政治的対立のゆえに、労働移動など相互依存関係の発展には一定の制約があった。ザンビアは一九六四年の独立以降、南アフリカへの出稼ぎ労働を停止した。しかし貿易や交通など他の経済的諸関係は維持されたばかりでなく、マラウイ、ボツワナ、レソト、スワジランドなどは独立後も南アフリカへ出稼ぎ労働者を送り続けた。七五年にようやく独立を達成したモザンビークにとっても、南アフリカへの出稼ぎ労働者による外貨獲得は必要不可欠だった。アパルトヘイト体制が崩壊し、南部アフリカにおける地域協力機構である南部アフリカ開発共同体（ＳＡＤＣ）に南アフリカも一九九四年に加入した。こうして相互依存関係はさらに強化されつつある。南アフリカを機関車とした南部アフリカの発展が期待されている。他方で、南アフリカと他の諸国との経済格差は拡大し、南アフリカの支配的地位が一層強まるのではないかという危惧もある。いずれにせよ、人の移動について見ると、鉱山労働あるいは農業労働に従事する出稼ぎ労働者ばかりでなく、頭脳流入・流出といわれるなど、ポストアパルトヘイトの現在、様々な人々の南アフリカへの移動によって、労働移動の多様化が進展している。

さて人の移動のあり方は世界の構造を反映しており、移動を通じて世界的な構造の把握に接近することができる。南北間の格差による南から北への移動、南の世界における格差による南々間の移動、そして南の社会内部の格差による農村から都市への人の移動などが、現代における移動の主な方向である。人の移動こそが世界の構造を特徴づけ、今日あるところのものを作り上げてきたといえよう。大西洋を横断した奴隷としてのアフリカ人の移動や、植民地開発のための労働力として調達された中国人やインド人の契約労働者は、労働力としての人の移動と資本主義発展との密接な関連を示している。労働力としての移動であっても、移動した人がやがて定住することによって、しばしば多民族・多人種社会が形成される。こうして人の移動は世界的規模における経済的構造を作り出してきただけでなく、政治・社会・文化の各領域にわたる構造上の特徴を紡ぎ出してきた。

資本主義の発展過程において手工業者や農民の一部が没落し、海外に渡航するという現象は近代ヨーロッパに広く見られた。発展の過程における社会的矛盾を外部に転化する役割を移動は果たしていたといえる。移動の原因としての貧困と経済発展とは一つの事象として分かち難く結びついている。このことは近代日本における海外移民にも共通している。送り出し地域、送り出しかつ受け入れの地域、そしてほぼ専ら受け入れ地域であるところの三者間で重層的な関係が成立し、かつその関係は歴史的に変化する。送り出し地域が受け入れ地域になるなどの変化があるからである。ところが近代以降ほぼ一貫して送り出し地域であり続けたところもあり、それは世界経済における「周辺部」であるといえる。ザンビアはその典型例である。

しかし詳しく見れば、ザンビア全体を周辺部の周辺部と、性格づけることはできない。二〇世紀初頭の北ローデシアはモザンビークやニヤサランド（現マラウイ）とともに、南アフリカおよび南ローデシアへの典型的な労働力供給地であった。しかし一九二〇年代になると有望な銅鉱脈の発見や電気・自動車産業による需要の拡大、あわせてダイヤモンド試錐機のような資源探査の技術革新などをきっかけとして、一九三〇年までに南アフリカおよびアメリカ資本により四つの新たな大鉱山開発が開始された（Roberts, 1976 : 185-186）。こうして北ローデシアは、南アフリカ、南ローデシアそしてカタンガへ労働力を提供するだけの貧しい植民地から、一躍世界有数の銅生産地となった。一九三〇年代以降北部にある産銅地帯は労働力を必要とする吸引地となり、さらに現在は首都ルサカが人口流入地となっている。したがって鉱山都市と東部州を対比すれば明らかなように、周辺部といってもその程度は当然多様であった。

本書において取り上げるザンビア東部州ペタウケ県は常に有力な労働力送り出し地域であった。ペタウケ県が属する東部州は全国九州のうち貧困指標（一九九八年）では四番目に貧しい州である。すなわち西部州、北部州、ルアプラ州に次ぐ。これら四州はいずれも労働力の送り出し地域であるという共通性を持っている。そして東部州八県の中でも最も貧しい県がペタウケである。(1) 安全な水を得られる割合は県人口の一一%、水道水の割合は四%のみである。ペタウケ・ボマ（植民地時代にボマは地方行政機関の所在地を意味し、現在ペタウケ・ボマとはペタウケの町をさす）でもそれは四〇%にとどまっている（*District Strategic Development Plan 2001–2003* : 40, 59–60）。したがって東部州ペタウケ県に着目することは典型的な周辺部社会を取り上げることになる。その場合、ペタウケは単に孤立していたのではなく、重層的な関係において周辺部であったということが重要である。植民地支配、独立後も続く経済従属、冷戦後の世界経済の一層の一体化と市場原理の徹底という外部との関係の変遷にもかかわらず、植民地時代以来の労働力送り出し地域としての構造は一貫して続いてきた。あるいは反対にこうした視点から労働移動と農村社会の変容を検討することは、植民地支配から今日までの国際的条件とその変化が「周辺部」社会にもつ意味を明らかにすることにもなろう。

国際移動と国内移動の展開により、北ローデシアの労働移動は早くから注目され、その研究はローズ・リヴィングストン研究所（後にザンビア大学アフリカ研究所、現在はザンビア大学経済社会研究所）を中心に行われた。ローズ・リヴィングストン研究所を拠点に展開した鉱山都市労働者と労働移動の研究は、ファーガソンによると人種主義的な白人入植者や植民地政府に対して批判的立場を示すものであった。研究所の人類学者たちも植民地体制自体を否定したわけではないが、アフリカ人は都市文明に適応することができ、農村的・部族的なアフリカ人も近代社会の一員になることができると主張した（Ferguson, 1999 : 32–35）。

入植者と植民地政府は、都市のアフリカ人は一時的滞在者に過ぎず、「部族民」であることに変わりはないと考えようとした。アフリカ人はいつまでも出稼ぎ労働者であるというわけである。それゆえ、都市でのアフリカ人の生活改善を行おうとしなかった。この考えに対して、人類学者たちは都市労働者を農村に住む「部族民」としてではなく、西欧化あるいは近代化された人々として捉えようとしたのである。ファーガソンのこのような理解は銅鉱業地帯（コパーベルト）の人類学的研究がどのような社会的位置づけにあったかを考える上で重要であろう。

出稼ぎ還流型の移動は、一方的な流出に比すれば、送り出し社会の変化を少ないものにする。少なくとも直ちに社会解体を意味するわけではない。しかし多数の農民が長期にわたり出稼ぎに出ることは、農村・農業に当然深刻な影響を及ぼすはずである。この影響によって出稼ぎ還流型による労働力再生産構造が維持できなくなることは、植民地政府にとって避けねばならないことであった。すなわち多数の男性が農村から流出することは、農村社会や農業生産にどのような影響を及ぼすのか、このことが植民地政府にとって重要な問題であった。以来労働力流出による農村社会への影響を論じた研究（Richards, 1939; Gluckman, 1965; Wilson, 1941; Watson, 1958）、および労働移動の形態と特徴、すなわち出稼ぎと定住をめぐる研究[2]（Wilson, 1941; Mitchell, 1954; Bates, 1976; Moore and Vaughan, 1994; Ferguson, 1999）などには豊富な蓄積がある。

ザンビアの労働移動に関する研究は数多いが、どれもいくつかの限界があった。第一に対象が鉱山都市と鉱山労働者に集中していたことである。鉱山開発にともなう労働移動の発生がそもそもこの分野の研究を活発化させる理由であったことから，それは当然であった。しかし独立後，鉱山都市以外の都市，特に首都や地方の中小都市への移動が増大したため，研究対象地域の広がりが必要である。第一の問題とも関連するが，第二の問題として，労働移動の展開とその変化の意味をザンビア経済の変遷の中でとらえるという視点が不十分だったということである。このことは，鉱山業の発展した時期における都市労働者の研究がほとんどであったからである。第一の問題に関しては，地方都市への移動に注目すべきだと指摘した研究（Pottier, 1988），ルサカへの移動労働者を調査した研究（Seymour, 1976）などごくわずかの例外を見るだけである。第二の問題については現在でも不十分な状態だといえよう。しかし都市から農村への逆流の現象に注目した研究（Ashbaugh, 1996）が近年行われている。ファーガソンの研究は経済危機下の都市労働者を分析しており極めて示唆に富むが，対象はやはり鉱山労働者に限定されている（Ferguson, 1999）。

従来から労働移動の形態は出稼ぎ還流型であるといわれ，その実態と変容について議論されてきた。主に男性が農村から鉱山やプランテーションへ出稼ぎに行き，一定期間働いた後に帰村する。これを生涯にわたって繰り返すのが出稼ぎ還流型である。彼らは南アフリカや南ローデシア，カタンガの場合と同様，低賃金非熟練労働に従事する単身者，あるいは家族を村に置いてくる既婚者となるよう方向づけられた。こうして基本的には出稼ぎ還流型労働者とならざるをえなかったのである。機械化の進展による熟練化の必要性や職場に定着することによる労働能力の向上などのため，家族同伴が許可され，家族と同居することもあったが，会社は彼らが都市で永住できるような対策をとらなかった。ところが現実には，全ての出稼ぎ労働者が帰村したわけではなく，出稼ぎ先に定住する人々もいた。また男性のみが移動していたわけではなく，独立前でさえ，女性単身の移動も見られた（Moore and

Vaughan, 1994 : 143-144)。植民地時代にすでに一部では定住化などの変化が生じていることをウィルソンが指摘しているように（Wilson, 1941 : 46）、ザンビアの労働移動の形態をすべて出稼ぎ還流型と言い切ることはできないが、独立前の主な形態は、おおむね出稼ぎ還流型であった。

なぜ出稼ぎ還流型であったのか。植民地経済の下で、アフリカ人農民は部分的に賃金労働者化されるが、いずれほとんどの人は帰村する。すなわち農村と切り離されたプロレタリアートとしてではなく、常に農民に戻ることのできる半農半労的な、セミ・プロレタリアートという特徴を維持してきた。北ローデシアにおける主な資本制生産部門は鉱山業とヨーロッパ人入植者による大規模農業であり、そのために大量の非熟練・半熟練労働者が必要とされた。しかも鉱山業において必要な熟練労働はヨーロッパ人によって独占されていた。このような場合、男子単身の出稼ぎ労働者を雇用し、労働力の再生産費用を出身農村に負担させることが可能であり、それにより雇用主は労働力費用を削減することができた(3)。このように還流型労働には雇用主にとって経済的利点があったため、この形態が維持された。女性と雇用証明のない男性の移動や都市居住には制度的な制約があり、低賃金労働者が家族随伴で都市に定住するのは容易なことではなかったのである。

東部州に暮らす諸集団は隣接するマラウイ、モザンビーク、タンザニアと民族的要素を共有する。現在の南アフリカの地から北上してきたンゴニやポルトガルの侵略者も、この東部州に住む人々に大きな影響を与えた。しかしなによりもイギリスの勢力浸透は決定的な意味をもった。イギリスの各植民地は経済的にみれば本国の経済に貢献するよう一種の国際的分業体制の中に組み込まれた。この組み込みとそのありようは各植民地の社会に重大な影響を与えたが、各植民地に対して課せられた役割はかならずしも同じではなかった。それゆえ、地域的多様性が植民地内部でも見られたのである。一次産品の種類と生産形態、生産に必要な労働力調達などが、植民地化された社会の変化を左右した。ザンビアの場合、亜鉛や鉛を産する中部のカブエ以外に多数の労働者を必要とする産業は北部の銅鉱山であった。したがってすでに言及したように、一九二〇年代に開発が本格化する以前に、北ローデシア内での賃金労働の機会は極めて限定されており、労働の主な内容はカタンガおよび南ローデシアの農場と鉱山への出稼ぎであった。すなわち南部アフリカ地域という規模でみると、北ローデシアは他の植民地への労働力供給地の役割を担っていた。東部州に注目すると、地元のササレ鉱山が労働者を必要とした時期もあったが、それを除けばめぼしい就労機会はなかった。北部銅鉱山の開発後、東部州では南ローデシアなどの国外への出稼ぎの他に、北部への出稼ぎが加わるものの、労働力供給地としての役割は依然として変わらなかった。それだけに植民地経済の発展によって生じた人の移動による送り出し社会の変化を知る上で、北ローデシア時代の東部州こそ好個の研究対象といえる。

北部州やルアプラ州からの労働移動研究に比べ、東部州からの労働力移動についての研究は、独立前どころか独立後の時期についてもほとんど存在しない。わずかにアシュバウおよび筆者による研究がある（Ashbaugh, 1996; 小倉 1995）。労働移動の展開をとらえるためには、独立前の状況を把握し、それとの連続性の上で独立後の状況を理解する必要がある。しかしザンビアではこの時期の労働移動についての言及は、コパーベルトへ移動した労働者に限られている。しかも植民地政府文書の分析という仕事は東部州に関しては未開拓である。

本書の目的はザンビアの労働移動や東部州農村社会研究の空白を埋めるということに止まるものではない。ザンビアの労働移動研究により何が明らかになるのか。特定地域の農村が注目に値するのは、その動向が外部世界と密接に関連しているからである。ペタウケ農村、ザンビア、南部アフリカという異なる次元の地域間の重層的関係性、および変遷する時代状況の下でのこれらの地域を取り巻く国際的関係性を明らかにすること、また逆にこれらの関係性によって規定される特定農村の状況を明らかにすることが本書の目的である。具体的には南部アフリカの特定地域の調査研究を通じて、南部アフリカ農村にとっての植民地支配、独立と冷戦、市場経済化の意味を問うことである。これは一九世紀末から今日までの三世紀を跨ぐ一〇〇年のことがらであり、しかも南部アフリカではこれら全てが同時に進行しつつ、それぞれが不可欠に関連しているという点に特徴が見られる。ザンビア東部州の農村に注目し、史料と農村調査に基づきながら農村の実態というミクロレベルとマクロな構造レベルとの相互関係を踏まえて、ザンビア・ンセンガ人農村社会にとっての一〇〇年をとらえる。

2　方法と視点

(1)　国際社会学の方法

本書で依拠する主な方法は国際社会学的なものである。国際社会学とは何か。それには多様な定義と考え方があり、それぞれに基づいた研究蓄積がある。本書では社会学と国際関係学とが遭遇した地点で成立する視点を重視している。すなわち社会の諸問題を国際的関係性のもとで捉えようとする視点である。本節では国際社会学の成立と展開を概観しながらその特徴を明らかにしておきたい。

ここでは、典型的な専門科学である社会学が学際的・複合的学問としての国際関係学と接触しつつ、成立してきたものとして国際社会学を考える。国際社会学は旧来の社会学を問い直すという問題とどのようにかかわり、社会学にどのような新たな展開をもたらすだろうか(4)。政治学にとっての国際政治学、経済学にとっての国際経済学といったような分野を、社会学は長らく有していなかった。少なくとも国際社会学という名称は一般的ではなかった。そしてこれは単なる名称にとどまらない状況の違いを意味していたと考えるべきであろう。

現代につながる国際社会の原型として、一七世紀中葉以来の西欧主権国家に基づく国際社会が想定されてきた。西欧国家体系は次第に世界的規模の拡大をとげる。したがって第二次世界大戦までの国際社会では、西欧諸国と同様、近代国家として認められた国家のみが対等な一員であり、ほとんどの地域は西欧諸国に支配される従属地域として編入されるという経過をたどることになった。近代の国際社会では、限られた数の民族のみが自らの国民国家を形成でき、その他のほとんどの民族は植民地など従属的立場に甘んじなければならなかった。こうした状況における国際関係は支配的な国民国家間の関係、そしてそれに付随する形での国民国家と植民地との関係という様相を色濃く示していた。西欧諸国と植民地との関係において帝国は形成された。イギリス帝国の場合、本国の住民も植民地の住民も等しくイギリス臣民であるとされていたが、この形式はイギリスによる植民地諸民族に対する支配という事実を何ら否定するものではない。独立した主権国家間の関係こそが国際関係だったのである。

第二次世界大戦後、植民地が相次いで独立し、新たな国家として誕生すると、世界は主権国家により埋めつくされるようになる。主権国家の集合体としての国際社会という通念はここに絶頂期を迎えることになる。国際関係は文字通り国家間関係としてとらえられた。したがって国際社会は社会学が対象とする社会とは本質的に異質なものであるととらえられたのもやむを得なかった。

国際社会における主な行為体は国家であると考えられていたため、国際社会は政治学の対象であって、社会学の対象ではないと見なされていた。国民国家の枠を越えた社会的行為とその相互作用が注目されることもなかった。商品や資本の国境を越えた移動は、国際社会を経済学の対象とする十分な根拠となった。しかし移民など人の国際移動については個別の研究関心として追求され、国際社会学の成立になかなか結びつかなかった。移動の結果として、多様な人種や民族の混住という事態が生じたアメリカ合州国などでは、確かに独自な学問が発達した。しかしそれは国際社会を社会学の対象と考えるという立場とは無関係であった。

こうした状況においてもなおかつ成立する国際社会学は、国際関係の分析に社会学の理論を採用するということであった。管見するところによれば、国際社会学という名称を用いて、この分野を実質的に確立した最初の研究者は馬場伸也であろう。彼の国際社会学の出発点は国際関係の社会学であった。すなわち社会学を国際関係の分析に使用する、「応用」としての国際社会学であった。[5] 国際関係現象にリーダーシップ論、アイデンティティ論、国民性論などを適用して分析するということである。これは明らかに伝統的な外交史研究や国際政治研究に対し、専門諸科学において蓄積されてきた理論を用いることによって新しいとらえ方をしようとする動向の反映であった。

こうした特徴をもつ国際社会学に社会学者の関心はさほどあつまらなかった。なぜならどれほど社会学的理論・枠組が用いられようとも、対象たる国際関係そのものを社会学の対象だと認識する人々があまりにも少なかったからである。ところが一九七〇年代後半から新たな動向が加わることにより、社会学者の関心を次第に引きつけるようになった。ただしこれも国際政治学、国際関係学からの影響によっていた。すなわちこれらの分野における非国家的行為体への注目によっていたのである。国家が構成単位となる国際機構、非政府組織から成る国際組織、さらに国内にとどまらず国境を越えて活動する非政府組織などが国際社会で重要性を増してきた。さらに移民、難民、あるいは観光客などの形で人の国際移動が活発となり、脱国家的・超国境的（トランスナショナル）行為が国家間関係にも大きな影響を与えるということが一層明確になってきた。この段階においても指導的役割を果たしたのは馬場伸也であった（馬場 1978）。こうして社会学的方法の必要性はさらに高まったのであるが、こうした動向を踏まえて国際社会学という名称が用いられるようになった。国際関係への社会学理論の適用、トランスナショナルな関係への注目などが国際政治学や国際関係学での単なる一傾向にとどまらず、国際社会学を発展させていった。

また、国際社会学の成立をもたらした背景として二つのことを指摘できる。第一は「文化変容」としての日本の国際関係学の特徴である。(6) 第二次世界大戦後の国際関係論は法学部など既成の学問分野ではなく、教養学部などに設置されていった。日本で最初に国際関係学科が成立した際も、それは学芸学部にもうけられたのである。当時のやむをえない事情によったにせよ、このことの及ぼした影響は大きかったというべきだろう。日本の国際関係学はこのような学部の中に植えられたことにより、広域領化せざるをえなかった。すなわち、外交史や国際政治学、国際機構論にとどまらず、国際関係に影響を及ぼす要因にかかわる専門諸科学がそこに含まれるようになった。例えば国際経済学はもとより、国際関係に及ぼす文化や宗教に関する人文諸科学である。国際関係の主体であり、国際関係が具体的に展開される場でもある地域の研究は不可欠であるが、その研究にもさまざまな人文・社会諸科学の動員を必要とした。国際関係学は広域領の学問として展開するようになり、社会学も当然一定の貢献をするよう期待されたのである。日本における国際関係学の独自な展開が、国際関係学の中に社会学を位置づけ、国際社会学の場を作り出していったのである。

しかしこの第一の背景は社会学の中に国際社会学をただちに位置づけるにはいたらなかった。それをさせたのは一九八〇年代における日本の急速な「国際化」現象という第二の背景によるといえよう。一九六〇年代、七〇年代における西欧などでの地域主義運動の展開とそれに関する研究、一九七〇年代半ばより顕在化する西欧における移民労働者の定住化の進展とそれによる社会学的関心の増大、こうしたことが西欧社会に関心を示していた社会学者、例えば宮島喬、梶田孝道、伊藤るりなどによって伝えられるようになった。(7)

しかし何よりも一九八〇年代に急増し顕在化してきた外国人労働者の存在が国際社会学の発展を促した。その数自体は決して大きなものではなかったが、問題は急増という現象を日本社会がどう受けとめたかということであった。特筆すべきことは、人の移動の「国際化」が狭い経済上の、あるいは法制度上の問題としてではなく、日本という国家を揺るがしかねない問題として受けとめられたことであった。開国か鎖国かというおおげさな議論の仕方自体に、日本社会がいかに同質性に固執し、それを変化させる要因に危機感を抱いていたかが分かる。ともかく結果的には、一九八〇年代に急速に進んだ「国際化」が日本における国民国家の変容をもたらすものと認識されることになった。だからこそ、移民やエスニシティの研究は、国民国家を相対化する視点を特徴とする国際社会学の中に位置づけられることになったのである。社会学の特定領域が日本においていわば「文化変容」しつつ、国際社会学を成立せしめてきたということになる。

(2) 国民国家と世界社会

長らく国家が国際社会の基本的な構成単位であり、その集合が国際社会であるととらえられていた。ところが現代の国際社会はもちろんそのようなものとしてとらえることはできなくなっている。国家は依然として主な行為体ではあるが、非国家的行為体が国境を越えて活動し、ネットワークを形成している。こうした活動がますます国際社会において重きを増しつつあり、さらに国家間関係をも左右するようになってきた。そもそも欧米や日本の帝国主義の支配の下にあった従属諸民族からすれば、自分たちは、対等な主権国家から成り立つ国際社会、すなわち主権国家間の関係としての国際関係から排除されているのであるから、旧来の国際社会の理解そのものが問題であった。被支配民族相互の、植民地の枠を越えた連帯こそが国際社会の中味であったというべきだろう。したがって国際社会の行為体は国家以外にもさまざまに存在し、それらの相互行為や相互影響の総体こそ国際社会であったのである。ただし、第二次世界大戦後、特に一九七〇年代以降、非国家的行為体の重要性が質・量ともに飛躍的に増大したということもあって、国際社会への認識の仕方が大きく変化したことは否定しがたい。

こうした認識の変化は具体的にいえば、国際社会を一つの社会として把握し、そこにおける諸問題を解明する学問としての国際社会学を成立させた。ひとつの社会としての国際社会の構造と変動を対象とする研究者の間では国際社会という表現よりも、世界システムないし世界社会といった表現がしばしば用いられる。世界を一つのシステムとしてとらえ、その形成、構造、発展をとらえるのは、従属理論、とりわけ世界システム論である。資本・労働力・情報のグローバリゼーションに注目すると、地球社会という表現が用いられ、その文化や主体は地球文化、地球市民といわれる(8)。世界システム、グローバルシステムが所与のものとして前提されない限りにおいては、また国家間関係が現実を依然として拘束していることを過少評価しない限りにおいては、これらの視点で現代の問題をとらえることは極めて有益であるに違いない。

国際社会も一般社会が通常有している要件を備えはじめ、前者は次第に後者と類似性を強めてきた(9)。国家は国際社会における主要な行為体ではあるが、国家だけが国際社会の構成単位でなく、様々な行為体が重要性を増しつつあることはいまや自明のこととなっている。例えば国際社会における行為体として個人が重要となってきている。超国境的に移動する労働者、ビジネスマン、留学生、観光客の数は増大し、彼らは国際社会の構造を反映する存在であると同時に、構造に影響を与える存在にもなっている。国家以外の組織と個人が国際社会の行為体として無視できなくなっているということにおいて、国際社会は一般社会と本質的に異ならなくなってきている。

行為体相互間の関係の制度化や既存秩序の正当性の承認についても、国際社会がそれらを全く欠いているわけではない。主権国家間の権力政治、すなわち弱肉強食の世界からの変化は著しいものがある。国際連合のような世界規模のものから地域レベルまで、各種の国際組織の発達は、成員としての国家の行動を規制する役割を果たしている。普遍的人権や民主主義については、その欧米的偏向が問題とされながらも、それらが偏向を問題視する側の原則として一定程度取り入れられているということにおいて、価値・規範の共有が全く存在しないとはいえない。

連帯感、共属意識があるかどうかも問題である。従来は宗教的信念や社会主義などの政治的信念が、国家を越えた連帯をもたらしうる絆の役割を果たしてきた。それによる連帯はしばしば、人種や民族によって切断されることが多かったが、これらは国家を越えた共通の価値体系として機能してきたし、特定の地域における統合に貢献してきた。その意味でも、国際社会は社会として一定程度存在してきたのである。さらに現代は、環境汚染による生態系の破壊、核兵器の発達による脅威、そして人口、食糧、資源などの諸問題が無秩序な国益中心の一国的発展によって生み出されてきたが、これらは国家単位で解決できない。すなわち、国家はその国民の生活と安全を保証できるものではなくなった。こうして何ごとによらず国家を前提とする志向が相対化され、問題の解決には国益追求の制限が求められるようになる。こうして国際社会は単に主権国家の集合であるという存在に止まらず、人間の社会的共同生活の場としてまがりなりにも意味を持ち始めた。個人と社会（国際社会）の関係を捉えつつ、国際社会の構造と動態を社会学的に解明する可能性と必要性が生じてきたのである。

しかし国内でさえもさまざまなレベルの地域的な括り方が可能であるように、国家を越えたレベルにおいても、社会としての枠組は多様であると考えるべきであろう。世界社会とか地球社会は国家という概念を超越し、世界大の枠組を所与のものとして設定している。しかし国際社会は必ずしも世界的規模のものとして考える必要はなく、さまざまなレベルの国際的地域を設定できる。例えば世界システムと日本のかかわりを論ずる場合にも、日本と東アジア世界のかかわりとして展開されてきた様相にまず注目するということである。カリブ海の現代文化はアフリカの文化、スペインなどのヨーロッパ文化、そして北米の文化がこの地で交差する中で発展をとげてきた。インド洋世界の一部としてもとらえられる東アフリカ沿岸部は、イスラムの文化、インドとの交流、そしてアフリカ大陸の文化の融合によってスワヒリ文化を生み出していった。こうした状況の認識は現代国家における文化を国民文化として論ずる際に陥りがちな見方を避けさせることにつながる。それればかりか、国家という枠組を相対化し、地域的文化という形でとらえるべきことを示している。

国民社会を超えて、社会学の対象を国際社会にまで拡大する視点をもつということは一気に対象を世界大に広げることと同じではない。どのような社会の一地域であれ、今日では外部世界からの影響を逃れえない。後発的な農業地域でも、生産物の国際価格の変動に翻弄される。自給的な農業生産地域でさえ、商品経済の浸透にともない現金収入の必要性が生まれ、出稼ぎ労働者を送り出す。世界経済の動向が決定的な影響を及ぼしているため、後発的な農村社会を世界システムの一部としてとらえることは不可欠であるとさえいえよう。

近代西欧に成立した国際社会のシステムが世界的に拡大する中で、各社会は文明、半文明、未開として位置づけられた。しかし単一の近代国際システムが成立し、どのように各社会が包摂されていったのかを見るだけでは不十分である。例えば東アジア世界にそっくり西欧のシステムが再現されたのではない。東アジア世界内部でも変化は多様であった。近代西欧国家体系が東アジア世界にも取り入れられ、中国を核とする従来の華夷秩序は後退していったが、その際、西欧列強にならいその秩序に挑戦し、東アジアで新たな覇権を握ろうとしたのが明治日本であった。こうして東アジアでは構成する国々が等しく列強に従属するようになったわけではなく、重層的な関係が形成されていったのである。南部アフリカではもちろんそうである。南部アフリカはポルトガル帝国とイギリス帝国に編入されたが、南アフリカは一九一〇年に自治領となり南部アフリカの他地域に対して支配的地位を享受するようになった。一九世紀後半に、イギリスに対して従属する立場になったポルトガルは自力で植民地開発を行う余力を持ち合わせていなかった（網中 2007b）。したがって世界システムの中で従属地域とされる南部アフリカにおいても、イギリスおよび南アフリカとポルトガル領との間には支配・被支配の関係が形成された。このように南部アフリカにおいても関係は幾重にも重層的であった。世界システムという枠組を設定するにせよ、各地域に歴史的に成立してきた構造がどう変化し、そして脱植民地化以降再びどう変化しようとしているのか、こうしたレベルでの国際社会の設定が不可欠である。

国際関係学の分野において国民国家の相対化を行うことは、主権国家間の権力政治として国際関係をとらえ、その構成要素たる国家を分析の前提とするという考え方を批判するという意味をもっている。ここで繰り返すまでもなく近代西欧において示された国際関係は歴史的に変化をとげてきており、国民国家の相対化が現実のものとしてつきつけられている。国家間関係は国際関係の全てではなく、むしろ国際社会における依然として重要ではあるが諸関係の一部分としてとらえられるべきであろう。長期的にみれば、国際関係学や国際政治学は、国際社会学に接近していかざるをえない。なぜなら国際関係は今日ますます社会的レベルにまで浸透してきた問題としてとらえなければならなくなっているからである。

国民国家の相対化ということは、今日ではグローバリゼーションという用語によって意味される現象とのかかわりで指摘されることが多い。資本・商品・技術・労働力の国際移動は生産・交換・金融の地球規模での統合化をもたらしつつある。国家の地位は相対的に低下し、国民経済は消滅しつつあるとさえいわれるようになった。資本の論理が地球的規模において展開し、各国政府は市場を先導するより、むしろそれにより振り回されるようになった。

世界の一元化は経済や技術の面で最も顕著であるが、その他の分野にも及んでいる。電子情報伝達により世界は共時化した。政府はこの伝達の流れを統制できず、その権威は低下した。政治の分野においては、国際組織の構成単位は国家であることが多いなど、一元化の進展が他の分野にくらべ遅れており、分野間の不均等も国家のありようを一層複雑にしている。しかもこの地球規模の一元化や共時化の中心主体とその内容について考えると、世界の一元化がそれぞれの地域・社会にとってもつ意味は多様であるといわざるをえない。冷戦終焉後にわかにグローバリゼーションが流行語になったことは、それがアメリカを中心とする資本蓄積過程の再編成であると考えられたからであろう。しかし世界の経済的一元化と情報の共時化のあり方も多様であるため、分野や地域ごとの具体的な事例についての考察とその積み重ねが必要である。

世界的規模における経済の一元化は顕著であるが、国家が国際社会の中で主権をもつ主体として存続しているという事実には変わりがないし、多くの地域においてこの事実は今後も長らく変わることはないと思われる。経済の分野においてでさえ、国家はけっして無力ではない。国際経済における国家間交渉や協定をみればこれは明らかだろう。

経済の一元化において国家が立ちはだかっている最も代表的な領域は労働市場においてみられる。国境を越えた人の移動が経済的な発展や停滞と不可分に結びついてきたことは奴隷貿易の昔から絶えずみられたことである。人の国際移動が流出側にとっては経済発展の矛盾の外部への転化、例えば没落した手工業者の移民としての排出を意味し、受け入れ側にとっては新たな労働力の確保を意味する場合がある。このことは労働市場が閉鎖的になっているのでなく、むしろ国際化していることを示している。発展を国民経済の枠組で一国的に考えることの限界は明瞭であるといえよう。現代においては国際的な移動は一層進展しているのであるが、しかしながらなおかつ国内移動と国際移動の区別がなくなったわけではない。なぜなら国際移動には様々な制約があり、国家は出入国管理と外国人に対する処遇を行う主体として存在しつづけているからである。第二次世界大戦後、内外人平等の原則は次第に確立されてきているが、外国人に対する入国の可否は国家の主権的裁量事項とされている。だからこそ逆説的に不法移民という存在が生まれ、国家が低賃金労働を生みだす隠れた機能を有しているともいえるのである。域内での労働力の自由移動が実現しているヨーロッパ連合でさえも、域外に対しては主権国家と同様の対応を示しているのであり、それゆえに連合の性格と将来の動向が注目されるわけである。

国民国家の相対化は不可避でありながらも、他方では国家が依然として重要な意思決定と行為の主体であるという現実、この二つのせめぎあいこそ二〇世紀末からの重要な現象である。このことは世界社会に対し国際社会といい続ける根拠ともいえる。しかしなおかつ、前者の面が強まりつつあることを再度確認しておきたい。トランスナショナルな活動の範囲や量の拡大が、国家の地位を相対的に低下させていることは繰り返すまでもない。経済政策や防衛政策についても、政府間の調整は一層必要となっているし、国際機構に一部主権を譲り渡すことも行われている。先に例として述べた人の移動についていえば、確かに国家が移動を統制している。しかし不法移民に対しても内外から基本的人権の保証が政府に求められている。その意味で国籍条項の撤廃や国籍の価値の低下が進行している。移民に対する政策についても国家の排他的決定は崩れてきているのである(10)。国民国家の相対化を問う、すなわち一国的枠組を乗り越えつつも主権国家の存続という現実を踏まえるということは、存続における変容に留意してこそ積極的な意味をもちうるであろう。

（3）研究様式としての国際社会学

国際社会が社会としての実態を多かれ少なかれ備えてくることにより、社会問題の国際化と国際問題の国内化という現象が顕著となってくる。人の移動が主に国内に限定されている段階では、移動がもたらすものは国内の社会問題にとどまっていた。しかし国際移動の重要性が増すと、移動により生ずる問題は国際化する。移動による「感染症の増大」と言われることはその例であろう。社会間には貧富の差など相違があるため、社会問題の国際化には、単にその問題が地球規模で広がるということのみならず、その問題がそれぞれの地域で特有な形で現れるため、問題の多様化が伴う。このように国際社会と国民社会など下位の社会との相互浸透という事態を踏まえるならば、国際化の社会学が必要となる。限定的とはいえ労働市場がより国際化して、外国人労働者が導入されることは、労働市場が閉鎖的な場合とは当然異なる状況を生みだす。例えば労働条件の悪い職種に外国人労働者が集中することにより分断された労働市場が形成される。その結果、エスニシティの違いと階層が重なる社会が生まれてくる。あるいは経済における地球規模の一元化による企業派遣の増大は、いわゆる海外帰国子女を増大させることになる。日本の教育システムにこのことが与えた影響は決して小さいものではなかったというべきであろう。

馬場伸也と並び早くから国際社会学を構想してきた綿貫譲治は、国際社会学の性格として四つを挙げている。すなわち国際比較研究、国際関係の社会学、トランスナショナル現象の社会学、国際社会・グローバル社会の社会学である（綿貫 2005）。そして次のように述べている。「逆第二イメージ（国際政治を国家の内部状況から説明するのとは逆に、国内政策の変化における国際的源泉を問題とする——引用者）の線で国際関係の社会学を考えることもできるのではないか。つまり『外圧』に起因する国内社会の変化である。たとえば、外圧起因の農産物輸入自由化政策の採択と実施は、農業と農村社会の変化をもたらさざるを得ないというような形で、『逆第二イメージ』は社会学と無関係ではない」(綿貫 2005 : 61)。

各々の社会の構造とその変化を国際的環境と関わらせ、国際的環境による影響に注目しつつとらえることが必要不可欠となってきたということである。これは国際関係を社会学的に分析するという意味での国際社会学(馬場伸也によれば国際・社会学)でもなければ、国際社会を一つの有機的実態としてとらえるという意味での国際社会学(同じく馬場によれば国際社会・学)でもない(馬場 1993)。また国際化の社会学というのにとどまるものでもない。地域社会も国民社会も国際社会の一部として両者は密接に相互作用を行っているため、自己完結的に分析することの妥当性が著しく低下している。すなわち、地域社会から国際社会に至る様々なレベルの地域が相互浸透しあっている。それゆえ、社会間の相互関係の中で特定レベルの社会を把握することが必要となる。これは一国的な分析の限界を認識し、そのような分析を前提とした方法を批判していくということにほかならない。その意味でこれは研究様式としての国際社会学であるといえる。百瀬宏の表現によれば従来の社会学を「国際関係の中で問い直す」ということである(百瀬 1993)。

地域の重層性の認識と国家の相対化は、社会間の相互関係を重視するという姿勢であるが、社会学が従来この姿勢を全く取ってこなかったというわけではない。むしろ社会学は社会変動の一般理論に関心があり、これはしばしば今日いうところのグローバルな視点を示していた。社会学は西欧における市民社会の自己認識から始まったと考えてよかろうが、そのことは近代西欧の構造を解き明かすというにとどまらず、近代西欧の歴史的位置を明らかにするということにもつながった。そのため、社会学は特定の社会を対象とするにとどまらず、人類社会についての発展・変動を論ずるという性格を帯びることになった。コント、デュルケーム、ウェーバーなど社会学の形成・発展に貢献した人々は、西欧を人類社会の発展の中に位置づけつつ、近代社会を批判的に検討する視座をもちあわせることになったといえる。とりわけウェーバーの合理化の社会学は静態的な比較社会学にとどまらないものであった。しかしながら彼らの社会学には、基本的に社会間の関係から社会の構造と動態を見るという視点が極めて弱かった。その点で注目すべきはむしろマルクス主義である。そもそもマルクスは本源的蓄積に果たした植民制度の役割に注目しているし、「両極は一致する」として中国における状況がヨーロッパに革命をもたらすものと考えていた。彼は後発的な社会と民族が抱える問題にヨーロッパ社会の変革の主な要素を見いだしていたのである。ローザ・ルクセンブルクの国民経済学派批判、レーニンの帝国主義論、そして従属学派の理論、さらに言うまでもなくウォーラースティンなどの世界システム論に至る展開を見るならば、一国的分析の相対化の視点が常にあり、それが次第に顕著になってきたことがわかる。

また、ここで江口朴郎の「国際的契機」についても言及しておくべきだろう。江口は一国的に歴史発展や資本主義をとらえることとは正反対に、国際的契機、すなわち搾取関係・従属関係が国際的に拡大されてくること、不均等な発展が国際的に現れることに注目した。こうした視点が帝国主義時代の理解にとりわけ不可欠であるとしたが、資本主義社会成立以前の時代に関しても、江口は異なった社会や民族の接触の仕方が問題とされるべきだとしている。こうした発想がすでに一九五〇年代初めに現れていたことは、世界システム論などに先立つものとして貴重である。社会や民族間の関係を世界史的条件との関連でとらえる江口の研究は、グローバリズムという現象をなぞるだけの現代の多くの論調にくらべ、はるかに深い認識を与えてくれる[11]（江口 1954）。国際社会学の原点をここに置くことは十分意味のあることであろう。

ところが一般の社会学においてはかなり異なる傾向がみられた。ウェーバーの合理化の社会学は、第二次世界大戦後のアメリカ合州国を中心として展開した近代化論へと引き継がれていった。近代化論は冷戦時代の一方のイデオロギーとしての役割を果たすことになり、欧米、特にアングロ・サクソンを中心とする社会の諸特性を先進的なものととらえ、その普及を社会的な進歩、すなわち近代化の進展と考えてしまった。パーソンズによる拡散や文化遺産の継承と発展の理論や、近代化・産業化の理論もそうである。後者の場合、産業化の過程には多様性を認めるが、産業社会は類似性をもつというにとどまり、過程の多様性が社会間の関係のありようによってどう規定され、それが単なる収斂にとどまらない多様性をどう維持させるか、という視点を欠いていた。資本主義的な要素と、それ以前の例えば封建的な要素とが共存するのは、世界規模での資本主義の発展とかかわっており、共存の様相や程度は特定の社会がどのような世界史的な条件や国際的な契機のもとで発展をとげようとしたかによっていると考えるべきなのである。すなわち社会学では先進社会から後進社会への近代的価値・技術の伝播は考慮されるが、社会間の相互関係、そしてそれらの総体としての国際的環境、ましてやそれによる歴史的条件との関連から特定の社会を理解しようとする視点がほとんど見られなかった。(12)

社会変動論は自己完結的なシステムとして一つの社会を把握するということを当然視してきた。この場合、システムに対する環境からの影響を配慮する、すなわち変動の外生的インパクトとして諸々のインパクトの一つとして付加するにとどまる。しかし実際は対象とする社会をより大きな社会の一部としてとらえるべき場合が多い。そもそもヨーロッパの国民国家の場合も、その形成以前に中世ヨーロッパ経済、カトリック信仰という世界がまず存在し、そこから自己限定的に形成されてきた。ヨーロッパは国民国家によって、そして第二次世界大戦後は長らく冷戦という国際政治の状況によっても分断されたが、複数の国家にまたがる地域的な絆を無視しては各々の社会を理解することはできないはずであった。国民国家の枠組が弛緩し、さらに冷戦が終焉すると歴史的な絆が再現するようになった。バルト海沿岸諸国などのヨーロッパに限らず、近代国家によって分断される以前の地域的なまとまりが再認識されるようになる。環地中海や環インド洋、カリブ海地域、というまとまりである。日本においてさえ、環日本海（東海）という地域の設定が再び意味をもつようになってきている。しかもこうした各地域に属する個々の社会は同時に複数の地域的な枠組の一部を構成していることが通常である。例えば沖縄は主権国家という枠組では日本の一部であるが、歴史的・文化的な枠組においてはヤマトを含む東アジア、さらに東南アジアにつながる広がりの一部を成しており、人の移動とその結果としては、南北アメリカ大陸やハワイなどとのネットワークの主な構成単位である。冷戦時代はもちろんそれ以降も、沖縄社会のありように大きな影響を与えている国際政治・軍事的要素は、社会学的にも重要であろうが、その視点からはさらに別の地域設定も可能であろう。このような状況は、ローカル、ナショナル、リージョナル、そしてさらにグローバルな地域への重層的な所属について、さらにそれぞれのレベルでの複合的な所属について考慮すべきことを示唆している。以上のことから次のように考えることができよう。

社会諸科学は従来歴史学をも含めて市民社会（国民社会）・国民国家を一つの全体としてとらえがちであった。特にその傾向は社会学において顕著であったといえる。そのことによって特に問題が生じたのは、西欧における市民社会や国民国家の実態と異なる社会の分析においてであった。そうした実態を欠く社会については、市民社会や国民国家をあるべき目標としてとらえ、そことの隔りを示すことが学問であると錯覚された。社会学は世間の解明、「世間交際の学」としてではなく、「あるべき社会」を基準として現実に「あるところの世間」をとらえるということになった。イギリス、フランス、アメリカ合州国などの先進資本主義諸国、そして無理を重ねつつもその後を追った後発資本主義諸国ドイツ、ロシア、日本は、西欧的な国家体系に参入し、国際社会における対等な相手として承認され、資本主義的な発展の道をたどった。しかしそうした道をたどることのできなかった従属的な地域の社会の理解には、国際関係とその歴史的展開、地域の重層性、社会間の相互関係を欠くことは致命的である。非西欧社会の理解に社会学が役に立たず、文化人類学・社会人類学という学問によらざるをえない結果がもたらされたのは、人類学が国民国家の枠組にとらわれなかったからである。しかし人類学は個別の具体的事象の記述とそれらの比較、さらに比較を通じた一般化を行ったが、社会間の関係性を重視することはなく、国際社会学を生み出すには至らなかった。

アジア、アフリカ、ラテン・アメリカには、ほぼ共通して農村から都市への人々の移動と都市人口の急増という問題がある。その背景は様々であるが、先進技術の導入による農村開発、外資による輸出志向型産業化とそれによる若年女子労働の雇用増などの要因がある。農村社会の構造変動はその社会と外部世界との関係によって規定されているのであるが、その関係のありようはそれぞれ歴史的に形成されてきたものである。東アフリカに位置する隣国同士であるが、ケニアとタンザニアにおける農村社会の変化にはかなり差異がある。もちろん両国内での地域・民族間の差異の方が多いこともしばしばあるけれども、そうした場合でさえ、イギリス帝国における両者の位置づけの違いが無視できない特徴を生み出している。直轄植民地として多くの入植者が送り込まれ、地域差はあるが土地の私有化が進んだケニアと、委任統治・信託統治領であり、共同体的編成がより存続したタンザニアとでは、資本主義的な諸関係との親和性が異なっても不思議ではない。

鉱物資源の豊かな南部アフリカにおいては、農村が出稼ぎの鉱山労働者を送り出す役割を果たし、そのことによって従来の農村社会の構造が激変した。世界経済の動向により雇用や賃金は翻弄され、農村の労働力構成や農家の所得が左右されてきた。南部アフリカ随一の労働力需要を持つ南アフリカへの出稼ぎ労働はアパルトヘイト体制下でも維持されたが、南アフリカとの関係によって出稼ぎ労働者の数は影響をうけた。そのためモザンビーク南部の農村社会は両国の関係に左右されてきた。それぞれの社会が世界的な資本主義の発展の中でいかなる位置に編入され、どのような歴史的条件の下で国家形成がなされてきたのかということを無視しては社会構造を分析できないということである。

類似したことは民族問題についてもいえる。そもそも植民地としての境界をそのまま国境とせざるをえなかった国々にとって、植民地の独立は民族国家の主権の回復を意味したわけではない。植民地支配の都合でつくり上げられた側面がある民族（部族）の問題、そしてもちろん反植民地主義運動の中で抵抗の主体として意識化され形成されてくる民族の問題、こうしたことも民族問題を一国的に分析することを不可能にしている。以上のことを一般化すれば次のようにまとめられるだろう。国際関係とその歴史的展開を視野に入れて地域社会の構造と変動を捉えるべきである。すなわち関係性の中で社会の構造と変動を捉える必要がある。こうした視点・方法によるものを国際社会学と称するならば、国際社会学は新たなもう一つの連字符社会学ではなく、研究様式としての国際社会学であるということになる。国際社会学の発展に貢献してきた先達と筆者の考えが最も異なるのはこの点であろう。国際社会学は社会学の分野として新たに加えられたものというより、社会問題を国際的関係性の中で考える学であるとすれば、それは社会学の問い直しを目指すものといえよう。

国際社会学は研究様式として社会学の変容という使命をもつ。他方で、国際関係における内容の歴史的変化が、社会としての国際社会の登場を促しているということのみならず、上述のように、国際関係が社会的レベルの問題としてとらえるべき状況が顕著になってきたということから、今後国際関係学の社会学化が進むものと思われる。国際社会学はこうして二重の役割を課せられることになった。しかも、はじめに述べた文化変容としての国際社会学、すなわち日本のおかれた国際的、歴史的状況の特徴が生み出してきたともいえる国際社会学は、輸入学問を越えた独創的な展開をしていかざるをえないであろうし、またそうであることが期待される。

社会間、地域間の関係とその歴史的展開を重視することの意義を述べてきたのであるが、その意義においては対象の特性により学問分野ごとに濃淡がある。他面からいえば比較の重要性の違いである。文化や社会を対象とする学問では一般に比較が盛んに行われ、経済や政治を対象とする場合は比較よりも、むしろ関係が問われることが多い。前者の場合、どの文化や社会にも共通するものだけでなく、各々に特徴的なものに注目するからである。社会科学における比較は自然科学における実験に代替するものだといえようが、学問分野による位置づけの違いは無視しえない。社会学における比較の意義をこれまでの議論は捨象するものではない。しかし一般的法則性の発見を数量的手法によって行うという没主体的な研究は別として、通常は比較される対象相互の関係を考慮すべきだろう。それは直接の関係であるとは限らず、両者とまた別の第三の社会との関係が両者の理解に不可欠な場合も含んでいる。さらに比較の対象の選択には研究主体と対象との関係を問うことが求められるだろう。社会科学においては研究者の主体性が常に問われる限り、比較はしばしば関係に行きつかざるをえない。

最後にもう一つ付け加えておくべきは、国際社会学における地域研究の意義である。地域研究は具体的な地域の現実を知ることによって実用的な意義をもつし、またそのために地域研究が推進されることも多い。植民地の社会についての支配者による研究、戦争遂行や戦後の占領政策のための交戦国についての研究、資源確保や投資のための調査研究などであり、こうしたことにより地域研究が推進されてきたということは否定しがたい。しかしその場合、研究者の主体性が厳しく問われる。他方では、個人的な関心や相互理解の重要性の認識に基づくものも多いが、これについても別の意味で研究者の主体性が問われるべきであろう。

ここでは社会科学における地域研究の意義や問題ではなく、日本の社会学における意義について述べておきたい。日本の社会学はドイツ観念論やマルクス主義、戦後はそれらに加えてアメリカ社会学、特に構造・機能主義の影響が著しかった。これらは内容において著しく異なったが、等しく権威として輸入されたということにおいて類似していた。近代においてかなり独自な軌跡をたどった日本社会についても、輸入学問の枠組を適用して、西欧モデルとどう相違しているかが議論された。こうした傾向は現在でも基本的に継続している。ところが、アジア、アフリカ、ラテン・アメリカなどを主とする地域の現実から考えると、日本の社会学がさかんに導入してきた、そして今なお導入している理論を批判的に考察せざるをえないことが多い。江口が指摘したように、外部から学問を一種の権威として導入するのに長けた日本の学問風土からすると、それらを相対化するという意味で、地域研究の意義は十分認識されるべきであろう（江口 1984 : 159-161）。地域研究とは地域に根ざして考える、すなわち地域における人々の具体的な生き様から出発するものである。理論的枠組によって見えるものだけを見るという学問とは対極的である。もちろん理論化、一般化の意義は否定されるべきではなく、単なる地域の記述にとどまるべきではない。それを克服するには国際的関係性とその歴史的変遷の中で地域の具体的現実をとらえることが重要であり、そこにこそ、筆者の主張する国際社会学的な地域研究の意義があるといえよう。

（1） ペタウケ県は北緯一三度三〇分、南緯四度四五分の間、東経三一度から三二度の間にあり、南をモザンビーク、東をカテテ、北西をマムブウェ、西をニムバの各東部州の諸県、北西部を中央州セレンジェ県と接している。

（2） ザンビアの労働移動に関する従来の研究についてはファーガソンの論文に詳しい。James Ferguson, "Mobile Workers, Modernist Narratives: A Critique of Historiography of Transition on the Zambian Copperbelt, part 1 and 2." *Journal of Southern African Studies*, Vol. 16, No. 3, No. 4, 1990.

（3）これについてはClaude Meillassoux, *Femmes, greniers et capitaux*, Paris : Maspero, 1975（川田順造・原田武彦訳『家族制共同体の理論』筑摩書房、一九七七年）、Immanuel Wallerstein, *Historical Capitalism*, London: Verso, 1983（川北稔訳『史的システムとしての資本主義』岩波書店、一九八五年）を参照。メイヤスーの理論と労働力移動研究における位置づけには次を参照。室井義雄「生産様式の接合と労働移動――低賃金労働力の再生産メカニズム」森田桐郎編『国際労働移動と外国人労働者』同文舘、一九九四年。

（4）本論は以前から様々なところで論じてきたことをまとめたものであるが、とくに下記の論文を発展させたものである。「国際社会学の構想」廣瀬和子・綿貫譲治編『新国際学』東京大学出版会、一九九五年。

（5）馬場伸也「国際関係の政治社会学」綿貫譲治編『社会学講座7　政治社会学』東京大学出版会、一九七三年。なおこの論文では、「未だ学問体系的に整理されていない部面が多（い）」（一九五ページ）として、国際社会学の名称はまだ積極的には使用されていない。

（6）これは百瀬宏氏の御教示による。例えばTsuda College IICS, Monograph Series No. 3（津田塾大学国際関係研究所創立二〇周年記念シンポジウム記録「国際関係学の現状と展望」）一九九六年、五ページを参照されたい。

（7）その早い時期の代表例としては宮島喬・梶田孝道・伊藤るり『先進社会のジレンマ』有斐閣、一九八五年がある。国際社会学をエスニシティ研究を中心に展開した先駆的研究として、梶田孝道『エスニシティと社会変動』有信堂、一九八八年がある。

（8）海外での研究動向の影響をうけつつ、日本の社会学で世界社会や地球社会という用語がみられるようになった初期の例としては次のものがある。馬場伸也『地球文化のゆくえ』東京大学出版会、一九八三年。竹中和郎・駒井洋編『地球社会のなかの日本――国際社会学のすすめ』有斐閣、一九八五年。庄司興吉編『世界社会の構造と動態』法政大学出版局、一九八六年。

（9）これについてはEvan Luard, *International Society*, London: Macmillan, 1990を参照されたい。

（10）これについては例えばSaskia Sassen, *Losing Control? Sovereignty in an Age of Globalization*, New York: Columbia University Press, 1996を参照されたい。

（11）変革主体への着目など、世界システム論には欠ける深い洞察がされているといえる。

(12) このような視点を持つ例外的な研究がなかったわけではない。次のものがある。Joji Watanuki, "State Formation and Nation-Building in East Asia," S. N. Eisenstadt and Stein Rokkan, eds., *Building States and Nations*, Vol. II, London: Sage, 1973.

1章
植民地期の労働移動と地域社会

収穫祭（トゥインバ）での村人

1　ンセンガの歴史と社会

ンセンガについては一七世紀初頭のポルトガル人による記録があり、ついで一七九八年にルワングワ河を探査しンセンガの住む土地に来たことを記しているイエズス会神父によるものがある。しかしその土地とはルワングワ河がザンベジ河と合流する地点であり、今日ンセンガが住んでいる地域とは異なっている（Poole, 1934 : 38-39）。現在ンセンガが住んでいる場所、すなわち今日の東部州ペタウケ県に該当する地でンセンガに会った外部者の最初の記録は、かのリヴィングストンによるものである。彼が大西洋からインド洋へ大陸横断の途中、ンセンガの地にたどり着いたのは一八五六年のことだった。「ンセンガはマラヴィという一族に属している。マラヴィは大首長ウンディの下で統一されていた。彼の帝国はシルワ湖からルワングワ河まで広がっていたが、死後分裂した」（Poole, 1934 : 39）。

ウンディ王国の起源はロバーツによると次の通りである。マラヴィは今日ザンビアに住む集団の多くと同様に、現在のコンゴ民主共和国の南部にあたるルバやルンダから来たと伝えられる。母系制をもつピリという人々（ピリ・クラン）が一四世紀までにはマラウイの南部に到達していたと考えられる。彼らの指導者カロンガによりマラウイ湖の南西に王国が建設され、カロンガの弟ウンディがその王国から離れ西に向った。一七世紀中葉のことである。これがウンディ王国の始まりである。ウンディは各地にピリや地元の人々による首長国を作った。ウンディ支配下の人々はチェワと呼ばれるようになり、支配者、すなわちピリはマラヴィと呼ばれるようになった。このマラヴィが今日国名となっているマラウイの語源である（Roberts, 1976 : 86-87）。

ウンディ王国はザンベジ河の北、すなわち東部州カテテ県（ペタウケ県の東隣）に接した現在のモザンビークで成立し、それがやがてペタウケを含む東部州に拡大した。ポルトガル人との象牙交易の結果少しずつ強力となり、一八世紀末最大版図は東部州の大半とモザンビークのテテ州の一部に及んだ。なおザンベジ河下流におけるポルトガル人（ゴア出身のポルトガル系カラード）が欲するものはやがて象牙から奴隷（一八世紀後半には仏領レユニオン、モーリシャスそして一九世紀初頭にはブラジル向け）へ変化した。奴隷とされるのは主にチェワの人々であった。

行政官による二〇世紀初頭の記録によると、チェワの首長ウンディは一八世紀にルワングワ河の北西に進出し、アララの土地に現れる。しばらくアララに住んだ後、カポチの故郷に帰る途中ルワングワ河を渡り峡谷に定住の適地を求め、そこに一部の者を残した。そのうちで重要な集団がカリンダワロ（筆者の調査村が属する地区の首長の祖先にあたる）であった。彼らは後にンセンガと呼ばれるようになる（Zambia National Archives〔以下ＺＮＡと略記〕KSY2/1⑤）[1]。カリンダワロでウンディはガウ（土地の配分者の意）と呼ばれるが、これはかつてカリンダワロがウンディから土地を与えられたことを示すものかもしれない（Apthope. 1960 : 59）。それゆえンセンガはチェワから分かれた人々であるとされる。少なくともチェワの人々はそう考えている。しかしンセンガ自身はそれを認めたがらない（Apthope. 1962 : 4）。調査村の村長もンセンガがチェワの一部であることを強く否定した。集団の起源をめぐる議論の政治性に留意する必要がある。そもそも現在の聴き取り内容自体がかつての行政官による記録の影響をうけている可能性がある。なお現在のンセンガにおいては、カリンダワロ首長は上級首長であり、他にニャンジェ、ムワンジャバントゥ、ニャンパンデ、サンドウェ、ムンビという五人の首長がいる。そしてンセンガに最高首長は存在しない。毎年の収穫を祝う儀式（トゥイムバ）はカリンダワロ宮殿で行われる。

アプソープによるとンセンガは現在のコンゴ民主共和国にあるルバの中心地ウルマから来、チェワも同じウルマから来た。しかしおそらくンセンガとチェワはことなる時期に別々の経路でやって来た。チェワは今のモザンビークを経て現在の地に来た。ンセンガはニヤサ湖近くには移動していない。ンセンガは一様な集団ではなく、ある集団は東からペタウケに来たとしているので、その集団はチェワの分派かもしれない。しかし大多数のンセンガ語を話すペタウケの住民はチェワとは関係なく定住した。彼らは北や西から、あるいは南のショナの地域から来て定住した（Apthope, 1962 : 3-4）。チェワの首長ウンディが一七世紀に定住したという可能性もあるが、ンセンガの口承ではンセンガがペタウケに定住したのは一九世紀の初めである（Apthope, 1962 : 5）。

ロラグワーシーもアプソープの説に近い。ンセンガはウンディ王国の一部になるかなり前から現在のペタウケ県とそれに隣接するモザンビーク側に住んでいた。ンセンガは王国をもたず、せいぜいいくつかの村を統治する小首長がいたにすぎない。ウンディは王国の一部になるようンセンガを説得し、一部のンセンガの地域にはピリの人々を統治のために派遣したが、多くの場合ンセンガの村長、小首長に、例えばムワンザ・クランのカリンダワロのような貢納（主に象牙）の義務を負う支配者の地位が付与された。そして彼らとウンディの人々の間で婚姻が進んだ（Langworthy, 1972 : 33）。

ポルトガル人との象牙交易で栄えたウンディ王国は、領域内で一八世紀中頃から金の採掘を始めたポルトガル人に対して、それに必要な奴隷を提供するようになった。そのうちに、ポルトガル人はウンディ王国とだけでなく、直接各首長と取引をするようになり、一九世紀のウンディ王国は次第に弱体化していった（Langworthy, 1972 : 34）。

ポルトガル人と協力したのはチクンダであったが、やがてアラブ人やアフリカ東岸で商業に従事するスワヒリ人による奴隷交易が進展し、ウンディの交易路や首長からの貢納制は解体していった（Langworthy, 1972 : 58）。奴隷は罪人、債務者、捕虜などから調達されたが、その他の人々も奴隷とされるようになり、人々は安心して移動ができなくなった。やがてポルトガル人とチクンダはウンディ王国を直接支配下におこうとし、ンセンガも侵略の対象となっていく。しかし最終的にウンディ王国を崩壊させたのはやがて南から来たンゴニ人であった。

チクンダはルワングワ河とザンベジ河の合流する地域クェイラを中心に、後の北ローデシア、南ローデシア、ポルトガル領東アフリカ（現モザンビーク）に当る地域に住んでいた。チクンダという名称はもともと兵士を意味したといわれる。彼らはポルトガル人から銃を入手していたため軍事力があった。彼らの主な活動は象牙、奴隷、キャラコ、銃、火薬などの交易であり、各地で自らも象牙狩りを行った。したがって彼らの村はザンビア北部まで各地に存在した。チクンダの首長ムプカ（一八五一―一九一四年）自身がポルトガル人の血を引き、ポルトガル人として育てられたといわれる。このようにチクンダはポルトガル人との関係が深いばかりか、他集団との混血が多い（Brelsford, 1956 : 118–119）。ロバーツはチクンダをヨーロッパ人の圧力によって形成された新たな「部族」としている。ポルトガル語を話すテテ出身の黒人ホセ・ドンロザリオ・アンドラーデ（通称カンイェムバ）はしばしば血なまぐさい奴隷狩りを行い、カフェ河下流西部を管轄する一万人の兵隊を率いるポルトガル軍の正規の将校に任命される。彼の義息ホセ・ダランヨ・ロボ（通称ムカケンヤ）は一八六〇年代、七〇年代にンセンガ人の地を襲撃する（Roberts, 1976 : 125）。この地はポルトガル領であった現在のモザンビーク北部テテやザンベジとルワングワを結ぶ要地であった。

このように諸説があり、ンセンガとそれと関係する集団の歴史には一致しない点が多い。しかしほぼ共通するのは一八世紀までに現在のペタウケのムバラ区（ここは筆者の調査地である）で小首長国が形成され、それは現在のカリンダワロ首長区となったことである。当時ここは、象牙と宝石を得ることができるため、そして棉花栽培可能な肥沃な土地であるためポルトガル人に注目された。棉花はすでに一四世紀から一五世紀にアラブ人により東アフリカからもたらされ、重要な商品となったという記述があるが（Williams-Myers, 1978 : 67, 148）、ンセンガの棉は在来種であるとの説もある（Poole, 1934 : 35）。ちなみに棉花はンセンガ語でトンジェ（tonje）というが、ンセンガという呼称はもともと棉花という意味の語から派生した（Poole, 1934 : 35）。なお調査村ヤパカ村の村長の説明も同様であった。

一八世紀にトウモロコシが伝来した。行政官の記録によると二〇世紀初頭、一世帯の平均家屋数は五棟、各家屋に平均三人が住み、一棟当り耕地は二・四から四エーカーであった。当地を訪れたリヴィングストンによると、トウモロコシが主な穀物であり、開墾一年目にモロコシ（mapira）が、二年目にはモロコシとともにトウモロコシが補助作物として植えられる。米は一九世紀後半にスワヒリ人によりもたらされた。数年間耕作された後の休閑期間は一五―二五年である。一九二四年のムバラでは一〇年間連続使用されていた。キャッサバは一九世紀初頭に北部から伝えられた（Williams-Myers, 1978 : 139-145）。しかし一九〇四年の記録によると、トウモロコシとキャッサバ（chimanga）が主食であり、そのほかにさつまいもと各種の豆が広く栽培されていたという（ZNA, KSY2/1③）。

首長は各村から耕作のため農民二名を二日間提供され、人々による収穫の一部を受納する。こうして集積されたものは褒美として、あるいは困窮者への援助として分配される（Williams-Myers, 1978 : 146）。鉄器生産を行う特別の専門家集団は尊敬された。一八世紀から一九世紀にンセンガで生産されたものはザンベジやルワングワ流域で需要があった。ムバラが肥沃だという評判は鉄器生産が盛んだったことに由来するのかもしれない（Williams-

Myers, 1978 : 153)。ツェツェ蝿のため牛の飼育が広がるのは遅く、一九世紀になってからである。牛に関連する言葉はンゴニからの借用である。大人の拳大の太さで長さ一二〇から一五〇センチメートルの槍を木の上から象の肋骨の間に打ち込み、ときには毒槍を用いながら、象狩りを行っていたことをリヴィングストンは書き記している。一七世紀までは象牙が豊富にあり小屋の囲いの塀は象牙でつくられていたという言い伝えがある（Williams-Myers, 1978 : 154–160）。

一八世紀から一九世紀にかけて、人の移動が活発になった。ザンベジ河とルワングワ河とが合流するンセンガ南西部は特に人の移動が活発なところであり、そこへポルトガル人が到来する。彼らの大半はゴアから来たアジア系の人々であり、布、ビーズ、塩、酒を持ち込み、首長から象牙、銅、鉄器、奴隷を得た。次第に彼らは首長のみならず直接、村長や村人と交易を行うようになった。一八世紀末になると金採掘などのため奴隷の需要が拡大し、ンセンガは奴隷狩りの対象となり、交易は銃による強制的な略奪に様変わりする。しかしンセンガは一八一三年にポルトガル人の拠点フェイラを攻撃し、ポルトガル人が奴隷狩りをやめるという合意を得た。その後平和的な交渉が行われ、やがてポルトガル人はテテへ撤退した（Williams-Myers, 1978 : 198–214）。

次にこの地に来るのがズウェンゲンダバ王に率いられたンゴニである。ンゴニは現在の南アフリカのナタールにあたる地に住んでいたが、一八一八年にシャカ（ズールー王国の祖）が率いるズールーとの戦いに敗れ、その後各地を移動し、一八三五年一一月一九日にザンベジ河を渡る。この日は日蝕であったことから正確な日時が判明している。そしてンセンガの地に数年とどまったンゴニはンセンガ人と戦って勝利し、その捕虜をンゴニの社会に編入した（Langworthy, 1972 : 89）。ンゴニは一八三九年にンセンガの女性や子供を連れて北東へ移動し、現在のタンザニアにあるマポポに定住した。数年後そこでズウェンゲンダバ王は死去する（Langworthy, 1972 : 90）。彼の集団は南アフリカ、ジンバブウェ、ザンビア、マラウイ、タンザニアの各地を転々と移り住み、その間に征服した様々な文化・言語集団を同化し拡大していった。王にはムペゼニとムベルワという二人の息子がおり、王の死後一方を領袖とする二つの集団が形成された。ムベルワの集団は最初はザンビア北部ムバラに、やがてマラウイ北部に定着する。この人々は以後ザンビア東部を攻撃するが、ベンバの脅威にさらされていたルンダジのセンガ（ンセンガとは別）はンゴニへの貢納を条件にその保護を受けるようになった（Langworthy, 1972 : 91）。

他方のムペゼニに率いられた集団はザンビア北部のムバラ、チンサリ、ムピカなどに定住しながら一五年間ベンバと戦いを続けた。しかしベンバは最高首長チタパンクワの下に団結し、軍事力の優れたンゴニの攻撃に耐えぬいた。一八六〇年代後半に入るとンゴニはベンバへの攻撃をあきらめる。ベンバはンゴニが征服できなかった唯一の集団となり、その結果、今日では両者は冗談関係といわれる親密な間柄になった(2)。その後ムペゼニは南に向かい、ペタウケのンセンガ人のところに定着した。牛の飼育に適した土地だったからである。父のズウェンゲンダバ王がンセンガの地を去ってからおよそ三〇年後のことである（Langworthy, 1972 : 92）。

ンセンガはンゴニの侵入に抵抗するが、盾を持つンゴニは強力で、人々は女性や子供を残して逃走するかンゴニに編入されるかした。いくつかの首長国は崩壊したが、カリンダワロは全てを失うことよりもンゴニの一部になることを選んだ。奴隷とされる人も多く、ンゴニへの貢納やンゴニとの混血が進んだ。ンゴニの首長ムペゼニはやがてチパタへ歩を進め、征服したンセンガを西の防衛のために置いていく（Williams-Myers, 1978 : 264）。カリンダワロとは止まる者という意味であるが、その名前の由来はこうした事実による。調査村の村長によればカリンダとは監督する人、ワロとは法廷のように問題を討議する場所という意味もある。

その後再来したポルトガル人が、チクンダとともにンセンガを一八六五年に征服するが、一八七四年にンセンガの反乱を招く（Williams-Myers, 1978 : 274）。一八九八年にムペゼニはイギリス軍に敗北、彼の息子は処刑された。ンセンガにはイギリスの下での安定が訪れるが、それは新たな苦難の始まりでもあった。奴隷狩りと新たな労働力調達とは実質的に異ならず、課税による男性の流出、それに伴う女性や農村社会全体への影響は深刻であった。ンセンガはこの二〇〇年間チクンダ、ポルトガル人、ンゴニなど外からの暴力、侵略に苦しみ、ついにイギリスの搾取を受けることになった。集権化された政治機構をもたなかったンセンガは様々な外敵に攻撃され支配されたが、なお存続したのである。

イギリスの原住民行政について述べると、行政はペタウケの原住民担当の長官（native commissioner）が統轄し、公文書送達人（messenger）と警官が彼を補佐した。八人いた送達人の仕事は様々であった。例えば労働調達の通達、納税遅延に対する警告、意図的な納税回避例の報告、ボマに来る人の手助け、首長や村長への伝達、首長や村長からの伝達である。彼らは全て現地のアフリカ人であり、住民を逮捕する権限はなく、銃や槍はもっておらず、青い制服を着用している。警官は一〇人で秩序維持、犯罪者の逮捕と護送などを行った。その何人かは長官が巡回する時に同伴する（ZNA. KSY2/1 ②）。

長官は地区内を視察する。その頻度は一九二一年に五回、延べ一〇〇日、訪問した村の数二四七、二二年は六回、一〇七日、一一四村、二三年は八回、一九二日、三一九村、二四年は九回、二三七日、三七五村、二五年は一〇回、二一四日、二〇六村、二六年は八回、二三三日、三三七村であるから（ZNA. KSY2/1 ②）、担当地域について知る機会は十分にあったと考えられる。

一九〇二年の報告書にはンセンガのほかにチェワやチクンダがいること、ンセンガには首長が存在しないことなどが記されている。なお一九〇四年報告書には、村々が近接し人口の多いムバラは、最良の労働力調達地であり、そこの男性は体格に優れ、よく働くと記されている。一九二五年にカリンダワロ、ムワンジャバントゥなど五人の村長が首長として認定された（ZNA. KSJ4/1 ①）。カリンダワロ首長より総督宛の書簡（一九三六年）によると、彼は土地の不毛化による出稼ぎを止めるため棉花生産への支援を求め、同時に許可証を所持しない女性を運ぶことを禁止すべきと述べている。

カリンダワロでは大きな村は絶えず分裂して新しい村ができる。一九三九年二月以来六つの新村が生まれ、村長はいずれも教育のある若者でペタウケ県外で生活した経験がある。一九三九年八月には成人男性の六〇%が不在であったと推定される。一九四〇年二月にはカリンダワロの成人男性二二〇九名の四四%が出稼ぎで不在である。内訳で最も多いのが南ローデシアで四五二名、国内が二九一名、南アフリカが一三五名などである。しかもこの時期は雨期であるため出稼ぎが最も少なく、乾期である六月になると南ローデシアへ行く者がさらに増える（ZNA. SEC/2/736）。なおムワンジャバントゥはモザンビーク国境にある首長区で、二〇〇一年以来筆者が三度調査に訪れたところである。そこの首長などの経歴について、記録が残っている。それによるとムワンジャバントゥ首長は南ローデシアの鉱山で事務職員として働いた。首長の補佐役四名は全員国外での出稼ぎ経験がある。評議員二名のうち一名は南ローデシアで家事労働に従事、書記六名のうち五名は南ローデシアでの労働経験がある（ZNA. SEC/2/736）。出稼ぎ労働が金を稼ぐことにとどまらず、貴重な経験や威信を与える社会的機能を有していたことがうかがえる。

一九〇二年の記録はンセンガの村長（headman）を六二名、チクンダの村長一〇名、チェワの村長八名を列挙する。一九一一年には年一〇シリングを支給される四〇名の首長名が記されている（ZNA. KSY2/1 ①）。大きな村のほとんどは絶えず分裂し、新たな小村をつくる。分裂はしばしば村での二つのグループ、すなわち新旧のグループ間の対立によって生じる。この一九一一年の一年間にカリンダワロで六つの新しい村が承認された。新しい村の長は皆若く教育がありペタウケ外で生活した経験がある(Tour Report No. 2 of 1948, ZNA, SEC/2/736)。

例えばムワンジャバントゥの原住民行政機構の役職者の経歴(一九四七年)を見ると以下の通りである。首長は南ローデシア鉱山の事務職員、補佐役四名は南ローデシアの警察に一〇年、南ローデシア鉱山に一年半いた者、南ローデシア鉱山に一年、北ローデシア鉄道に六年いた者、南ローデシアの家事労働の経験者、南ローデシア鉱山のボス・ボーイ(数人の鉱夫からなるチームのリーダー、白人はアフリカ人のリーダーをボスでなく、ボス・ボーイと呼んだ)を三年と警察官を五年務めた者からなる。顧問二名のうち一名は二一年間南ローデシアで家事労働をし、北ローデシア鉄道に五年いた者である。書記六名のうち五名も南ローデシアで三年から一〇年の労働経験がある(Tour Report No. 3 of 1947, ZNA, SEC/2/736)。

植民地支配の下で植民地行政に協力的でかつ有能と認められた村長が首長としての扱いを受け、次第に複数の首長国が形成された。一九二六年には五人の村長が首長とされ、一九四〇年代中頃には一二の首長が存在するようになった。一九五六年の地区長官報告書によると六人の首長がおり、そのほかにアンボ首長三名がいた(ZNA, KSY2/1⑤)。以上にムンビが加わると現在の一〇名(Kalindawalo, Nyanpande, Nyanje, Mwanjawanthu, Mumbi, Sandwe, Luembe, Nyalungwe, Ndake, Mwape)となる。ルエムベ、ニャルングウェ、ムワペはアンボ・ンセンガ(Ambo Nsenga)と呼ばれる。サンドウェはレンジェ・クンダ出身といわれている。なおアンボはンセンガと同様コンゴのルバを起源とする。ザンビア北部のルアプラに定住後、再びコンゴのブカンダに移動するが、現在はザンビアのムクシ、セレンジェ、そしてペタウケに住む。一九五一年の人口は九八五三人、うちペタウケでの人口は一〇〇〇人であった。一九五七年にムワペの三つの村を訪問した人類学者によると若者はンセンガ語を話しアンボ語を知らないといわれたと記している。このようにペタウケのアンボはンセンガにかなり同化している（Stefaniszyn. 1964a : 3-5; Stefaniszyn. 1964b : xix）。

イギリス支配下に編入された頃のンセンガの制度と慣習について、一九一二年に行政官は以下のように記している（ZNA. KSY2/1 ⑤）。切り開かれ畑地になるまでは土地に誰も注目しない。土地は個人が所有せず、首長が管理する。首長の承認の下、個人や村は土地を占有する。一度開墾するとそこに止まり、使用している限りその人に土地は属する。各人は自分の畑地を持っている。村周辺の未開地は村に属しており、他人は勝手に使用できない。土地に関する紛争は村長が裁定する。地代というものはない。一―二シーズン放置されていても没収されないが、権利所有者が他へ移動したり、土地が長期間使用されないと権利はなくなる。

相続は母系により、死者の弟、又は姉・妹の息子が相続人である。相続人は死者の残したもの全て、妻さえをも相続する。首長や村長の場合はその名を引き継ぐ。しかし現在（一九一二年当時）では未亡人は相続されることを拒否し、未亡人のままであるか、後に再婚することを選ぶことが多い。ボマ（植民地地方行政機関の所在地、ここでは植民地行政を意味する）は合意のない未亡人との結婚を禁止し、未亡人が相続人との同居を拒否した場合に、相続者が子供の親権や補償を要求することも禁止した。過去においては村長や有力者の死亡により、相続に関する深刻な争いが生じた。家畜は個人により所有され、妻も夫のものとは別に自分の家畜をもつ。ヤギ、羊、豚、鶏、鳩はいたるところにいるが、ペタウケ県に牛はいない（しかし一九〇九―一九一一年の年報には、アフリカ人は牛を飼育していないということと、白人所有による牛の数が記録されている）。一九二三年からはアフリカ人所有の頭数が記録されている（KSY2/1 各年度年報）。

窃盗は重大な犯罪である。畑で作物を盗むよそ者は厳しい罰を受ける。被害のあった地域に食糧が少ない場合は殺されるか奴隷化される。通常のもめごとは村長や長老によって裁定される。狩猟用の落し穴や罠で人に危害が及んだときはその持ち主が責任を負う。よそ者がケガをした場合は同情されず、自己責任にされる。

かつては見つかった象牙は全て首長のものであり、発見者は何らかの見返りを与えられた。象を殺した場合は、仕留めた者が象牙一本を得ることができた。村長や首長は何本か象牙を持っており、財産としてこれを蓄え、商品購入やもめごとの弁償に使用した。多くの象牙が隠し持たれ、持ち主が死んでそのままになったと思われる。殺された獣の一部は首長や村長に納められた。一八九五年の牛疫により象、犀、シマウマ以外の多くの獣が死滅した。

男性は女性の両親あるいは保護者から婚約の合意を得ると、相手側に贈物をする。そして男性は女性の村に住む。生まれた子供たちは母親の姓を名のる。男性は小屋を作り妻の母に気を配り、時折衣服を提供する。妻は夫の食事を作り畑仕事を助ける。第二夫人を持つ場合、普通は他の村に持つ。第一夫人は妻たちの長として優先的存在である。首長や村長は通常複数の妻を持つ。他の人々もおよそ一五%は二人の妻をもち、五%は三人以上である。一九一一年の既婚男性六五二二人のうち複数の妻をもつ者は一六〇〇人、すなわち二五%である（ZNA, KSY2/1 ④）。少年・少女の儀礼に踊りや儀式がある。子供は性について知識を得て育ち、婚約・結婚以前の男女の交際はかなり自由である。親はその交際を妨げない。思春期前に婚約すると親は娘の行動に介入し、行動が結婚の妨げにならないようにする。双子は不吉とは考えられず、共に育てられる。

男性は容易に妻と離婚できる。それに対し女性は離婚に夫が反対すると困難である。とにかく妻が親族からどのくらい助けを得られ、親族が夫に対してどれほど影響力を持っているかによる。妻の不倫の場合を除き、子供は母方の家族にとどまる。老齢、感情の不一致、呪術の行使、不妊は離婚の原因となる。放置、暴力、不能、妻の親を罵ったり親と喧嘩をしたりすることは妻が離婚を求める原因である。離婚は以前に比べ多くなった。妻が夫についての不満を原住民法廷で述べることができるようになったからであると思われる。

妻の不倫は少ないが、離婚に至る喧嘩は多い。妻の不倫は重大であるが、罰したり弁償させたりする夫の力はその地位や相手の地位による。同じトーテム（Mkoka）同士は結婚できない。トーテムの成員は母系である。

職業としての売春はない。しかし南ローデシアへ通じる幹線道路沿いの村では頻繁な人の往来により売春は珍しくない。結婚の慣習はしばしば無視され、妻ではなく実は愛人に過ぎない女性がいるなど、ボマは慣習の破壊をもたらしている。ペタウケ裁判所の扱った事件に警察官の妻が他の男の元へ走ったので、いままで妻に費やした費用全ての返還を求めるというのがあった。同じ理由で五回も賠償を得ていた。しかし妻とされた五人は皆愛人であった。結婚の慣習を順守しない多妻はしばしば売春の口実にすぎない。

母親が死んだり母親に放置された子供の面倒は祖母がみる。祖母がいない場合は母親の姉妹が面倒をみ、それも無理な場合は第二夫人か父親の親族が世話をすることになる。母親が死んでしかるべき理由がある場合、今日の原住民法廷では父親に親権が認められる。しかし母方の祖母の親権の主張はどこでも認められ、めったに争われない。

呪術、不倫、窃盗などにおいて犯人を見つけるために行われるのがムワヴィ（Mwavi）である。小さな犯罪には熱湯を用いるのが普通である。被告は熱湯に手を入れその中にある石などを取り出す。火傷を負えば有罪とされ、そうでなければ無罪となる。この方法は広く信じられており、教育を受けた原住民宣教師たちもこの方法において無実の者が火傷を負わなかったと話している。

しかしムワヴィとはもともと木の名前である。その皮を粉にし、水に混ぜたものを被告は飲む。嘔吐すれば無実となり原告が賠償する。もし被告が薬を吐き出せないと数時間後には死亡するか、死なないときは奴隷化、死刑または村からの追放でもって償う。重大事件でない場合はムワヴィが鶏に与えられ、鶏の様子で裁定される（ルワングワ河西部のアンボ人ではよく用いられる)。ムワヴィの作り方は決められており、被告と原告双方の友人による監視の下で作られる。ムワヴィは幾多の悲劇や不正をもたらし、毒を飲むことにより多勢が死んだ。今日ではムワヴィの毒を飲むことは稀になり、熱湯によるのが一般的であると思われる。ムワヴィを信じることは呪医などの詐欺まがいの行為により強められている。「ムワヴィを飲む」ということは熱湯法を意味することもある。

ンセンガはレザ(Leza)という創造主を信じている。また吉兆をもたらす力として祖先の霊を奉る。そのためビール、食べ物、タバコ、容器などの供物を祖先に捧げる。災難が起きるとたびたびお供えをする。雨乞いにはムソロ(Msoro)という木の葉をとり供える。村人全員で空を見上げレザに祈ることもある。一般に供物、祈り、儀式により、日頃から祖先のご機嫌をとる。ムワヴィにおいて被告は祖霊が守ってくれると信じそれに臨む。

奴隷はンセンガに常に存在したと思われる。奴隷を得るのは購入、保護、争いの賠償などによってである。飢饉の時は頻繁に子供が奴隷として売られる。一般に奴隷は苛酷に扱われたわけではないが、奴隷であることは社会的には不名誉なことであり、物を所有できない。女奴隷はとりわけみじめであった。ンゴニの仮借ない侵略によりンセンガの人口は激減した。

以上が行政官の記録に示されるンセンガ社会の様相である。一九一二年ペタウケの人口は三万三九〇四人、既婚男性六五二二人のうち一夫多妻のものは一六〇〇人であった。一九一五年の人口三万九〇〇〇人の民族別内訳はンセンガ二万七〇〇〇人、アンボ四〇〇〇人、クンダ三〇〇〇人、チェワ二七〇〇人、チクンダ一五〇〇人などとなっている(ZNA. KSY2/1④)。なおクンダはンセンガやアンボと同様、コンゴのルバに起源をもち、アンボとほぼ同じ一八四五年頃にルワングワ峡谷に来た。クンダとアンボ、ンセンガとの関係は良好で相互に結婚が行われた(Brelsford. 1956 : 98; Poole. 1934 : 49–51)。

ンセンガは母系制であるため財産や首長・村長職などは上述のように死者の弟、あるいは死者の姉妹の息子（伝統的には彼は甥でなく息子と呼ばれ、男兄弟の息子が甥と呼ばれる）が引き継ぐ。しかし今日では遺言により財産を死者の妻が引き継ぐことも可能になった。従来女性は相続の対象となっても相続人とはなれなかったのである。さらに自分の息子（姉妹の息子でなく生物学上の息子）など子供たちに財産を残そうとする傾向が次第に出てきている。こうして男性世帯主の死後には相続を巡る争いが頻発するようになっている。父系的要素や男女平等思想の浸透が母系制社会を揺り動かし、混乱が生じているのである。

ウイリアムス・メイヤースによると、ツェツェ蠅の存在という障害により、ンセンガで牛などの家畜を盛んに飼うようになるのは一九世紀になってからであった。それゆえ、牛に関する言葉は牧畜民であるンゴニの言葉を使っているという（Williams-Myers, 1978 : 154）。上述のように、記録によると二〇世紀初頭にペタウケに牛はいなかった。いつ頃から牛が導入されたのか不明であるが、今日では山羊、豚と並んで牛は重要な家畜であり、農耕にも用いられるが、犂を引かせる雄牛を有している農家は限られている。耕作には所有者から借りるか、鍬で行っている。かつて狩の対象となる野獣は豊富であったが、象、犀、シマウマは姿を消したばかりか、現在ではインパラの類もほとんどいなくなっている。

結婚・離婚についてはあまり変化はない。インフォーマントとして、筆者の調査助手を務めてくれたテレペ村長の息子自身の例では、結婚時に二万クワッチャ（一九九二年）を支払い、二年間妻の親と暮した。この支払いをンテンゴ（Nthengo）という。夫として正式に認められると妻を自分の村に連れて来ることができる。この時にも妻の親に山羊七匹を提供した。これをタクラ（Thakula）という。二年間の行いが善いと判断されないとタクラは受理されず妻を連れていけない。なおタクラは通常山羊一―二匹であるが、それ以上の山羊で支払ったのは妻がタクラの多いチェワの出身だったからである。

以上のことからうかがわれるように、結婚はある期間にわたる行為や支払いの結果成就するものである。したがってその過程で破綻することも多い。ンセンガは、ロジと婚資の額を比べるともちろんのこと、近い集団であるチェワと比べても少ないため、男性にとって離婚を防げる経済的理由は弱い。それゆえ、ンセンガの離婚率は高く結婚の成就率は低いといわれる。その上、出稼ぎによる男性の流出が日常的であるため、母子家庭あるいは祖母、母、子供という女性世帯が極めて多いという結果になっている。

従来の土地制度は確かに上述のように一般に共同体的所有といわれる形態であった。首長が土地配分の権限をもち、村長が各村で各人への分配を行ってきた。村は村長と血縁関係にある者を中心に構成されているが、非血縁者やンセンガを配偶者とする非ンセンガ、例えばチェワやンゴニの人々もいる。村への新規参入者を除き世帯主は全て特定の土地の耕作権を与えられ、その土地は自分の畑であるという意識をもっている。しかし売買はできない。

近年は土地不足のため欲するだけの耕地を与えられないという不満があるが、賃貸や小作は存在しない。専ら他人の土地で労働者として働くのは、モザンビーク内戦時代においてモザンビークから逃れてきた人などに限られている。耕作面積については、村長やそれに近い者の場合、相対的に大きな畑を有することがあるが、階層化が見られるというわけではなく、経済的には世帯間の格差は小さい。女性世帯主、特に高年齢女性の世帯は耕作面積も狭く、自給用生産さえ不十分である。しかしそうした世帯を貧困層といいきることはできない。血縁的な相互扶助関係が存在しているからである。

表1　家屋・人口

年度	家屋数	人口	課税対象		
			家屋	男	女
1904	7,137	18,000		—	—
1907	7,910	22,000	4,950	—	—
1908	8,200	26,000	5,155	—	—
1909	9,750	32,000	6,980	—	—
1910	11,436	33,000	7,624	—	—
1911	12,000	33,750	8,330	—	—
1921	—	49,692	—	10,587	842
1923	—	50,994	—	10,203	1,465

出所：Zambia National Archives. KSY5/1/1-5/1/4 Petauke Report Annual（各年度）より作成.

2　移動の要因と影響

植民地政府のペタウケ県報告、および東部州の労働者に関する報告などによると、北東ローデシアの外に、特に南ローデシアに多数の成人男性が働きに出かけていた。「この地区の利口なものはかなりの数、高賃金を求めて南ローデシア等へ出かけている」（一九〇四年度報告書［KSY5/1/1～5/1/4/］）。それでも二〇世紀の初頭には流出率は三〇％程度であったと思われる（表2）。一九一二―一五年はツェツェ蝿による眠り病により移動制限があったが、南ローデシアへ七〇〇名（一九一三年）、一九一五年には南ローデシアの労働力調達を行う機関であるローデシア原住民労働機関（Rhodesia Native Labour Bureau 以下RNLB）のフェイラ（ザンベジ河とルワングワ河が合流し、南ローデシアおよびモザンビークと接する地域）事務所を通じて南ローデシアへ一〇二六名、その他に戦時輸送に従事するためブロークンヒル（現カブエ）へ五一七名、セレンジェへ二三一六名の出稼ぎ者を数えた。しかし地元での労働力の需要は大変少なかった（一九一四／一五年度報告書）。二〇年代になると六〇％以上の成人男性が不在であるという記述がしばしばみられる（表3）。一九二〇―二一年度

表2　地域別雇用

年度	雇用されている地域			
	北東ローデシア外	ペタウケ	北東ローデシア内（ペタウケ外）	課税対象者数に対するペタウケ外での被雇用の割合
1908	800	2,500	500	25%
1910	2,000	3,500	500	33%
1911	2,000	2,500	500	30%
1912	なし	2,000	なし	—

出所：表1に同じ.
注：1912年は眠り病により移動の制限があった.

表3　巡回村における出稼ぎ先（1928-1934年）

年　月	課税対象男性（人）	南ローデシア	北ローデシア	在村・一時帰村	不在者比率（%）
1928.4	130	50	13	67	48
1928.7/8	747	340	168	299	68
1928.9	190	51	45	94	50
1928.10	189	34	60	95	50
1928.12	194	38	68	88	55
1928.12	946	446	23	477	50
1929.1	302	116	18	168	44
1930.9/10	127	36	15	76	40
1933.9/10	2,802	1,387	402	1,013	64
1934.6	1,524	352	593	579	62
1934.7	2,502	512	984	1,009	60
1934.8/9	5,119	3,072	452	1,595	69
1934.9	1,476	536	326	614	58

出所：KSY/5/3/2 Petauke Reports-Tour（各年度）および KSY/5/3/3 Petauke Reports-Tour（各年度）による.
注：1928年12月に2つの数値があるのは2度巡回があったことによる.
1934年6月は調査地カリンダワロ63カ所村についてである.

表4　南ローデシアにおけるアフリカ人男性労働者の出身別内訳

	1926年	1931年	1936年	1941年
南ローデシア	78,233	76,184	107,581	131,344
ポルトガル領アフリカ	13,068	14,896	25,215	46,018
北ローデシア	35,431	35,542	46,884	48,117
ニヤサランド	43,020	49,487	70,362	71,503
その他	2,218	2,983	2,440	2,468
合　計	171,970	179,092	252,482	299,450

出所：SEC1/1305 Migrant Labour Agreement and Labour Statistics 1939-41.
注：年度は明記されていない（1941年と思われる）が北ローデシアからの労働者のうちリクルートされた者（正規の許可による就労）は6,921人，リクルートされていない者（正規の許可によらない就労）は39,193人である。すなわち後者は全体の81％を超えていたことがわかる.

にポルトガル領経由による徒歩または列車で、南ローデシアへ行ったものは三〇〇〇名以上と推測され、ペタウケの働き手の男性の七〇％はペタウケにいなかった（一九二〇／二一年度報告書）。なお不在者は雇用労働に出かけた者ばかりではない。ンセンガは母系制社会であるため、男性は妻となるべき人の両親の村に住み込みながら労働を提供し、一年半から二年の間自分の村を離れる。したがってペタウケ内の移動を含めれば不在者の比率はさらに高くなる。

大量の労働力流出の原因と影響を行政官はどうとらえていただろうか。地元のササレ鉱山やプランテーションで二―三カ月以上働く人を確保するのは困難であった。なぜなら低賃金である上、宿舎も劣悪で、何の楽しみもなかったからである。「労働力は十分あるが、ササレ鉱山の居住環境が悪く、雨期には労働者を集められない。かなりの者が南ローデシア、北西ローデシアへ行く」（一九〇八年度報告書）。それゆえ、納税額分働くと村へ帰るか、さらに良い条件の仕事を県外に求めて行くことになり、その結果、ペタウケ県内ではニヤサランド（現マラウイ）からの出稼ぎ者が雇われることにさえなった（一九〇八年度報告書）。また高賃金と良い待遇を求めて南ローデシアへ働きに行く者が増加し、何年かに一度戻り、二―三カ月だけ村で過ごす者、また、南ローデシアに定住する者も少なくなかった（一九二三年度報告書）。

こうした流出は村に致命的な影響を与え、女性も夫の後を追い、あるいは相手を求めて流出するようになった（一九二四年度報告書）。ＲＮＬＢによらずに行くことが好まれているようであり、現在南ローデシアにいるか、あるいは今年帰国した人の数は成人男性のおよそ六〇％である。南ローデシアに行くことに人気があり、そこに定住する人も多い。「ここペタウケでは賃金がすこぶる低いからであるが、こうした大量の人の流出は村の生活を崩壊させている。妻たちは一年、そしてそれ以上も置き去りになっている」（一九二三年度報告書）。

「統計はないが、少なくとも成人男性の六〇％はペタウケ地区外で働いている。高い賃金、パン、ジャム、映画、その他の娯楽のゆえであり、村の生活には戻れない。戻っても何年かに一度二―三カ月過ごすだけである。納税のために出かけるのは疑いないが、それは最初だけであり、多くは村の生活より外で働く生活を好むからだと思われる。女性は良い服装をしたがり、それが男性を外で働かせることにつながっている。こうした流出は修復不能な影響を村に与えている。一人で過ごすことに不満な女性は夫のあとを追うか、洋服と子供を与えてくれる男性を求めて鉄道沿線に出て行くことになる。なおンセンガに部族的凝集性がないのは、ンゴニ、クンダ、チクンダにより侵略されてきたからだと思われる」（一九二四／二五年度報告書）。ＲＮＬＢの募集活動は一九二六年三月末に停止されたが、もともとＲＮＬＢの斡旋により出稼ぎに出るものは少なく、影響はほとんどなかった（KSJ4/1 四季報四―六月）。むしろ東部州から南ローデシアへ行き、そこで働く人々の数が三万五四三一名（一九二六年）、四万六八八四名（一九三一年）、四万八一一七名（一九四一年）と増加していった（ZNA. SEC1/1305）。

一九三七年のペタウケ地区長官報告書によれば、「（ＲＮＬＢは一〇年前に閉鎖に追い込まれた。なぜなら人々は自分で雇い主を探すことを選んだからと記し、続いて）南ローデシアの農民もその他の雇い主も、ＲＮＬＢにより調達された労働者でなく、安く雇える労働者を自分で探した。勝手に南ローデシアへ人々が出かけたので、良い雇い主は有能な労働者を雇え、芳しくない不人気な雇い主がRNLBのリクルートによった。リクルート組織の人気がなくなったのは当然であった」（ZNA. SEC1/1331）。

行政官は担当地域内を視察して報告書（ZNA. KSY5/1, 5/2）を作成する。視察した特定地区の状況は次の通りである。「カリンダワル（Kalindawalu カリンダワロと同一）村長〔首長の誤りか〕支配下のムバラの四六村。課税対象男性七九七人中四五七名が県外、ほとんどは南ローデシアへ。訪ねた村の住民はどこも老人と二〇―三〇人の女性であり、生活の進歩はほとんど見られず、むしろ退歩している。全体の状況は嘆かわしいもので、調査を必要とする」（一九二五年四月一六日―四月二九日）。「下ルワングワ地区の全四九村、成人男性の七五％以上はルサカや南ローデシアに行き不在」（一九二五年五月四日―五月三〇日）。「ムティリジ地区一五村、成人男性の六二・二％は県外、うち二〇％は南ローデシア、四二・二％は〔北ローデシア〕西部」（一九二五年八月三日―八月三〇日）。「西部ルワングワ、上ルカシャシ地区の二三村では労働移動ほとんどなし」（一九二五年一〇月四日―一〇月二三日）。「北部地区、ルサンガジ地区の四〇村ではほとんど地元で働いている」（一九二五年一一月一日―一一月二一日）。「ニャンジェおよびカツムバ首長区の七二村、ニャンジェとミエジ地区の成人男性の六〇％は南ローデシア、カツムバ地区ではフォートジェイムソン（現チパタ）へ」（一九二六年二月九日―二月二六日）。「ナセンゴ首長区の一〇村、課税対象男性二四六人、そのうち南ローデシアへ八八人、県外へ二二人」（一九二六年三月七日―三月二二日）。「下ルワングワ、中ムブビエの三五村、課税対象男性九四八人、南ローデシアへ二九七人、北西ローデシアへ一一四人、コンゴ及び南アフリカへ一四人。唯一重要な長はチムパンジェ首長、彼は目下南ローデシアに働きに行っている」（一九二七年六月六日―七月三日）。「首長サンドウェ、首長マセンゴの四一村、それぞれ国外二四％、一五％、県外一三％、七％」（一九二七年七月九日―七月二四日）。「首長ニャンジェ地区、成人男性のうちペタウケに一三三人、フォートジェイムソンへ一二八人、北西ローデシアへ六人、南ローデシアへ五四五人、ポルトガル領東アフリカへ八人。この視察旅行中に、ポルトガル領東アフリカからの移民七五名（成人）が登録された。地元の首長はこの人々を歓迎しており、何人かは招かれさえしている」（一九二七年一〇月一〇日―一一月七日）。「ムワンジャバントゥの三三村視察中、村長より聞いたポルトガル領からの移民の数は、ムワンジャバントゥでは男一八、女六七人、マトンジでは男一九、女三六人。ポルトガル領では女性にも人頭税が課せられるために、女性の流出が多い」（一九二八年七月三一日―八月一九日）。「カトゥムバ地区四九村、南ローデシアへ八三四人、北ローデシアへ五八人、在村九一七人」（一九二八年一二月二九日―二九年一月二一日）。

東部州は基本的には一貫して労働力の送り出し地域であるが、ポルトガル領における苛酷な支配を逃れて来る人の受け入れ地域となることもあった。ペタウケとモザンビーク側のテテの住民がペタウケと同じンセンガであるということも移動を容易にした。上の記述はこうしたことを背景としている。

一九三〇年代の報告書には繰り返し流出原因と流出による社会的影響が指摘されており（ZNA, SEC1/1311）、原因と影響についての記述はほぼ類似している。東部州他県の事例も参照して要約すると以下のとおりである。(3) 流出要因としてまず指摘されているのは、地元の低賃金と雇用不足である。東部州フォートジェイムソン県における雇用先はヨーロッパ人経営のタバコ農場ぐらいであり、その需要五四〇〇人に対して課税対象人口は二万七〇〇〇人であった（一九三六年度）。納税義務は流出の原因だとはあまり考えられていない。一年から三年の間働きに出かけ、納税のための送金と帰還後の税金分を稼ぐが、この負担が流出を強制しているわけではないとする（一九三六年度ルンダジ県報告書）。次第に商品購入や婚資のために現金を得るという目的を主として、その他に外部世界を見たいという欲求や出稼ぎ経験により与えられる威信、さらに出稼ぎによって得られると信じられている幸運と

表5　東部州からの出稼ぎ先別人数

年度	課税対象男性	国外	（うち南ローデシア）	州外（国内）	在村
1938	50,318	23,724	(17,850)	7,255	8,253
1940	64,681	26,345	(22,960)	11,490	8,618

出所：SEC1/1305 Migrant Labour Agreement and Labour Statistics 1939-41.

表6　巡回村における出稼ぎ先（1949-1960年）

年度	課税対象男性(人)	在村	州内	州外・国内	南ローデシア	南アフリカ	不在者比率(%)
1949	6,085	—	735	2,464	755	168	68
1950	19,830	8,326	2,110	5,278	3,158	914	58
1951(a)	11,505	—	898	3,793	1,802	444	60
1951(b)	22,232	9,120	2,111	6,542	3,469	950	59
1952	22,055	5,995	1,722	6,929	2,831	882	56
1953	2,544	861	290	872	417	91	66
1954(a)	21,261	9,024	1,468	7,379	2,661	711	58
1954(b)	21,227	8,255	1,374	8,348	2,377	598	61
1955	22,146	8,437	1,528	9,189	2,260	457	62
1958	23,610	9,844	1,473	9,715	2,086	234	58
1959	9,267	3,942	447	3,992	946	72	57
1960	18,314	7,136	1,343	8,062	1,569	97	61

出所：EP4/2/25 Tour Reports-Petauke, KSY2/1 Notebook District 1901-1963, EP4/2/76 Tour Reports-Petauke, Ep4/2/122 Tour Reports-Petauke より作成.

注：巡回ごとの記録を年度別に集計し作成．1949年及び1951年(a)の出稼ぎ率は在村者数不明の被雇用者数を課税対象男性の数で除したものであるが，史料には南ローデシア及び南アフリカ以外の国外（たとえばタンガニーカやコンゴなど）への出稼ぎ者は記入されていないため，実際の出稼ぎ率は表の数値より高い．しかしタンガニーカなどの出稼ぎ者数は多くはないので，さほど差はないはずである．

富の魅力による。部族の統制から逃れ自由を得るということも行政官が共通に指摘した理由である。交通手段の発達、特に北ローデシア内での移動が容易になり、鉱山へ働きに行きやすくなったという要因もある。一九三〇年代以降はコパーベルトへの出稼ぎが大半を占めた（表5・6）。出稼ぎ先で滞在が長期化し、一度行った人がまた行くということの理由に、鉱山での娯楽施設がある。それに比べ、村では踊ったり、飲んだり、異性をもとめることしかないという。

　農村社会への影響としては、長距離の移動ができない人が残ることになり、彼らが次世代を生むことは、農村社会における人々の体格的な後退をもたらすという指摘が目立つ。若い世代の流出は子供をもつのに最も良い機会を逃すことになり、悪い影響を生む。既婚女性にとって夫の不在は母となる機会を奪うことになる。成人男女の性比が不均衡になり、「不道徳」な関係が増え、女性の流出が促進される。このことは伝統的システムを変容させることになる。耕作や家作りは夫である男性の仕事であるが、彼らの不在中はこれらも主婦の仕事になる。夫の代わりとなる労働力を雇うため酒造りがさかんになり、飲酒がはびこることになった。その他の影響としては、父親不在による子供の躾の問題、必需品の増加による生活費の上昇、出稼ぎ中に習慣が弛緩しやがて喪失することなどがあげられている。しかし他方では、離婚は以前からあり、労働移動よりも性病が問題であるとの指摘もみられる。ほとんどは悪い影響であるが、数少ない良い影響として指摘されているのは、広い視野の獲得、良い居住環境と清潔を求めるようになること、流出により土地不足が弱まることなどである（ZNA. SEC1/1311）。

かつて指摘されたことは今日指摘されていることと驚くほど類似していないだろうか。流出を抑制するための提言は、パスシステムの導入、許可なく居住地を離れることの禁止、減税、商品作物の栽培などの開発（Report on Emigrant Labour: Fort Jameson District, ZNA. SEC1/1311）、労働者送り出しの地区別割当制の導入、原住民向け輸入品の増税（帰国時に持ち帰る商品に課税することは出稼ぎを抑制する）などである（Summary of Views on Emigrant Labour from the Eastern Province, ZNA. SEC1/1311）。なお行政官の報告書で見当たらない指摘は出稼ぎ労働の政治的影響である。南ローデシアそしてとりわけ南アフリカでの労働・生活体験をもった移動者はストライキや人種別職種制限（カラー・バー）について伝え、政治意識の昂揚に貢献した可能性がある（Phiri, 1980 : 320）。

銅鉱山開発の進むコパーベルト、あるいは従来からの移動先である南ローデシアや南アフリカへの労働移動は南部アフリカにおける開発の特徴を示している。すなわち北ローデシアやニヤサランドは主に労働力供給地、他方南ローデシアや南アフリカは労働力受け入れ地として、域内の相互依存が緊密に展開していった。しかも北ローデシア内でもコパーベルトのように労働力を必要とする地域があり、典型的な労働力受け入れ地域である南アフリカの中にも専ら労働力供給地となるところがあり、受け入れと送り出しの関係は重層的であった。その中で北ローデシア東部州は周辺の周辺として、典型的な労働力供給地として位置づけられてきた。南部アフリカにおける植民地経済の展開とその構造の特徴こそが東部州農村社会の構造とその変化を規定してきたのである。

3　出稼ぎ労働者の経験

植民地政府の文書に基づき東部州からの労働移動について記してきたが、本節では別の観点から、すなわち三人の移動者自身からの聴き取りにより補いたい。独立以前に出稼ぎ経験のある三名のうち、J・N氏は筆者が一九八九年以来調査してきた村の村長である。B・B氏はマラウイ出身のチェワであるが、ンセンガの妻と調査村に居住している。なお三人目のY・P氏は東部州シンダに在住し、彼もンセンガではなくチェワであるが、移動の様相を知る上で参考になる。

（J・N）父はニャンジェ首長区で生まれ、ここに来て母と結婚しました。私はチパタに近いマズモヨで生まれ、私の父はそこのオランダ改革派教会で学びました。父はそこで説教し、教えました。私は〔地元の〕カヴェレの学校で初等教育を終えました。一九三四年に新しく大きい学校がカリンダワロ〔本人の居住地である首長区名〕に建設され、一九四〇年に開校しました。私は最初の生徒でした。一九四四年にンセンガ原住民局学校試験に合格しました。他に一一人の男子が合格しました。三人はムナリの訓練センターに行きました。三人はルサカにある学校に行きました。私を含め他の六人の男子はただ放り出されました。私の父は南ローデシアのマロンドラスかウェッドリーフに行くように助言しました。

私はザンベジやムカムヤを横断し、チポリロを経て、歩いてソルズベリー〔南ローデシア（現ジンバブウェ）の首都、現在の名前はハラレ〕へ行きました。行く道は二通りありました。一つはダラウェニ、もう一つはチポリロです。両方ともザンベジを渡ります。私は他の男の子と一緒に行きました。トラックが我々を乗せてくれました。私は原住民担当官に会いに行きました。そこで私は講義内容を告げられましたが、その内容は北ローデシアのとは異なっていました。その上私は遅れて来たので、生徒はもう一杯でした。北ローデシアの教育長官がいるマザブカへ行くようにといわれ、私は長官への手紙をもらいました。

私がマザブカへ行くと、東部州の長官であるP・S・トレガ氏がそこにいました。トレガ氏は不機嫌そうに、なぜ南ローデシアで学校を探そうとするのかといいました。結局南ローデシアで学校探しをするのをやめなければなりませんでした。私は少年（マトゥンベ）と一緒にルサカに来、そこで私は彼をペタウケ行きのバスに乗せました。

私は家族を助けるために仕事を始めるべきだと思いました。私は（南ローデシアの）ワンキー採掘所へ行きました。しかし若すぎて雇ってはもらえませんでした。それで私はブラバヨ〔マタベレランドにある南ローデシア第二の都市〕へ行きました。私はそこである男に出会いました。その男は南アフリカへ働きに行ったといいましたが、実際にはベイヤ・アントロープ鉱山で働いていたのです。私はアントロープ近くのモリス氏のところで仕事を得ました。私は事務員として働きました。やがてモリス氏は私を彼の家の庭師にしてくれました。私は約三カ月働きました。そしてそっと抜け出しました（もし私がやめたいといえば彼は私を引き止めるに違いないからです）。

私はボツワナ（当時はイギリス保護領ベチュアナランド）へ行きました。そこでフランシスタウンにあるグランドホテルでウエイターとして働いている男と友達になりました。ある日警察官がやって来て、その友達と私や他の人たちも一緒に捕まえました。証明書を見せるように命令され、汽車でブラバヨへ連れて行かれました。全員で一六名でした。北ローデシアを抜け出したことで、各々に二ポンドの罰金が課せられました。私は二ポンドを払いました。私はブラバヨで働いていたため、そして会社に私の名前があったので、ブラバヨの町で働く許可をもらうため許可事務所へ連れて行かれました。しかし、係官がいない間に私は逃げ出しました。その町で働くことが認められないのではないかと心配したからです。我々四人全員は駅に行って、フィグツリー（ブラバヨの次の駅）へ行く汽車に乗りました。我々はそこで降り、藪の中に入りました。四人の中の一人はマラウイ出身者でした。その男は我々について来ることをためらい、彼以外の者が藪の中を線路に沿ってフランシスタウンまで歩いていきました。

私はフランシスタウンにあるヴィットヴァーテルスラント原住民労働協会（ＷＮＬＡ）の事務所へ行き、南アフリカのホロロ鉱山で地下のラッシャーの仕事を得たり、ランドレスで機械オペレーターとして働きました。私は九カ月働き、お金をため、一九四五年に再びジョハネスバーグへ戻りました。そこにいる間また九カ月働きました。その当時イギリス王室の訪問がありました。私はロードポットに住みました。約二〇名が一軒の家に住んでいました。食事は支給されました。給料は安かったけれど北ローデシアよりましで、毛布やブーツ代などは差し引かれて、一カ月三ポンドでした。私は郵便振替で家に送金しました。

二度目を終えて、私はマザブカへ戻りました。私はそこでお金を盗まれました（二〇ポンド以上）。私はルサカに着きましたが、それより先に行けませんでした。そこで私はワイシャツや毛布を売り始めました。私は証明書を持っていたので心配することがないので、フランシスタウンへ汽車で行きました。そこでケープ州に熱心に行きたがっているピーター・ピリーという男に会いました。我々は南アフリカへ行くことにしました。我々はお金がなかったのでフライブルグに停まりました。グランドホテルの寝室係として五カ月働き、それからケープへ出発しました。ポートエリザベスはいい所だといわれ、我々はポートエリザベスへ行きました。

我々は駅に朝着きました。我々の面倒を見てくれそうな北ローデシア出身の人を探しました。夕方まで我々を助けてくれそうな人を探しました。我々は橋の下で寝ました。次の日、職探しを始めました。警官は駅にいることを許可しませんでした。我々はこれからどこかへ行くために、駅にいるのだと言いました。最初は私がニュートンパークのベクスター氏の家で使用人の仕事を見つけました。ピーターはミルパーククラブで仕事を見つけました。

私は家具の磨き方でベクスター氏と問題を起こしました。それからピーターと一緒にナヌシ（ドライクリーニング・染色店）で働きました。食べ物の染み抜きの仕事でした。新しいドライクリーニングの店（クイッククリーナー）が開店すると聞き、雇ってもらおうと急いで駆け付けました。その店で私は血痕や卵などの染み抜きのための水洗いの仕事をしました。私は検査員に昇格しました。ポートエリザベスではアフリカ人用の居住地コースターにカラードの女性（ポピ）と住んでいましたが、結婚はしませんでした。一九五三年に私が辞めるといったら店主は泣きました。休暇を認められ、私は南アフリカを離れました。家に持ち帰るお金を増やすため、三週間ルサカのキャピタル・ドライクリーナーで働きました。一九五三年八月に家に帰りました。

多くの人が北ローデシアを離れ、故郷を忘れ、帰郷する人はわずかです。多くは戻ることなく異境で死にました。

（B・B）私はニヤサランド〔ザンビアの東に位置する旧イギリス領、現在のマラウイ〕のドワ地区にある家を去り、乗り物でモザンビークからジンバブウェに行きました。そこで私は初めて白人の農場で職を得ました。私はその農場で六カ月働きました。

農場を去った後、私はボツワナ〔当時はベチュアナランド〕のマフケンに向かいました。国境でつかまって、強制的に契約労働者（Chibalo）としてベタニに連れていかれました。農場での仕事はじゃがいもを掘り起こすことでした。六カ月間そこにいて、契約を終えたあと、私は町で家事使用人として二年間働きました。

私はホームシックでした。ザンビアを通って出身国に帰ることにしました。仕事を探すことに決めたのは、私がバスに乗ってルサカに着いてからでした。そして八名の白人男性と女性のいる会社の用務員としての仕事を得ました。郵便を配り、お茶を入れ、酒を売りました。ルサカに滞在の後、ンドラ〔ザンビア北部の鉱山都市〕に行きました。そこで私は支柱構築担当者として働きました。そこには一五年間いました。そしてルサカに戻りました。そして以前の雇用主のところで一九六四年まで同じ仕事をしました。〔北ローデシアがザンビアとして一九六四年に〕独立をしたとき私はペタウケに行くことに決めました。その時までに私はすでに結婚をしていて、私は彼女の家族に婚資（Nsambo）の支払いを済ませていました。彼女の両親は、つまり私の義理の親にあたるわけですが、私を歓迎してくれました。私は歓迎してくれたこの村の首長に会いに行きました。

出身地であるマラウイのドワではなく、私がペタウケに定住することを決めたのは、ずっと故郷を離れていたからです。また義理の両親から受けた歓迎はとても素晴らしいものでした。私はここが「家」だと感じました。三番目の理由は外国では長く住むことができるからです。私の村では容易に呪術にかかってしまいます。特に町からきたのであればなおさらです。外国の村では思った以上に長生きができます。私をご覧なさい。

私が南部アフリカにいる間は故郷に送金したものでした。しかし、そのお金を誰が取るか親戚の間で争いがおきていました。私の息子や兄弟、従兄弟の間にです。そういうわけで私は送金を止めました。

私の人生はそれらの国での滞在そのものです。私は隣人、友人、義理の親戚を敬ってきました。悪人と愚かな者（Citsulu と Cizende）は同じではありませんが、悪人で愚かな人々のいるコミュニティでは、私は誰にも従いません。なぜなら誰かに従うと、人々は私を責めるからです。私が出会った人たちはそのようなことはしません。私は出会った人々に礼儀正しく振る舞い、また彼らもそのようにします。この村での滞在はとても快適なもので、誰に対しても嫌な感情を持っていません。良い人たちばかりです。ここが私の最後の故郷になるでしょう。私はマラウイの故郷には行かないでしょう。故郷は生まれた場所であるとは限らないのです。

〔Y・P〕 私は一九一九年にザンビアのカワザ・カテテ首長区のシケヴァシ村で生まれました。私は貧しかったのでローデシア〔ジンバブウェ〕に移動しました。私たち一家を助けてくれる何かを見つけたかったのです。私は北ローデシア〔ザンビア〕を一九四五年一〇月二三日に去りました。私はモザンビークのポルトガル領域を通り、アオロアオデラ山に辿り着き、それからザンベジア地区〔ポルトガル領モザンビークの地域名〕に着きました。

そこで指紋をとられたあと、無料の乗り物に乗ってジンバブウェのダーウィンまで行きました。フィンゲ橋から我々はハートレイまで歩きました。ハートレイのホテルで、ヨーロッパ人担当の営業係として何年も働きました。給料はほんのわずかで、一カ月で一ポンドでした。

私は最初バルバナス氏の所有している農場にある店で働きました。この白人は農場を売り、私をジジマの他の白人のところに連れていきました。そこで何年も働きました。ここに滞在している間、最初の娘ジュスティナをチパタ地区のマゲウエロ・ミッションに行かせました。そこには何人かの白人の女性がいました。彼女の教育が終わると、私は彼女の弟や妹をザンビアに送り始めました。

私は疲れて、ホームシックになり、リヴィングストン〔南ローデシアとの国境に位置する北ローデシア南部の中心地〕に行きました。そこには何人かの子供たちが働いていたからです。リヴィングストンからカブエに行き、七年間滞在しました。そこで子供がカテテ県のムバンゴメ首長区のムテテジに農場を見つけてくれました。私はそこに三年間滞在しました。それから、私はカペヤの農場に移り、一四年間滞在しました。それから娘のジュスティナがグレート・イースト街道近くに農場を探してくれました。そこが今私が居る場所です。

なぜ出身地に戻らなかったかというと、私は宣教師による教育を受け、その環境がとてもよかったからです。私は村に住まないことを決心しました。現在私は働いておらず、妻と一番年下の子供スサニピリと暮らしています。彼女はセーブル輸送会社で働いています。私は、私たちより早くここシンダに来た人から、菜園をもらって、そこで最小限の作物を植えています。

南アフリカの鉱山業に必要な労働力を提供したのは、モザンビークやボツワナ・レソト・スワジランドであり、一九六〇年代から七〇年代初頭まではマラウイも多くの労働者を南アフリカへ送り込んだ。これらの国々とくらべるとザンビアからの労働者数は決して多くはない。植民地政府文書（Labour Rand Mines and Southern Rhodesia 1933-39［SEC1/1516］Vol. 1-8）によると以下のことを指摘しうる。一九一三年から一九三三年の間は南緯二二度以北、すなわち熱帯アフリカでの労働者募集を南アフリカは禁止していた。したがって南アフリカ鉱山会議所による正規の手続きによる、つまり南アフリカの労働力調査機関であるヴィットヴァーテルスラント原住民労働協会（WNLA）の採用による、ザンビアからの出稼ぎ労働は中断されていた。禁止は、政治的理由と健康上の理由によったが、前者はかなり以前になくなり、後者においても鉱山の健康管理の改善が行われた。三三年に禁止解除が行われ、ベチュアナランド、西南ローデシア、北ローデシアからおよそ二〇〇〇人が導入された（南アフリカ外務大臣より北ローデシア長官宛（一九三三年一〇月三一日））。試験的にまずベチュアナランド一〇〇六人、ローデシア一〇〇九人（一九三四年一月―一九三五年五月）が導入された（北ローデシア長官によるWNLA総支配人からの聴取 No. LAB/C/24）。なお死亡率の違いは以下のようであった。一〇〇〇人当り、ベチュアナランド（熱帯）一四・七五、ローデシア一一・六四、ベチュアナランド（非熱帯）一〇・九二、イーストコースト（ポルトガル領モザンビーク北部）九・二六、原住民全体六・九八[4]。

しかしイギリス政府は北ローデシアからの労働力流出を懸念していた。したがって植民地省は北ローデシアがWNLAの労働力調達にかかわることに慎重な対応を求めた（イギリス植民地省ボトムリイより北ローデシア政府キルターマスター宛通信（一九三五年八月一〇日））。植民地省ばかりでなく南アフリカと産業の競合する南ローデシアは、試験期間の後に南アフリカによる労働者導入が本格化すると、賃金の高いラントへ労働力が流出するため、農場と小規模鉱山に打撃となることを心配している（南ローデシア総督より北ローデシア総督宛て通信）。ところが現場に近い行政官の見方は興味深い。「パスがあろうとなかろうと、調達が認められようと認められなかろうと、調達場所が国境を越えたところにあるならば南に向かって人は移動する。今のように無秩序に出かけていくより、労働調達組織の助けにより、限られた人数で行くほうがずっと労働者にとっても良いと思われる。今のあり方では多くの人が帰ってこないであろう。一度門戸を開けば、再び閉じることは出来ない。この国のあらゆる所から絶えず原住民が南に向かいつづけるだろう」（州監督官より長官宛て通信（一九三五年一二月二四日））。

現実には一九三六年四月に北ローデシアから一八九人が導入され、日給はシャフト当り一シリング八ペンスから二シリングであった（トランスヴァール鉱山会議所総支配人より北ローデシア長官宛て書簡（一九三六年四月二三日））。翌月は北ローデシアから一九二人、うち一八〇人はカズングラの調達所で、一二名は南アフリカ連邦内で雇用された（トランスヴァール鉱山会議所総支配人より北ローデシア長官宛て書簡（一九三六年五月六日））。

一九三七年二月から三月には契約期限を終了した六二名の北ローデシア原住民が帰国した。一九三六年一二月から一九三七年三月の間に怪我、病気で送還されたのは二七名、死亡は四名であった（一九三七年五月七日）。一九三七年四月と五月の契約終了帰還は六五人、死者四人、送還三人（一九三七年六月一七日）、一九三七年六月の契約終了帰還は五人、死者二名、送還七人であった（トランスヴァール鉱山会議所より長官宛て書簡）。帰還者については北ローデシア政府も関心を持ち続け、情報を収集した。例えばリヴィングストンの州監督官代理によると、面接した四名は口をそろえて鉱山での仕事は非常にきつく、ジョハネスバーグに戻るつもりはないと述べている

（州監督官代理（リヴィングストン）より長官宛て書簡（一九三七年五月一四日））。

東部州出身者ではなく西部州出身者の例であるが、出稼ぎ労働者の状況を知ることができる労働者からの詳しい聴き取り結果がある。それは以下の通りである。(5)

（マムトゥイ首長区ムボー村のムコングルワ）

一九三六年三月にウィットヴァーテルスラントに行き、金鉱で一年間働いた。賃金は一月三ポンドだった。毎日午前七時から午後一時まで働いた。働くのは好きだったが、それが非常な努力を有するものであることがわかった。鉱山で働いているロジの人々は風邪による咳に苦しんでいる。私は胸の病気で三週間入院した。その他にも落石による手の負傷で一カ月入院した。それは後遺症の残る怪我ではなかった。現地人労働力のための宿泊施設は素晴らしく、食事はとてもよい。再度働こうと思ったが、自国に仕事があれば自分の国で働きたいと思った。リクルートはトラックでカズングラからカサヴィを経由してフランシスタウンへ行く。そこでジョハネスバーグ行きの汽車に乗る。

（マムトゥイ首長区シパイ村のムビアナ）

一年間ゲダルト鉱山で働いた後、一九三七年七月にウィットヴァーテルスラントから戻った。毎日午前三時から午後二時まで、一月三ポンドで働いていた。胸の病気で三カ月入院していた。病気の間は給料はもらえないが、しかし食事は与えられた。また腕の痛みが増し、今でもまだリューマチにかかっている。腕の痛みがなければ、少し休養した後にまた復帰したい。私はできるなら自国での少ない稼ぎよりも、月三ポンドでジョハネスバーグで働きたいが、高収入を得られるなら、自国で働きたい。鉱山のリクルートのための宿泊施設は素晴らしく、食事もとてもよかった。

（ムケイト：ロジ四〇歳、シルナ（セナンガ）、アヤニ村）

私は一九三六年四月のカズングラでのリクルートによりジョハネスバーグに行き、今年の四月に戻った。

ジョハネスバーグへ行く途中、リクルートの面倒見は良かった。ベスト、ジャケット、シャツ、ベルトと二枚の毛布をもらった。私は暖を取るためにもう一つジャケットを買った。我々は多分カズングラだと思うがそこでと、およびフランシスタウンで医師の診察を受けた。フランシスタウンでは服をもらった。ジョハネスバーグでも裸にさせられ、その上でそれぞれの鉱山に振り分けられた。

ジョハネスバーグでは、飲み物の容器と皿、スプーンをもらった。賃金からこれら食器類と衣類の代金は差し引かれた。二五シリングくらいだったと思う。

私は名前を知らない鉱山に行った。地下のトロッコで働いた。私は五カ月その仕事をし、病気になり、その後三カ月働いた。咳が出て、肺の具合が悪かった。健康な原住民のみ滞在できることになっていたので、彼らは私に国に帰るようにいった。彼らは健康でないと働かすことができないという点に関してやかましかった。小指を負傷しただけでも帰還させられた。

私たちが最高権力者（首長）の配下の者であるために彼らは気を使っていた。ロジから出かけたときは私は元気だった。よく働くと月に三ポンドもらえた。私は二五シリングではじめ、後に二ポンドもらうようになった。なぜなら私が病気だったからだ。

帰る途中、私はフランシスタウンに行くために一九シリング払って、カズングラへの旅費として一〇シリング払った。その後、船の乗船料も払った。そのため私は家に戻ったときに一ポンドしか残っていなかった。私は一三カ月も家を離れていた。

私たちは朝二時から午後二時まで働いていた。他の者は違うシフトで働いていた。私たちは仕事の前にココアとパンをもらった。五時には、野菜、ジャガイモ、米、トウモロコシの粉、トマト、オレンジ、ビールと紅茶などたくさんの食事が出た。トウモロコシ粉のお粥はとてもおいしかった。

私は第五シフトにいた。我々と第一シフトは特別の食事とより多くのパンとビールをもらっていた。警察ボーイ（アフリカ人の警官のこと）たちは私たちが居住区から二―三ヤード以上はなれたところへ行くことを禁じていた。居住区のマネージャーのヨーロッパ人は私たちが盗難にあい、あるいは怪我するかもしれないから外に出ないようにといった。そして何か起こると彼が非難されるとも言った。マチャンガニ、マチョビ、マポンドモシの「マライチボーイ」がいて、彼らは他のアフリカ人を苦しめていた。

事務員はコーサ人だった。彼らの行動様式はむしろ、ロジのようだった。私たちは働いている間は何の問題もなかった。カピタオ（ボス）はほぼマチャンガニだったが、私たちが働くときには私たちロジを尊重してくれた。カピタオはののしり、私たちをよくたたいた。ヨーロッパ人は荒々しかったが、ここでのようにそこでも生きることができた。もし政府が私にここでよい仕事を与えてくれないなら、また行くだろう。

（ムテムワ：ロジ三二歳、イトファ（セナンガ）、ムフワリショボ村）

鉱山ではいつも風が吹いて乾燥していたので、暑くはなかった。私たちは働いているときによく大量の汗をかいた。私のボスはマチャンガニ人だった。ボスたちは荒々しかった。彼らは殴った。彼らは拳骨ではなく、平手でたたく。蹴ったりはしない。よく罵った。しかし彼らがひどく悪いやつだという意味ではなく、働かせようとしただけだ。私たちのボスは一〇人を監督していた。機械を操作しているヨーロッパ人もいて、彼らは荒々しいが悪い人ではない。私は当初三〇シリング稼いでいたが、後に二ポンド一〇シリングになった。六カ月後、私は小さな事故にあった。石が足に落ちてきた。短期間入院した。二カ月後、私は胸の具合が悪くまた病院に行った。私はひどい病気でほぼ三カ月入院していた。彼らは私を家に送り返すといった。

私は帰る途中のフランシスタウンに着くまでの旅費を、食事を含めて一七シリング六セント払い、カズングラに行くために一〇シリング払った。船の料金とここに戻るための食事に一五シリングかかった。帰ってきたときには三〇シリングしか残っていなかった。私はほぼ一年間家を離れていた。お金が必要なのでまた働きに行くだろう。しかし、今も胸の調子が悪い。ジョハネスバーグの近郊には多くのロジの人たちがいて、何人かに病院でも会った（セナンガ、一九三七年一〇月四日）。

北ローデシアからの労働者の受け入れ鉱山における状況や生活については以下のような報告がある（バロツエランド長官より主席長官宛、ロジ労働者に関するジョハネスバーグ視察報告（一九三七年一一月一八日））（SEC1/1516 Vol. 4）。

三―四日間健康検査、予防注射、消毒、特別の浴槽につかることがあり、体力のない不健康なものはここではねられる。その率は一〇％以上である。医者によれば、車での移動は労働者を疲れさせるので、カズングラからフランシスタウンまでは列車のほうがよく、暑い時期がよい。

到着間もないロジの労働者に会う。不満はないが、ただシチュウに野菜を混ぜることに不満。この不満は銅鉱山でも同様であるが、考慮すべきではない。野菜は栄養のバランスにとって重要であり、シチュウに混ぜないと彼らは摂取しない傾向がある。

最初の一二日間は地上勤務で、次第に難しい仕事に移る。毎日体重検査があり、体重の減少したものは病院で検査がある。一九三六年一月からの死亡率は、北ローデシアが最も高く、二一・九七であり、全体では七・二九である。不満は食事についてであり、すでに取り上げたようにシチュウと野菜をいっしょにすることについてである。それぞれのコンパウンドではロジの中からボス・ボーイが選ばれ、言語による障害などに対処している。事故以外の理由で入院している時は賃金の二五％が払われる。

付随した不満として、自転車とミシンの購入禁止がある。実際禁止されているわけではないが、持ちかえりの輸送代と税金を払えないということが生じ、購入が禁止された例もある。

宿舎は以前木製の四〇ベッド四〇台であったが、コンクリート製のベッド二〇台に変わった。数を減らしたのは病気の伝染を防ぐためである。

夜勤はなく、日曜は休みである。土曜の午後一時から、月曜の出勤まで自由である。フットボール、クリケット、テニスの試合があり、スピーカでの音楽放送がある。他の宿舎を尋ねるにはパスが必要である。他の部族の者に襲われるのが心配で、あまり出かけない。映画の上映が週に一回、教会の説教が日曜にある。

地下労働の平均賃金は二ポンド二・二シリングである。しかし前金が返済されるまでは、一〇シリングの最低賃金を受け取る。旅費、衣服、靴、ランプの代金をカバーする前金は五ポンド一七シリング六ペンスであり、第三期までに通常は払い戻される。食事は無料である。

ポルトガル領東アフリカと違い、北ローデシアの労働者の場合は、送金については自由意思による。

鉱山会議所会頭はアフリカの原住民が都市の住民になることを望んでいない。都市の住民はいままでとは全く性質の異なる問題をもたらすだろうということを彼は認識している。部族指定地から屈強な男性を引き抜くことは出生率を低下させ、指定地に残った体格の劣る人から体格の劣る子供をつくることになると考えられている。いずれにせよ会議所の側には我々に強制する意図がないことは確かである。

しかし一部については雇用したこともない大量の労働力を保持しようと〔北ローデシアの〕銅鉱山会社が主張することは、労働資源を組織化しようともしていないので、理屈にあわないと感じられた。原住民労働局長によればポルトガル領東アフリカなど外からアフリカ人が流入するのを連邦政府が禁止できると思うのは間違いだということだった。パスシステムは連邦全域に及んでいるものではなく、指定地区においてのみであった。したがって連邦に来ることは極めて容易である。しかし連邦政府が熱帯アフリカ人雇用の禁止を解除しようとするかたわら、全て解除することはありそうになかった。連邦のアフリカ人にかえて外国人労働者を導入することには政治的反対があったからである。ラントでの調達であれ、連邦外であれ、金鉱山で雇われる熱帯アフリカ人の数には制限があるだろう。すなわち連邦外で調達される金鉱山への自由意志による労働移動は問題なく制限される傾向にあろう。

以上要約して私の提言は、(1)さらに試験期間を続けること、(2)出発前に身体検査をより厳しい基準で行うこと、(3)ラント到着は夏期となる調達を守ること、(4)できれば汽車により移動すること、(5)ロジの通訳をＷＮＬＡは雇い、なるべくラントで働いたことのあるロジの中から選ぶこと、(6)契約は北ローデシアでなされるべきこと、(7)なるべく定期的に労働担当官が鉱山を訪問すること。

ザンビア内での主な送り出し地域であった西部州の人々にとっては、南アフリカへの出稼ぎ労働は不可欠であった。北ローデシアがザンビアとして独立した一九六四年以降、政府はアパルトヘイト体制の南アフリカへ労働者を送り出すことをやめたのであるが、その措置は西部州にとって影響が大きく、同州と中央政府との対立の一因となるほどであった。東部州においては、ペタウケ県に関する植民地政府文書によると次の通りである。課税対象男性一万五三七八名のうち不在者は一万八六五名、七一％であるが、南アフリカへの出稼ぎ者は八七八名（一九四九年度報告書を筆者が集計、なおこの数値はペタウケ県の全数ではなく、年間三—四回の県内視察において訪問した首長区内の村長から聴取した数値）である。一九五〇年度は課税対象男性一万九八三〇名、うち不在者一万一五〇四名（五八％）、南アフリカへの出稼ぎ労働者は九一四名、以下一九五一年度はそれぞれ二万二二三一名、一万三一一二名（五九％）、九五〇名、一九五二年度は二万二〇五五名、一万六〇六〇名（七三％）、八八二名、一九五三年度は二万三九三四名、一万三七〇二名（五七％）、九一四名、一九五四年度は二万二二六一名、一万二三一三名（五八％）、七一一名である。東部州の場合、主な出稼ぎ先は北部の鉱山地帯と南ローデシアであったため、出稼ぎ先全体の中に占める南アフリカの割合は一〇%にも達していなかったことがわかる。

（1）原住民長官が記述した年は一九一二年である。
（2）「相互に、あるいは一方的に相手をからかい中傷することや、他の場合には無礼と非難されるような行為が許され、時にそうすることが期待されている人間関係を社会制度として持つ場合、その関係を冗談関係という」（『文化人類学事典』弘文堂、一九九四年、三六五ページ）。チェワ・ンセンガとベンバとは互いに冗談やののしりを交すことが許されており、また重要な礼儀、例えば葬式などにおいて互いに手助けをする。
（3）東部州他県の記録を以下に記す。

1　フォートジェイムソン県長官による移動労働者報告書（一九三六年一一月）
労働可能男性二万七〇〇〇人のうち一万四〇〇〇が不在、移動の理由は
①地元の低賃金――非熟練の平均賃金は月六シリングに現物ないし二シリングの手当て
②雇用の不足――ヨーロッパ人のタバコ農場が主、労働力需要五四〇〇人に対して課税対象人口は二万七〇〇〇人
③外の地域と文明を見たいという欲求
④部族の統制から逃れ独立し、自由を望む
⑤車での移動が可能――南ローデシアへは依然徒歩だが、北ローデシア内では移動がしやすくなった
⑥銅鉱山の開発――フォートジェイムソンとルサカの間の交通が便利になった
移動による影響
①長距離移動が無理な頑強でない人が残り、次世代を生むことになる。それにより体格的な後退が明らかである
②未婚青年、あるいは若い既婚者が移動する。後者の場合は子供をつくるのに最も良いチャンスを逃すことになり、さらに悪い影響を生むに違いない
③子供を産む機会を奪われた女性は、男性との不道徳な結びつきや、売春目的で出て行くことが助長される
④耕作や家作りは夫の仕事であるが、彼らが不在なので、これらも主婦の仕事になる。通常この仕事は人に頼み、醸造ビ

ールで支払われる。この地区では飲酒がはびこり、暴力沙汰が多い
⑤ 帰ってきた人が外の世界を魅力的に語るので、地元で働いていた人もやめてしまうことが少なくない
⑥ 利点としては、他の部族と接触し、視野が広くなること。現代風のコンパウンドに住むことにより、より良い居住環境と清潔さを求めるようになる

以上を要約すると、⑥のような利点もあるが、部族の社会生活全般に悪い影響がある。

提　言

① 南北ローデシアの鉄道にパスシステムを導入する。地区係官の許可なしに就労目的により地区を離れることを禁じる
② 税の軽減。しかしこれは政府収入を減らすことになり、主張しにくい
③ 商品作物の栽培、たとえば棉花。しかし食糧生産以外に土壌が適していない

2　ルンダジ県長官報告（一九三六年）

地域外で働く人は、労働可能な男性のうち四一％（一九三四年）、五〇％（一九三五年）、五一―五二％（一九三六年）。実数四〇〇〇人で、産銅地帯一〇〇〇人、ルパゴールドフィールド五〇〇人、南ローデシアと南アフリカで二五〇〇人。

流出の原因

① 税金――一―三年働きに出かけ、納税のための送金と帰還したときの税金分を稼ぐ。しかしこの負担が流出を強制しているとは考えられない
② 放浪癖――ヨーロッパ人がくる前から絶えず移動するのが習性だった。この趨勢は一夜でなくなるものではなく、課税がなくともやはり働きに、そして外の世界を見に出かけただろう
③ 社会的義務――結婚に必要な婚資を払うため
④ 商品購入のための現金獲得

農村への影響――影響はさほど深刻なものではないのではないか。離婚は以前からあり、七五％は夫が村を出て置き去りになった結果である。流出により過度の飲酒が増加した

3　原住民教育監督官より州長官宛て報告（出移民に関する報告）（一九三七年二月）

流出の原因

①　課税、しかし今では主な原因ではない
②　生活水準が向上し、それにつれ必需品となったものの購入のため
③　他の世界を見聞したいという気持ちと、あちこち行ったことのある人間に与えられる威信
④　ハラレ（注：南ローデシアの首都ソールスベリーにあるアフリカ人居住区、現在は首都の名前となっている）は約束の地であり、通りはお金（マネー）で舗装されていると若い世代は信じている
⑤　滞在を長期化させ、一度行った人がまた行きたがる理由に、鉱山での娯楽施設がある。それに比べ、村には踊ったり、飲んだり、異性をもとめることしかない

男性が多数不在であることによる悪影響には、子供の躾不足があり、それゆえ近頃の若い首長には失望することが多い。

4　東部州原住民問題年次報告（一九三六年）からの抜粋

成人男性の五〇％、場所により六〇％が不在であり、人によっては七五％が不在と言う者もいる。

影　響

①　体格の劣等化
②　部族システムの弱体化
③　村に残される女性の不幸な状況――既婚女性にとって二―三年夫が不在となる。母となることが良いこととされる一方、好きな人に去られ結婚ができない。成人男女の比率が不均衡で、しばしば一：五、ある村では一：一〇である
④　過剰なビール造り（夫の代わりの労働力を雇うため）と飲酒
⑤　新たな必需品が増え、生活費が上昇する。家具等を持つことが優越感をもたらす
⑥　働きに出た男性の慣習の弛緩

なおよい影響としては、広い視野の獲得、よりよい居住環境への欲求、土地圧力の弱化。

5　東部州からの移動労働に関する概容

農村の成人男性の五〇％が不在、主に南ローデシアにいる。帰還しない数は不明であるが、ペタウケ地区長官の推計によれば二〇％。

移住労働の理由

① 月六シリングという地元の低賃金
② 地元に雇用機会がない
③ 旅行の欲求と他所への関心
④ 部族規範からの逃避
⑤ コパーベルトの開発と交通手段
⑥ 課　税
⑦ 社会的義務

移動の影響

① 年配者と頑健でないものが残り、身体的退化が生じる
② 部族システムの弛緩
③ 道徳の低下と家族崩壊
④ 過剰な飲酒
⑤ 新たな消費により農村での生活費が増大する
⑥ 性病の増加
⑦ 村を見捨てる

過度な移動をとどめる改善策の提言

① パスシステムの導入
② 減税（しかし効果はさほどないのではという報告が多い）
③ 商品作物の開発

6　移住原住民労働（一九三七年五月二六日）（州長官よりルサカの北ローデシア長官宛、大量流出対策の提言）

① パス制度の導入により、原住民局の許可と地区発行のパスがなければ、東部州から出ることを禁止する
② 地区ごとの割り当て制
③ 商品作物の導入

④　鉱物資源開発

⑤　原住民向け輸入品の増税と直接税の軽減

不在期間の制限（多くのものが出かけられ、出身地との絆も保たれる。大規模雇用者には二年以上の雇用期間を禁止する）

以上はSEC1/1311 (1940 Administration of Native Labour Investigation of Labour Conditions in Northern Rhodesia, Eastern Province）による。

（4）死亡率についての原資料は、Transvaal Chamber of Mines, Gold Producers' Committee, Results of Tropical Native Experiment, January 1934-May 1935。

（5）最初の二名は、Labour Rand Mines and Southern Rhodesia 1933-39（SEC1/1516）Vol. 3 モング・リアルイ長官（G・E・カーティス）から州長官宛（一九三七年一〇月四日）による。後の二名は同じくVol. 3 の州長官代理（モング）より主席長官宛（一九三七年一〇月八日）による。

2章 独立後の労働移動と地域社会

村の家族の夕餉

1　ンセンガ社会と労働移動

南ローデシア、南アフリカへの労働移動の主たる原因は、南部アフリカ各地域における資源の存否や経済発展の相違であった。南ローデシアが北ローデシアと同じイギリス植民地であり、南アフリカが英連邦の一員であったことも、移動を容易にした。しかし一九六四年に北ローデシアがザンビアとして独立するも、一方の南ローデシアでは白人による支配が継続したため、以来北ローデシアから南ローデシアへの人の移動は激減した。またアパルトヘイト体制の下にあった南アフリカへは制度上、出稼ぎ労働は禁止されるなどして、国際移動は顕著に減少していった。それにつれザンビア内の銅鉱山への移動が一層重要性を増し、さらに首都ルサカへの人口流入が目立つようになる。流入による都市人口の拡大は独立直前からはじまり、独立後に激化する。独立の前年の都市人口（非農民人口が多数を占める人口一〇〇〇人以上の集住地の人口を意味する）は七一万五〇〇〇人で総人口の二〇・五％であった（一九六三年）。当時のアフリカでは都市人口比率が極めて高い部類に入る。その理由は北部の銅鉱山の開発に伴う鉱山諸都市（キトウェ、ンドラ、ムフリラ、チンゴラ、ルアンシャなど）の発展による。しかしすでに首都ルサカの人口（一二万三一四六人）は従来一位であったキトウェの人口（一二万三〇二七人）を上回る規模になりつつあった。全都市人口の年平均増加率は八・九％（一九六三—六九年）、六・〇％（一九六九—八〇年）、三・八％（一九八〇—九〇年）と推移するなかで、ルサカの人口増加率は突出している。すなわちそれぞれの期間の年平均は一三・四％、六・八％、六・一％である。他方代表的な鉱山都市であるキトウェはそれぞれ八・四％、四・二％、二・四％、ンドラは九・五％、五・三％、四・〇％となる。銅鉱業の低迷を反映して、銅山都市の人口吸引力が減退した結果、一九九〇年にはキトウェの人口は三三万八〇〇〇人、ンドラは三七万六〇〇〇人に対し、ルサカは九八万二〇〇〇人となり、ルサカの首座都市の地位は明確になった(1)。

ヴェトナム戦争終結まで比較的高水準の価格を保った銅を産出することにより、ザンビア経済は維持されていた。都市消費者物価は政府の補助金、物価統制により安定しており、都市労働者の賃金は農業所得に比べおおいに魅力的であった。鉱山労働者をはじめとする都市住民が優遇され「都市偏向」政策という表現が当てはまる状況になり、農村と都市との格差はさらに著しくなった。都市の平均所得は一九七〇年代においておおよそ農村世帯の四倍であった(ILO, 1979 : 288)。こうした格差と銅依存の体質の問題はことあるごとに指摘されたが、改革が具体化されたことはなかった。その理由の一つは第二次世界大戦後の開発における社会主義的政策、というより国家資本主義的政策への期待であった。

一九六八年のムルングシ宣言、翌年のマテロ改革により、政府は外資系企業の株式取得、さらに公社設立による企業統制の強化などを推進した。ムルングシ宣言(改革)は、(1)ザンビア国籍をもたない者への商業許可を十大都市に制限、(2)二六の主要外国企業に産業開発公社(INDECO)五一%以上の出資、(3)道路・運輸業許可をザンビア人出資七五%以上の企業に制限、(4)一〇万クワッチャ以下の公共土木事業契約はザンビア国籍保有者に制限、(5)全ての政府事業は新設の国立商業銀行を通じて行うこと、(6)保険・住宅金融組合業の国有化および金融開発公社(FINDECO)傘下への編入、(7)広汎にわたる製造業のINDECO傘下への編入、を内容とした(Grotpeter *et al.*, 1998 : 289)。マテロ改革は鉱山会社の株式五〇%以上を政府が取得し、あらゆる鉱業権を政府が専有した(Grotpeter, *et al.*, 1998 : 249)。国家の企業経営への参入と管理の強化によりアフリカ人化を推進し、経済ナショナリズムが発展した。しかしその結果、新たな特権層が生まれるとともに腐敗と経営上の破綻がもたらされた。初代大統領カウンダの主導する路線は「ヒューマニズム社会主義」と称されたが、一九七〇年代、八〇年代と経て次第にその矛盾は顕在化していった。フォーマル・セクターの労働者のほとんどは政府関係の雇用者である。彼らの支持をつなぎとめるということが政権の維持にとって基本的な要件であった。タンザニア社会主義のように農村・農業の社会主義化はほとんど行われなかったため、都市重視は一層顕著となり、その結果、農村から都市へ大量の人口移動がもたらされた。

改革を遅らせた二つ目の要因は当時の南部アフリカ国際関係である。アンゴラとモザンビークの両国は、一九七五年の独立後も内戦が続いたため国境地帯の不安定化とザンビアへの難民の流入があった。アンゴラの内戦は大西洋岸へのザンビアからの物資輸送に支障をきたすという問題もあった。ローデシア白人少数政権の一方的な独立宣言（一九六五年）によるローデシア国境閉鎖はこれと同じ輸送問題を生じさせた。ローデシアがジンバブウェとして一九八〇年に独立するまでの過程で様々な困難がザンビアに重くのしかかった。アパルトヘイト体制が一九九一年まで続いた南アフリカに対する経済的従属と政治的対立の問題もあった。

南部アフリカにおける植民地体制の崩壊が遅れた理由は、この地域が鉱物資源に恵まれ、冷戦における両陣営の利害が鋭く対立したからである。南部アフリカの中では独立の早かったザンビアはこうした厳しい国際関係の中に投げ込まれたわけである。この状況の中でザンビア政府は外交優先ともいえる政策をとった。そのことは南部アフリカの解放にとっては意義があったが、内政を軽視し、対外的危機を理由に強権的に国内の秩序と安定を維持するという方向に向かい、内部改革の可能性を失わせていったのである。南部アフリカでのザンビアの重要性は西側諸国からの援助を引き出すことを可能とし、外からの批判を受けることもなかった。しかしやがてザンビア経済の問題は、一九七〇年代半ば以降に表面化することになった。

独立の年（一九六四年）から石油危機の年（一九七三年）までは国内総生産の成長率は年二・四％であったが、一九八〇年代は〇・八％、一人当りではそれぞれマイナス〇・六％、マイナス二・九％であった(2)。植民地時代に形成された銅の生産に特化した経済は七〇年代の石油危機以降急速に悪化した。ザンビア政府は経済危機の要因を五つあげた(3)。極端な輸入依存、輸出部門における多様性の欠如、交易条件の悪化、国際収支の悪化、そして天水依存の農業である。交易条件は一九七〇年を一〇〇とすると、七四年に八五、八〇年には二六と低下した(4)。この変化をもたらしたのは石油価格の急騰と銅の国際価格の下落である。他の多くのアフリカ諸国と同様、ザンビア経済の状況も外的要因によって左右されたことは明らかである。極端な輸入依存と単一商品輸出構造を独立後に克服できなかったため、経済危機を防ぐことができなかった。天水農業の脆弱性もさることながら、小農生産が発展せず、植民地時代に形成された農業の二重構造を克服できなかったことも要因だった。ザンビア政府もこうした問題については早くから認識していたのである。

独立後の最初の国家開発計画（第一次国家開発計画一九六六―七〇年）に影響を与えたのは国連・アフリカ経済委員会・食糧農業機構の合同ミッション報告（シアーズ報告）である(5)。その報告では銅依存を克服するために経済の多様化が主張された。注目されるのは農業政策についてである。当時（一九六三年）、主食トウモロコシの生産は自給を上回り、最優先課題は雇用の拡大におかれていた。したがって賃金上昇を抑制すべく、食糧の価格を低く維持することが主張された。その結果、生産者価格の上昇による生産増への刺激が重視されず、機械化などによる生産性向上、大規模農場の創設などが主張されたのである。

第二次国家開発計画（一九七二―七七年）では農業生産の拡大が最優先課題とされた。人口増加、そして農村・都市間の所得格差は都市への人口流入を加速させた。消費人口の増大に対応し、農村からの流出を減少させるべく食糧増産とりわけ小規模農家の生産増が重視された。この期間の経済成長率は三・四％であり、第一次計画の時期における二・〇％を上回る成果をあげた。農業部門の成長率は三・六％（第一次計画の時期は一・八％）であり、[6]トウモロコシの生産量（市場出荷量）も年平均二八・四万トン（一九六七―七一年）から四二・七万トン（一九七二―七六年）に拡大した。[7]しかし農村開発省の予算は全体の一一・四％であり、電力・運輸・建設省の四八・八％が示しているように、[8]第二次計画においても第一次計画と同様、実質上は産業基盤整備に重点がおかれた。ある程度の成長を達成したが、輸出部門の多様化と二重構造の是正は実現されないままであった。

第三次国家開発計画（一九七九―八三年）においても経済の多様化、農村開発の最優先、農村・都市間所得格差の縮小などが主な目標として掲げられ、農業発展のために必要とされる生産形態として大規模国営農場の建設が第一番目にあげられた。この時期には大規模農場の建設資金は外貨や援助に頼らざるを得ず、各州二カ所ずつ平均二万ヘクタールの農場を建設しようとしたが、ほとんど実施には至らなかった。小農生産については、農民による土地面積の把握とそれによる適切な量の肥料投入の実現を目ざしたリマ・プログラムや、後進地域の開発を目ざす総合農村開発計画が発足した。しかしザンビア経済はすでに危機に瀕していた。

第三次計画終了後示されたのが「危機下における改造計画（一九八四―八六年）」である。そこでは農業の成長を阻んだ要因として生産者価格が生産を刺激するには充分な価格でなかったこと、非能率な流通機構、不十分な農業予算がまず列挙された。[9]農業の停滞が政策上の問題によることを政府が認める結果となった。独立以来経済の多様化と農業発展が常に唱えられながら、植民地時代からの基本構造は変化しなかったのである。

独立後も国家管理が拡大し経営・管理部門におけるザンビア人化が進められた。「ヒューマニズム社会主義」の下で外資系企業の株式を政府が取得し、さらにザンビア工鉱業公社（ＺＩＭＣＯ）の設立により企業統制が強化されたのである。その結果、新たに少数のザンビア人支配層が形成された（林 1982 : 32)。輸入依存の経済で、かつ国家の介入する統制経済であるため、権力と癒着した輸入業者が現われ、鉱山労働者をも含めた既存の構造による受益層が肥大化したのである。土地なし農民がほとんど存在しない状況ゆえに、小農は自給を主な目的とした農業生産に従事し、そのかたわら近代部門へ労働力を供給するという役割を変わりなく果たし続けた。銅生産と小農経営を基本とする構造を変革する契機はなかなか生まれてこなかった。政府と鉱山労働者との間には賃金や外国人雇用をめぐる対立はあったが、これは構造の枠組をめぐる対立とはならなかった。このような状況で農村から都市への移動は促進された。

この移動の形態と変化について、筆者が実施した東部州ペタウケの農村調査に基づいて考察する。東部州ペタウケ県の四カ村（首都ルサカから四〇〇キロ）、特にそのうちの二カ村（ヤパカ村、テレペ村）での調査結果による。一九八七年に東部州で調査を始めるに際し、ペタウケ県庁で調査目的を説明したところ、二つの農村を紹介された。そのうちの一つでは村長が調査協力を拒否し、もう一つでは協力を得られた。その村、マニカチャ（仮名）はマニカチャ村を含む四つの小村から成り立っていた。したがってマニカチャ村は四つの村を全て含む総称として用いられる場合と、四つのうちの一つの村を意味する場合がある。この四つの村のうち二つの村の村長がとりわけ積極的に受け入れてくれた。それゆえ、継続した調査対象は二つの村、ヤパカ村とテレペ村になった。住民のほとんどはンセンガであり、カリンダワロ首長区に属する。世帯数はヤパカ村二八（一九八九年）、二九（一九九九年、ただし一世帯は八九年調査でもれていた分）、テレペ村二四（一九八九年）、三〇（一九九九年、ただし、五世帯は八九年調査でもれていた分）である。農業は小農による主食トウモロコシと落花生を生産する。四回にわたる農村調査（一九八九―九四年）の詳細については拙著『労働移動と社会変動』で述べた。そこでは農村調査の他に首都ルサカと鉱山都市ムフリラでの調査を踏まえて、農村から都市への移動について検討した。本節では拙著のその部分を要約しておく。

人々は多くの場合、家族を同伴することなく出稼ぎに行き、一定期間働いた後に村に戻ってくる。これを繰り返すのが還流型労働形態である。しかし植民地時代においてさえ、全ての労働者がこの形態にあてはまったわけでないことはすでに指摘したとおりである。まして独立後は、都市での定住化は次第に進展した。都市での滞在期間が長くなり、家族同伴が増大していったのである。一九七一年のキトウェでの調査によると既婚男性の九三％が妻と同居していた（Bates, 1976 : 56）[10]。

ところが定住化は必ずしも農村との絆が弱まることを意味しない。冠婚葬祭のための一時的な帰村、村からの訪問者の受け入れと世話、送金などにより、都市への出稼ぎ者は村との紐帯を維持している。紐帯を維持することにより、出身村で土地に対する使用権の継続やその回復を可能とし、退職後帰村して自給農業により生存を維持できる。

独立後、都市人口の急増にもかかわらず、経済停滞により雇用機会は増えなかった。それゆえ一度定職に就くと、人々は都市にとどまり働き続けるようになった。人々の定住化を進展させた要因は他にもいくつかある。植民地支配の終焉と銅価格の高騰はザンビア人労働者の賃金上昇をもたらし、都市において家族との同居を容易にした。ヨーロッパ系入植者にかわりザンビア人を雇用するためには、ザンビア人労働者の熟練化を必要とした。そのため労働者の出稼ぎ型から定住型への変化は雇用側からも歓迎された。このようなことは都市への人口流出を促進し、都市化を急速に押し進めた。ところが次第に都市の就業機会は減り、その結果転職率が低下し、定住化をもたらした。鉱山都市において鉱山会社が管理する労働者用の住宅には、水道、電気はおろか各種電気器具が整備されていた。

そのため女性の家事労働は大幅に軽減され、農村から来た女性は都市での定住を強く志向した。鉱山会社の居住区ではなく、居住環境の悪い住宅密集地域や非合法居住地区（スクオッター）に住む場合でさえ、水汲み、製粉、農作業からの解放により女性にとって都市居住は大きな魅力となった。

しかし定住化は必ずしも都市での永住化を意味するものではなかった。資本主義発展において、小農の農業労働者への、あるいは都市労働者への転化がみられ、プロレタリアートが形成される。これが古典的な形態である。しかし資本主義発展とはいえ、後発的なそれになると、そのような明確な転換がみられるわけではない。むしろ還流型労働形態の発展が顕著である。しかも資本主義発展の中核ともいえる鉱山労働者など公式部門の労働者ほどこの形態をとる。人々は一方で退職後も都市で生活する基盤を欠き、他方で出身村に耕地を確保することができる。人口増加により、土地不足や土地争いはますます深刻になっているとはいえ、ザンビアでは現在に至るまで、都市から帰って来た者でも耕地を得ることができる。不在中も土地への権利を維持するためには、村との絆の維持が必要となる。大半の都市住民は農村に耕地を保有しているか、あるいは帰村後、耕地を請求することができる。彼らはいざという時の退路をもっており、それゆえいわゆるプロレタリアートとは性格を異にしている。都市労働者の意識と行動、例えば経済破綻が生じても都市暴動が生じにくいことなどはこうした事実と関連させて理解されるべきであろう。

先のキトウェでの調査によると、鉱山労働者の八七・五％は退職後帰村すると回答し、都市永住志向は八・五％にすぎなかった（Bates, 1976 : 183）。ただし、これは鉱山労働者の特性に留意すべきである。労働者は鉱山会社から住宅の提供を受けるなど、彼らの生活はいわば丸抱えである。したがって一度退職したり、解雇されたりすれば都市に居住し続けることは極めて困難であった。しかし永住型が一割近くいることも無視できない。帰村するつもりのない人、帰村のあてのない人が次第に生まれてきたからである。農村との絆を維持せず音信不通を続けた人、特に自営業主には、永住化の傾向がより強いと推測される。

次に筆者が一九八七年、八九年に行ったルサカでの、及び一九八七年に行った鉱山都市ムフリラでの調査結果について、概要を示しておく。ルサカでは二つの地区で調査を行った。非合法居住地区カマンガとサイト・アンド・サーヴィス計画地区カウンダ・スクウェアにおいてである[11]。なおサイト・アンド・サーヴィス計画地区とはルサカ市が道路、水道などの基盤整備をし、家屋は各人が整備する地区のことである。一九八七年の被面接者数はカマンガ三三名、カウンダ・スクウェア七七名、一九八九年はカマンガ五〇名、カウンダ・スクウェア七一名である。ムフリラは一九三三年から銅の採掘が行われている鉱山都市である。鉱山会社が管理している三つの地区のうちの一つカンタンシと市が管理している地区カンススワで調査を行った。被面接者数はカンタンシ四〇名、カンススワ四二名である。カンススワは一九四〇年頃から退職後の元鉱夫が住みはじめ、現在は市による改善住宅開発地区となっている。先行研究を踏まえて、出稼ぎと定住に関する長期的傾向を把握する目的で調査を行ったが、調査時の社会経済的状況による影響を念頭に入れて調査結果をとらえるべきである。一九八〇年代後半、ザンビア経済は最も危機的な時期にあり、都市消費物価が急速に上昇し、都市住民の生活は極めて苦しくなっていった。したがって村へ送金する余裕がないどころか、帰村の傾向さえ強まっていた。しかもこの危機への対応として政府は失業者の帰村・帰農（back to the land）を呼びかけていた。

農村生まれの鉱山労働者はほとんどが退職後帰村する予定である。父親が鉱夫として働いていた時に鉱山で生まれた第二世代も、村との紐帯を維持し永住型は皆無である。カンタンシではなくカンススワに永住型の人がわずかにいるのは、何らかの理由により帰村できない退職者が移り住んでくるからである。彼らは様々な零細自営業を営み、かつ郊外に小規模の耕地を見つけ自給用のトウモロコシを栽培して、かろうじて生計を維持している。

鉱山都市の場合は出生地の六〇％近くを北部州、ルアプラ州の二つで占めたが、ルサカの場合は四〇％弱を東部州が占めている。移動者のほとんどは当然ながら農村生まれであるが、移動前に農業に従事していた者は三〇％と決して多くない。小農の没落、土地なし農民の発生などによる移動ではない。学卒者や中退者などの若者が求職のため離村し都市へ向かったことが示された。退職まで定住予定の者は四割程度であり、植民地時代との違いは明らかである。しかし永住予定者は九％（一九八七年）、一三％（一九八九年）にとどまっている。農村との絆を保つプロレタリアート化しきってない人々がザンビア経済を、それも鉱山業をはじめ生産性の高い部門を支えてきたことがうかがわれる。資本主義世界経済の周辺部における労働力再生産費削減の構造が浮き彫りにされている。

なお農村との絆には多様性がみられる。行商を生業とする人は商品となる干魚や工芸品を手に入れるため都市と農漁村との間を頻繁に行き来する。他方給与生活者は送金により村の親族の生活を支え、村との絆を維持している。農村との絆の切れた永住予定者には自らの店舗をもつ自営業主が多い。

『労働移動と社会変動』においては、首都ルサカ、鉱山都市ムフリラにおける調査結果およびペタウケでの調査結果をふまえ、以下のことを指摘した。農村から都市へ移動した労働者の都市滞在は長期にわたり、農村と都市の間を生涯にわたって還流するというかつてよく指摘されていた特徴を示してはいない。しかしこのことは彼らが都市に永住することを必ずしも意味してはおらず、むしろほとんどは中高年において帰村する。退職後の都市での生活を可能とする基盤が欠けているためである。彼らは農村から都市へ流出し、長期間滞在するが、やがて帰村する。成人に至る過程で世話になる親族世帯間の移動を別とすると、生涯に一度あるいは二度という限られた回数の還流ということになる。世界経済の周辺、そのまた周辺の労働者には退職後の保障はない。生産活動年齢にあたらない人々への生活保障は「伝統的」家族共同体と与えられた土地での自給農業による。帰村とはやむをえない選択なのである。

資本主義世界経済の中心部においても出稼ぎ還流型（であることを期待されている）外国人労働者が存在し、労働力再生産費を削減し利潤率の低下を防ぐ役割を担わされている。ザンビアも、その点で決して特異なわけではない。しかし南部アフリカにはプロレタリアート化が容易には一般化しにくい構造が存在しているといえよう。その理由として資本主義発展が未成熟である、という説明は部分的には妥当しようが、鉱山労働者のように近代部門の労働者にかえって農村との紐帯の強い農民的性格が見られることは、この説明だけでは不充分であることを物語っている。次に農村に家族共同体が根強く存続しているからという説明もあろう。出稼ぎ還流型を可能とする状況としては重要だが、なぜそうした形態の労働が維持されるかの説明としてはやはり不充分である。やはり資本主義世界経済の周辺部においては、中心部以上に労働力再生産費を削減し、中心部に利益がより多く還元する構造が押しつけられているというべきであろう。

東部州で一九九六年以前に行った調査とその結果については前著に詳しいが、主に一九九〇年と九一年の調査結果の概要を述べておく。被面接者数六一名からペタウケ県外出身者を除くと五〇名である。そのうち八四％は県外居住経験があり、男性は全てが経験者である。平均の出村年齢は男性で二一・六歳、女性で二〇・三歳、最後に帰村した年齢はそれぞれ三六・九歳、三七・二歳であった。彼らのうち再び村から出て働こうとする人は二名にすぎず、もはや労働形態が還流型でないことをうかがわせる。しかも帰村年齢がさほど高くないことは都市生活の困難さを暗示している。農村からの流出は独立前後に比べると明らかに減速している。一九七〇年代までの都市の強い吸引力は失われ、都市での就業機会への期待も薄らいでいった。まして村への送金を続け、かつ故郷に錦を飾ることはかなわぬ夢となった。

労働移動は様々な影響を農村社会に及ぼすが、階層化とはどのようなかかわりがあるだろうか。東部州の零細小農社会はかなり均質的である。とはいえ市場出荷が可能な世帯と主食さえ自給できない世帯とがある。両者の違いは耕地面積にあり、その違いは耕作牛の有無による。しかし天水農業であることやときおり発生する疫病による家畜の大量死などが農業の不安定要因となっている。したがって世帯間格差が継続的に拡大再生産されるとはいいにくい。わずかに見られる村内の世帯間格差は何によるのだろうか。まず第一に考えられることは営農意欲の強弱である。南アフリカへの出稼ぎ経験者、ジンバブウェ出身の女性、インド人商店で働いた経験のあるチェワ人などに高い意欲がみられた。技術水準の低い均質的な農村社会では動員できる労働力の量、すなわち家族員数によって耕作面積と収穫量が左右される。自給もできない世帯はおおむね高齢の女性が世帯主である。すなわち家族周期が世帯間格差をもたらしている面が強い。しかし雇用労働や耕作牛の所有によって、老夫婦世帯や未亡人でも市場出荷できる場合がある。これが可能なのは、世帯に出稼ぎしている家族構成員がおり、送金による支援があるからである。かつてと異なり現在では送金を受け取る世帯は少ない。年二回以上は二六%、受け取ったことがないのは四〇%である。なかでも学歴の高い子供からの送金による恩恵は明らかである。しかしそれらは家屋の改修、増築などに使われ、農業生産の拡大に向け投資されるということはほとんどみられない。そもそもそうした子供たち自身が脱農化しており、学歴や送金が農業発展とそれによる階層分化を引き起こすということではない。

以上が一九八〇年代から九〇年代前半の調査に基づく農村・都市間移動の概要である。以下では、その後の、すなわち一九九六年から二〇〇六年の調査に基づき検討する。農村社会における移動という観点からすると、農村にとって量的に重要なのは実は従来から農村間の移動である。農村から農村への移動は極めて頻繁に行われているがその理由はいくつかある。まず、調査地の主要民族であるンセンガの社会は第1章で述べたように母系制であるため、結婚生活は通常夫が妻の村に住むことから始まる。これは男性による農村から農村への移動である。しかし、数年の間、妻の村に住み、妻の両親を助けると、夫は自分の村に妻子を連れて行くことができる。これが女性による農村から農村への移動の典型である。

さて、その後夫が死んだり、夫と離別したりすると、妻は夫の村で生活しにくくなり、出生地に戻ることになる。例えばヤパカ村の村長の弟と結婚していた四〇代の女性が夫の死後（一九九四年）ヤパカ村を出て、一九九七年にニェンジェ村出身の夫と再婚し、そこに住んでいた。しかしこの女性は、その夫とやがて離別し、再びヤパカ村に住むようになった。彼女の息子も隣に家を構えている。

しかし次のような事例もある。「私はムワンジャバントゥ〔ヤパカ村のあるカリンダワロ首長区の南、モザンビークとの国境にある首長区〕で生まれ、道路建設の仕事できていた人と結婚しました。夫の出生地であるチパタ県ジュンベに住み、九人子供ができました。夫の死後カリンダワロのムカカヤに移住し、いまはこのヤパカ村に住んでいます。ムワンジャバントゥには結婚以来行ったことはなく、いくと何か援助を期待してきたと思われ歓迎されないからです。それより、縁者のいるここにきました」（五〇代、女性）。縁者は同じ村ではなく、近くの村にいる。もちろんかつての日本社会のように家に嫁ぐというのではないから、夫と死別した人は夫の出生地を離れることが多い。しかし、自身の出生地との関係を保っていない場合は出身村への帰還が回避されるのである。

移動を容易にする第二の理由として生産形態・経済的背景が考えられる。家屋は通常数年で建て替える必要があり、不動産が移住を妨げる要因になる度合いは少ない。農地も代替可能である。ザンビアでは土地は国有地と慣習的保有地に二分される。前者は一四年契約、九九年契約および臨時契約に分かれる。小農の土地は後者に属する。

土地の配分権は首長にあり、賃貸契約へ移行する場合は首長の承諾が必要である。一九九五年土地法では土地の個別化（すなわち九九年契約への移行）が目ざされたが、農民が土地登記をするには首長の承諾が必要である。なお登記のための土地測量の支払いが困難なため、一般に小農による登記は進んでない[12]。こうした問題はあるが、慣習的な土地制度の範囲では、首長（というより直接には村長）から特定の土地の耕作権・使用権を得ることは困難でない。しかも従来焼畑移動耕作を行ってきた人々にとって特定の土地との絆は強いものではない。

移動を促進する第三の理由として村人の間の対立・揉め事による緊張を人の移動によって回避するということがある。村社会の規則はきわめて緩いとも、きわめて厳しいとも言えよう。対立が生じた時、いざとなれば通常縁者の手蔓を頼り他の村、他の首長区のところへ転出することが可能である。したがって世帯の増減は、都市への流出によることのほか、むしろ結婚による男性の流入、夫の死去による女性の流入と流出、そして村内での対立とそれを原因とする移動によって主になされていることがわかる。

一九九九年から二〇〇〇年の一年間の変化を見ると、テレペ村においては仕事の多いルサカへ転出した伝統医（女性）、高校を卒業しルサカへ職探しに出たもの（このタイプはほぼ日本の高等学校卒業に相当するグレード一二修了者に限られつつある。なお高校はペタウケの町に一校ある）、一〇万クワッチャ（三三USドル）の借金を返却できず、自殺したもの、そして夫の死後娘とともに出身地に戻った女性、これらが世帯減少分である。他方、新世帯は近隣村の男性がこの村の女性と結婚してできた世帯、および、未婚ながら自立した世帯である。

ヤパカ村の変化を見ると減少は一世帯（女性の未婚世帯が結婚により転出）である。増加した五世帯は、自立した男女各一、この村出身の夫の死後再婚して村を出ていたが離別し息子の住むこの村に帰村した者、そしてこの村の娘の結婚による世帯が二つである。

女性世帯主が多い理由は、まずは女性の平均寿命が男性より高いためであると考えられる。高年齢女性の世帯主は当然多くなる可能性が出てくる。また、配偶者と死別した場合の再婚率は女性よりも男性のほうが高いと思われる。このことは女性単独世帯主の割合を高めることになる。しかし、移動と世帯の変化に家族制度も関係している。成人になると自らの畑を持ち、親から独立する。なかには出稼ぎに出て戻らないものも多い。「家」意識はもちろんのこと、資産（たとえば伝来の土地）が親子の絆を支えるという要素はないから、情緒的な絆がないかぎり、家族の連帯は維持できない。したがって相互にそのような絆を保てないと、夫婦や親子はきわめて疎遠な関係になる。

単独居住の高年齢女性に聞くと、子供たちが村から出て行って以来、彼らからの音信がなく、彼らに会ったこともないという人が結構いる。もちろん、こういう事実を述べる際の人の表情は決して明るいものではない。子供の側からすると、都市の生活様式、行動様式に馴染み、村への適応が難しいと考えるようになる。村での再適応に問題があると、呪術などの災難を受ける危険性に怯えることになる。このことが帰村をためらわせている。もちろん、年寄りに対する支援は子供はもとより家族に期待されてはいるが、それを強制するような社会的、経済的要因は弱い。したがって、年老いた姉妹などが相互に何とか助け合うという状況も多々見られる。労働力の動員ができなければ自家用の食糧生産さえ不充分となり、農村の最貧困層を形成する。

中高年女性の離村傾向も注目される。もともと女性世帯主が多い村であるが、高年齢化した女性世帯主は、家族・親類をたより離村する。一九九一年以降のヤパカ村からの転出世帯は全て女性世帯主であり、そのうち四名は五五歳以上の単身者であった。低賃金労働力の再生産のメカニズムの要にいた農村女性にとって、この移動は人生の最終段階の移動として理解できよう。女性は生涯にわたり夫や子供の間をボールのように行き来させられていたということになる。還流型労働により維持される農村との紐帯はザンビアの労働者の基本的特徴とされてきた。そして労働力再生産と低賃金労働の維持に農村の女性労働が役割を果たしてきた。その役割を果たした最後の姿をこの村の女性世帯主とその移動にみることができるのである。

繰り返しになるが帰村の内容に再度留意しておきたい。還流型労働移動にしても、近年注目されている都市から農村への移動（農村から都市への移動ではなく）にしても、論じられる帰村の意味はしばしばあいまいであった。もちろん筆者の調査地に限らず、帰村とは出生・出身村への帰還を必ずしも意味しない。多くの場合は同一首長区への帰還ではあるが、出生・出身村とは限らないのである。出生・出身村への主な帰還者は、都市へ行ったが就業の機会がないため戻った若者か、そうでなければ中高年女性である。調査地である二つの村への転入世帯（一九九一―九九年）一八のうち、都市からの転入は半数の九世帯であり、そのほとんどは夫の死別・退職による女性の帰村である。都市である程度成功した者に至ってはほとんど帰還せず、他の村などに居住する。都市からの「成功者」の転入もあるが、彼ら（元教師や病院勤務者）は調査地の首長区の出身者ではない。

2　農村社会の規範と帰村の現実

初等・中等学校を卒業ないし中退した後、青年の多くは都市へ仕事を求めて流出する。しかし雇用機会は限られており、都市で生活することの厳しさを知ってほどなく村に戻ってくる人は多い。都市で生活した期間が短く、無一文で帰ってくる青年たちが再び村で生活することにさほど障害はない。しかし都市で生活する期間が長くなり、子供も都市で育った家族が帰村することは容易ではない。都市は「近代性」「資本主義」の世界であり、農村は「伝統性」「相互扶助による共同体」の世界である。こうした二分法は現実を単純化しており必ずしも正しいとはいえないが、植民地化以来、人々はこの二つの世界といかに折り合いをつけて生きるかということについて考えざるを得なかった。出稼ぎ労働者とその家族にとって、帰村とは都市での生活によって変化した自分たちを農村に再適応させることであった。「部族民」でも都市住民でもなく、両面性が必要とされるということについては、ファーガソンが詳しく論じている（Ferguson, 1999）。

すでに指摘したように、出稼ぎ労働者のうち帰還しない人々はいた。南アフリカ、南ローデシアなど国外へ行った人々の中に帰らなかった人も多かった。調査村の村長は自ら南アフリカ、南ローデシアでの労働経験があるが、多くの者が帰らなかったといっている。こうした事実のほかに、一九八九年から二つの同じ農村で調査を続けていて、気づいたことがある。青年は学校を終えると都市へ行き、その一部は間もなく戻ってくるが、かつてこの村から出稼ぎに行った人々が中高年齢になって戻ってこないのである。このことと出稼ぎ還流型は矛盾しないのだろうか。この一見では矛盾する事実は、帰村の意味を正しく把握していないことから生じる。帰村を自分の村、すなわち出身村へ帰ることだと考えるのは誤りである。そもそも出生した村と育った村が異なるのは珍しくない。離婚や再婚などの割合も極めて高い。その原因の一つは出稼ぎ労働であるが、死亡率が高いことも長期にわたる夫婦関係の維持を困難にさせてきた。ンセンガは母系制社会であり、それによる影響もある。すでに述べた理由により、農村間の移動はより活発になる。

このように、個々人にとっては、自分を受け入れてくれる村は一つに限らず、複数存在する。したがって帰村とはどの村へ行くかという選択でもある。では調査村を出身村とする新たな転入者（帰村者）が青年を除いていないのはなぜなのか。転入者の多くは結婚により他の村から来た人や、身寄りを頼ってくる高年齢女性である。こうした人々だけではなく、家族を同伴した都市からの転入者もいる。しかし彼らは同じンセンガであっても調査村の出身者ではない。

出身村への帰村が回避される傾向はなぜ生じるのだろうか。その理由の一つは呪術と関連している。ンセンガでは呪術は ufwiti といわれている。なお通常日本語の呪術も英語の witchcraft や sorcery も他人に害を加えるために、あるいは自分や共同体社会が望むものを得るために、超自然的な力を使用するという意味を持つ。しかし ufwiti は普通の人が行使できないような方法であるとは限らない。ある人が毒物をこっそり食べ物に入れて他人を毒殺したと疑われる場合、その人は ufwiti を用いたとされる。すなわち手法の超自然性ではなく、他人を犠牲にするために、あるいは自分に有利なことを生み出すために秘密裏に行う行為、したがって人々が正当だと見なさない行為も含まれる。ファーガソンも北部の調査で同じことを指摘している（Ferguson, 1999 : 120）。

呪術はしばしばアフリカ社会の後進性を示すものと思われがちであるが、このような理解は表層的である。呪術は非近代的なものであり、文明の遅れを象徴するとされることは多い。そもそもその考えはヴェーバーの「合理化の社会学」などによって支えられてきた。「呪術の園」からの解放こそが資本主義発展の、すなわちヨーロッパ社会における合理化の核心であるとされてきたからである。しかしながら現代でもアフリカに限らず呪いの類は存在し、人々はお守りを持って試験や試合に臨んでいる。呪術は近代化によって簡単に消え去るものではなく、むしろ社会の変化に対応しつつ存続するものといえる。資本主義による格差の拡大とそれによる対立を呪術と結びつけて理解することは可能だが、さらに価値観や信念が流動化し、人々にとってこの世の不確実性が強まることと呪術の台頭（再魔術化）は関連していよう。社会的緊張と呪術とは関連しているのである。

アパルトヘイト体制崩壊前後から呪術に関連する事件が南アフリカで急増した（Harnischfeger, 2003）。このことも社会の変革や格差と呪術の関連を示唆している。アシュフォースが研究したのはその事例である。「正義」のない世界に住むことと呪術師の世界に住むことは結びついている。ソウェト（南アフリカのジョハネスバーグ郊外にある黒人居住区）で収入のある者は家族、友人、隣人にそれを分け与えねばならないという強い圧力の下にある。分け与えなければ生きのびられないとされる（Ashforth, 2005 : 26）。呪術は様々に理解され経験されはするが、憎しみ、とりわけ嫉妬による憎しみの感情によって生じる人間行動である（Ashforth, 2005 : 86）。人々は民主化の結果、呪術が増加したと語っている。一部の人間が豊かになったにもかかわらず、自分たちが相変わらず貧しいのは他人の悪意のせいだと考える（Ashforth, 2005 : 88, 96, 280）。絶え間のない不幸の理由を問うのがソウェトの日常であり、その答えが呪術なのである。

アパルトヘイトの終焉によるソウェトの大きな変化、すなわち社会経済的格差の拡大、共同体的連帯の弛緩、暴力的犯罪の多発、エイズの蔓延などが呪術（ubuntu）の増加をもたらしている（Ashforth, 2005 : 1）。以前は不幸をアパルトヘイトのせいにできたが今は違う。一部の人々が豊かになり自分だけが貧しいばかりか、さらに不幸にあうことにより嫉妬をかきたてられる。それが富める者、幸福そうな者への憎しみとなる。そのような者は呪術を用いていると批難され、また彼らに不幸が及ぶと呪術のせいであるとされる。アシュフォースのインフォーマントは自ら呪術を巡る対立にまきこまれていった。その人物が述べたことをアシュフォースは次のように記している。「以前人々は自由を求めた。『我々は自由を要求する』というのがスローガンだった。何でも国民党とアパルトヘイト体制が悪いとされた。しかし黒人が指導者になった現在、不運にめぐり合った人は誰かを指さすようになっている。アパルトヘイトのせいや白人のせいで苦しめられているという言い習わしはもうない。今は隣人のせいにされる」（Ashforth, 2000 : 100）。

マーウィックはザンビア東部州チェワ人社会の調査により、他人から恨みをかうような行動を抑え、社会秩序を維持する機能を呪術が持つことを明らかにした（Marwick, 1965）。このような機能主義的な理解に偏るのを避けなければならないが、気前の良さや平等主義の規範に反する人に対して行われる制裁が、呪術であると考えられる。それゆえ、呪術が植民地化以前には存在していなかったという指摘もあながち荒唐無稽ではない（Crehan, 1997 : 196; Austen, 1993 : 92）。植民地化とそれに続く市場経済化によって、共同体的規範が崩壊の危機に瀕したことと、呪術は関連しているかもしれないからである。

人類学者によって把握されてきたザンビアにおける呪術と規範の関係を以下に引用しておきたい。

（イ）「仲間より暮らし向きがずっとよいのは危険である。他の人が飢えていながら、自分だけ満ち足りている人は、普通の方法で成功したとは思われない。一時の幸運は憎まれないが、他の村人より常に豊かだということは、呪術を使用したと非難されることになる」（Richards, 1961 : 215）。

（ロ）「マンブウェの人々は成功した者を呪術を使ったと非難する。ある人の穀物が常に良く成育すると、人々はそれを良い耕作方法のせいではなく、呪術のせいにする。よい収穫をもたらすのは鋤ではなく、呪術である。商売の上手な者は『何かを知っている』といわれる」（Watson, 1958 : 209）。

（ハ）「お金持ちになった人は……中略……金持ちというのは大半近代の現象である……中略……呪術師により絶えず攻撃される危険があると信じられている。……中略……出稼ぎ労働から戻る時には、暗くなってから村にやってくる（大きな荷物を持っていることを見られないため――引用者）。母方の親族による呪術を恐れるからである」（Marwick, 1965 : 97）。

（ニ）「呪術信仰によると、過度な豊かさはとがめられる。例えばベンバでは、森で蜜蜂の巣を三つも見つける人は呪術師ということになる。別の見方では、呪術師は不可思議な方法で仲間から盗むことができると信じられている。だから彼は皆よりも多く穀物を有し、多く魚をつかまえ、多く獲物を殺すことができる。このような信仰は経済平等主義に関係している。信仰は基準を維持しようとする。他の人よりずっと豊かな人は呪術師と疑われ、人々の嫉妬と呪術を恐れる。

　この信仰はまた道徳的基準を設けている。すなわち人々が自分の感情を統制するよう圧力をかけている、あるいは少なくとも邪悪な感情をおおっぴらに示すことをさけるようにさせている。なぜならもしある人に対する怒り、憎しみ、嫉妬を示し、そしてその人が何か災いにあうと、自分がその人に呪術をかけたと非難されるかもしれないからである」(Gluckman, 1965 : 211–222)。

（ホ）「蓄財や豊かな人々には疑惑がつきまとう。いかなる蓄財も他者の犠牲の上に達成されたに違いないと人々は感じているように見えた。たとえ一時的にせよ幸運な人が必要以上に持っている時、その物は分配され、持たない者が受け取るのが当然だと考えられた。国家による保障機能が無い時、余裕のある者が不足している者に与えなかったら、後者は生きることができなかった。分配しようとしない者、すなわち相互扶助の文化を拒否する者は社会システムへの深刻な脅威となった。この脅威は呪術（balozi）、すなわち血縁の相互扶助のグロテスクな裏面として富を得るために血縁の者を殺すという呪術、として考えられた」(Crehan, 1997 : 207)。

　呪術への恐れは自らの富を誇示することを控えさせるばかりではなく、富を分け与えることを促している。こうした規範に反することは親族の間に嫉妬を生じさせ、呪術の対象となる。このことが人々に出身村への帰村を躊躇させる。（イ）は一九三〇年代、（ロ）（ハ）は五〇年代、（ニ）は六〇年代、そして（ホ）は八〇年代後半の調査によるものであり、対象はそれぞれベンバ、マンブウェ、チェワ、ベンバそしてカオンデの人々である。二〇世紀を通じて呪術が規範維持の機能を果たしてきたことがうかがわれる。これらの記述はいずれも農民の意識と行動に関するものであるが、ファーガソンは退職近い鉱山労働者に関する八〇年代後半の調査により、彼らが抱く呪術への恐れを明らかにしている。

帰村を躊躇させるのは呪術だけではない。しかし自分も含め家族が伝統的権威や長老たちに適切に接することができるか、子供たちの言動が都会的になっていて反感をかわないかどうか。農村社会への適応の可否は家族の農村での運命を左右する。適応が順調にいかず、親族間に葛藤や妬みが生ずれば、窮極的には呪術による不幸がもたらされると人々が恐れるのである。

貧困の共有とモラル・エコノミーのアフリカ版はG・ヒーデンの「情の経済」(economy of affection)である(Hyden, 1980)。ヒーデンが対象としたタンザニアの農村社会には、自給的な小農の地縁・血縁関係に基づく共同体的原理が残っている。そこでは平等化志向が強く、小農の行動様式を国家が掌握することは難しい。このような「情の経済」と呪術への恐れとは密接に関連しているといえるだろう。ただしヒーデンのように、市場経済に対して「情の経済」を対置することは、近代化に対して呪術を対置することと同様、正鵠を射たものとはいえないだろう。自給的といわれる小農も市場経済に深く組み込まれている。そもそも出稼ぎ労働の存在はその証左である。したがって「情の経済」も呪術への恐れも、アフリカにおける資本主義的生産が農村社会を巻き込んでいく際の農民による反応と関連させて考えるべきではないか。「伝統的」な規範や行動様式といわれるものの今日的形態とその役割を資本主義的生産の展開の中に位置づけることが必要であろう。

3　帰村しない人々と地域社会

上述したように調査村での転入世帯（一九九一―九九年）は一八世帯であるが、都市からの転入はその丁度半数の九世帯である。転入者のほとんどは、夫の死別か退職によって帰村した女性である。「成功者」といえる都市からの転入者（元教師と病院の助手）はンセンガではあるが、調査村どころか、調査地のある首長区の出身ですらない。親族関係が濃密な村は回避されたのである。

出身村が回避されるだけでなく、さらにしばしば帰村そのものが回避される。ルサカやコパーベルトの大都市で長年生活したペタウケ県の出身者の中には村にではなくペタウケ・ボマに定住する人々が多い。県庁にこうした人々のリストは存在せず、宅地取得に関する記録を見ることはできなかった。したがって県庁で該当者数名を教えてもらい、その後は面接ごとに、該当する知り合いを教えてもらうという雪だるま方式をとった。下記は三五人のうちの四名についての記録である。なお帰村しない理由としてペタウケ・ボマが持つ教育および医療施設、ボマにある経済機会をあげる人が多く、呪術に直接言及した人は三名にすぎないが、村での親族間の争いと家族の不適応を心配する人は一一名いた。呪術について言及すること自体がはばかられる気風を考慮する必要があろう。

（S・M）私は四八歳です。ペタウケ・ボマからおよそ七〇キロ離れたサンドウェ首長区のルンドゥ村出身です。ルサカではザンビア醸造会社科学研究所の技術者として働いていました。安息日を忠実に守るセブンスデイ信者であることを理由に、解雇されました。土曜日は教会に行く日なので、働かなかったためです。仕事をやめたのは一九八七年七月でした。私は出身地に大きな農地を持っていました。しかし私は呪術にかかってしまい、死んでしまいそうになりました。だから回復するとすぐに村を去ったのです。一九九五年一月一三日にここにやってきました。病院や学校が近いのでここに住むことにしました。他の理由は村と町の生活が大きく異なることでした。村の人々はそれほど善人ではなく、嫉妬深い人々です。子供がいたら、結局呪術のために死んでしまうことになります。故郷にいることはよくありません。成功しようとしても妨害者が出てくるからです。村で生きるためには、人はあらゆる種類の災いから身を守る呪力を使わなくてはなりません。現在、私は農業をしています。今はトウモロコシで得る収入とルサカに建てた家の借家人からもらう家賃で生計をまかなっています。

（E・B）私は一九三四年にペタウケ県のカノロ村で生まれました。一九六八年から水道局で水道ポンプ作業の仕事を始め、一九八九年に退職しました。九人の子供と一五人の孫がいます。退職後、私は農場を持つことにしました。世話をしなければならない子供と孫がいるからです。出身地には戻りたくはありませんでした。村には呪術があるからです。私は町に長く住んでいたので、その環境にも慣れてしまいました。村の人たちは嫉妬深いのです。また子供も大きくなるまで一貫した環境で育った方がよいのです。現在、私は小さな土地を耕作しています。そしてそこでできた作物を売って生計を立てています。また薪を町で売っています。私は荷車を持っているので、隣人たちから頼まれたものを運んで収入を得ます。

（K・M）私は今五五歳で、ペタウケのカリンダワロ首長区のムバウ村に生まれました。五人家族です。一九六八年から銅鉱山会社で働き、翌年に技能工になりました。その後主任になりました。一九九四年一一月に退職しました。一九九五年三月に退職手当を得てから、ボマで暮らせる土地を探し、同じ年に土地を得ると、家を建て、定住することに決めました。なぜなら、子供たちにとって都会の生活の方がよかったからです。学校や病院が非常に近いからです。村だと、長い距離歩かなくてはいけません。私は村に住みたくはありませんでした。都会からやってくる人は裕福だと多くの人が思っています。また家族内の争いもあります。自由がありません。村の人たちは都会からやってきた人のことについていろいろ言います。お金がなくなると、笑いものにされ、おかしくなります。現在、市場でバッテリー充電の仕事をしています。またここから数キロ離れたところの村に一区画の土地を借りています。そこで作物を栽培しています。

（K・M）私は一九三五年に北部州のンクラ・チンサリ首長区のマルバ村で生まれました。三人家族です。一九五九年にルサカ市で事務員として働き始め、一九六七年に保健省の職員になりました。一九七五年に通商産業省に配属され、そこで五年間勤務しました。一九八〇年に統一民族独立党（当時唯一の合法政党――引用者）の本部に配属されました。一九八六年に上級幹部に昇進し、一九八七年に政治教育のためブルガリアに派遣されました。翌年に戻ってきました。私は一九九〇年に退職して、一九九一年にペタウケ・ボマに来ました。およそ三カ月間家を借りていました。その後、家を買うことにしました。出身地へ戻るという選択は死ぬ、すなわち殺されるか、呪術にかかるということです。両親は死にました。だから出身地にいることは賢明ではありませんでした。ここに住んだ理由は妻がペタウケ出身だからです。自分とここの集団とは従兄弟関係にあるので（北部のベンバ人と東部の人とはいわゆる従兄弟関係・冗談関係にある――引用者）、自由な気持ちでいられるからです。現在わずかな退職手当を政府から得て生活しています。子供たちからも財政的援助があります。私は自家用トウモロコシを栽培しています。

調査結果を次のようにまとめることが出来よう。退職後も大都市で生活を続けることが困難な理由としてあげられているのは、①物価の高さ、②治安の悪化である。もともと退職後、年金生活の出来る人は例外的であり、その上、年金があってもその支払いが滞るばかりでなく、一九八〇年代以降は経済危機の深刻化により①、②は切実な問題となった。農村へ戻ることが回避されるのはすでに述べたことと同じであるが、①親族との揉め事や呪術を恐れるからであり、②都市で育った子供が農村の生活に適応することが難しいからでもある。しかし村に戻ることが回避されるとしても、農村と都市との格差は著しい。農村では依然として医療および教育施設が不十分であり、電気や上水道設備もないばかりか、必要な水と調理用の薪を確保することにさえ手間がかかる。だからこそ大都市でもなく、農村でもないところ、すなわち典型的な地方小都市であるペタウケ・ボマの郊外が選ばれる。そこではインフォーマル・セクターでの活動や、宅地周辺での農業による自給用生産の可能性もある。地方都市の人口増加が著しいのは、このような人々の意識と行動様式に起因している。詳しくは次章第2節で論じる。

（1） 人口に関する数値は一九八〇年、一九九〇年の人口調査報告書によるが、それらに基づいて作成した小倉（1995：第4、6表）を参照。
（2） IBRD, *World Development Report*, New York: Oxford University Press, 1986年版および1992年版による。
（3） Republic of Zambia, National Commission for Development Planning, *Economic Review and Annual Plan 1986*, 1986.
（4） Republic of Zambia, National Commission for Development Planning, *Economic Report 1982*, 1983, p. 22, Table III-1; *Economic Report 1983*, 1984, p. 22, Table III-3による。
（5） United Nations, Economic Commission for Africa, Food and Agriculture Organization, *Report of the UN/ECA/FAO Economic Survey Mission on the Economic Development of Zambia*, Ndola: Falcon Press, 1964. この報告書についての解説はDoris J. Dodge, *Agricultural Policy and Performance in Zambia*, Berkeley: University of California Press, 1977, pp. 51–54.
（6） Republic of Zambia, *Third National Development Plan, 1978–83*, 1979, p. 4, Table 1.
（7） Republic of Zambia, *Monthly Digest of Statistics*, Central Statistical Office の各号および National Commission for Development

Planning, *Economic Review and Annual Plan 1986*, 1986, p. 80 による。

（8） Republic of Zambia, *Second National Development Plan*, 1971, p. 200.

（9） Republic of Zambia, *Restructuring in the Midst of Crisis, Vol. 1 (Development Policies and Objectives)*, Lusaka: Government Printer, 1984, p. 31.

（10） 同居している妻は村から同伴したとは限らない。同居者は村にいる妻とは別の「都会妻」である可能性もある。しかし同じキトウェでの一九四七年の調査結果（四七％）と比べれば変化は明らかであろう。

（11） 調査時点では、カマンガはルサカ市マスター・プランにおいては住宅地区とされておらず、典型的な非合法居住区（スクオッター）であった。現在は非合法居住改善計画地区（住民を移住させて住居を取りこわすのではなく、居住を認め、市が居住環境の改善を行う地区）となっている。

（12） ザンビアの土地法の変遷については（児玉谷 1999：122–128）にある。

3章 経済改革と農村社会

ペタウケの市場

1　構造調整と農業生産

一九八〇年代後半からの構造調整の実施はザンビアの経済のみならず、社会や政治にも大きな影響を与えた。この構造調整とその成果についての評価はまだ定まっているとはいえない。しかし構造調整の実施によって生活に影響を受けた人々からすれば、切実な変化をもたらした時期であった。したがってここでは農村社会とりわけ小農にとっての影響という点から若干の考察をしておきたい。

ザンビアの一人当り国民総生産はサハラ以南アフリカの平均よりさらに低く最貧国の一つである。この国は一九六四年の独立以来七〇年代初頭まではアフリカの中では豊かな国であったが、その後はほぼ一貫して経済的に後退し続けてきた。南部アフリカ諸国に共通するように、この国も鉱物資源に恵まれていたが、それはほぼ銅という単一資源の生産と輸出に依存していた。そのため銅の生産、とりわけ銅の国際価格が高く維持されている間は経済状況が良好であるが、一度国際価格が低落するとたちまち窮状に陥るという構造を持っていた。しかも銅依存は他産業の発展を阻害し、資本や人的資源を銅産業に集中させるという問題を生み出してきた。

このような銅生産へ過度に依存した構造が植民地時代より受け継がれた。独立後のザンビアの経済問題はこれだけではなかった。既述のようにザンビア政府は経済ナショナリズム、すなわち経済分野におけるアフリカ人化を推進し、六〇年代、七〇年代に国家介入の度合いを強めてきた。公社公団の肥大化、そしてそれによる公的部門の雇用者数の増大、統制経済と補助金政策の実施など、市場経済のメカニズムと敵対する政策が実施されてきた。その結果、財政赤字や生産の不振などが深刻化していったばかりではなく、一党制の下での長期政権は様々な汚職・腐敗を生むことになり、人々は経済的な苦境に対する不満を抱いたばかりでなく、政権の正当性を疑うようになった。銅の国際価格が安定していれば、矛盾は表面化することなく、人々の生活が極端に悪化することを回避できたが、七〇年代後半以降、その状況は大きく変化を遂げることとなった。

カウンダ政権末期における構造調整の導入と経過について見ておくと、一九八三年四月に国際通貨基金（ＩＭＦ）との合意に基づき、翌月から主食トウモロコシ粉について、ローラーミールは二五キログラム袋六・七七クワッチャから八・八〇クワッチャへ、ブレックファーストミール（上質粉）は八・三七クワッチャから一一・二〇クワッチャへ、値上げが行われた[1]。構造調整が本格化するのは八五年一〇月の外貨入札制度の導入以降のことである。いわゆる一〇〇%インフレーションが始まり、石油は一リットル当り一・二六クワッチャから二・四八クワッチャとなった。石油価格の上昇は当然ながら農産物輸送料の値上げなどに波及していった。そればかりでなく石油価格の値上げに伴い必要となるミニバス、タクシーの料金値上げに対する政府承認が遅れたため、運転手の抗議をきっかけに首都のバスターミナルで暴動が発生した。

八六年一二月になるとブレックファーストミールは一九・一五クワッチャから四二・七〇クワッチャへと大幅に値上げされ、ザンビア労働組合評議会（ＺＣＴＵ）は消費者に新価格製品の不買を呼びかけた。八日から九日にかけて北部コパーベルトで暴動が発生し、一一日に大統領はトウモロコシ粉の値上げを撤回した。この暴動による死者は一五名に達し、独立以来最大の犠牲者を出す結果となった。

一九八〇年から八九年の間の年間物価上昇率は三八・三%であるが、これを一九六五年から八〇年の間の六・三%と比較すると、八〇年代に入って消費者物価が極端に上昇し、低所得者層の生活が極めて困難になってきたことがうかがわれる。一九八六年の年間物価上昇率は五一・六%に達した[2]。党書記長ズールーはＩＭＦが途上国に政治的動乱を引き起こしていると批判し、構造調整は事実上放棄されることとなった。

翌一九八七年一月から三月まで外貨入札制度は停止され、五月になるとカウンダ大統領はＩＭＦプログラムは失敗したと宣言し、構造調整を正式に放棄した。市場への介入を再び強め、国内の資源を用いた成長をめざすと宣言した。具体的には八月に「自前の改革をめざした復興計画」が発表された。しかしＩＭＦ・世界銀行と手を切って、カウンダ政権の下で経済復興を図ることは不可能であった。統制経済の枠組は崩壊しつつあることは明白であり、一度緩められた経済自由化の波を押し戻すことはもはやできなかったからである。構造調整の導入と放棄という一貫しない政策は混乱を助長した。

さて独立以来続いたカウンダ政権に替わり、チルバ政権が成立（一九九一年）した後、構造調整の実施が本格化した。トウモロコシ粉と化学肥料の流通自由化（一九九三年）、トウモロコシ粉への補助金廃止（一九九四年）、外貨取引自由化の徹底（一九九六年）、そして航空、製糖、醸造、鉄道さらに銅鉱山などにかかわるザンビアの代表的企業が次々に民営化されていった。しかし一九八〇年代に深刻化した経済危機は克服されず、都市での就業機会はより厳しいものになった。このことが学卒者、若年層の都市志向を弱めた。国勢調査の結果は都市への流出にブレーキがかかったことを示している。一九九〇年から二〇〇〇年の全国人口年平均増加率は二・四％である。農村人口の増加率は三・〇％であるのに対して都市のは一・五％であり、七〇年代はもとより八〇年代と比べてもさらに低下している（Central Statistical Office, 2001 : Table1）。

新政権の下で構造調整政策はかなり徹底した形で実施されることになった。九〇年代におけるザンビアは構造調整が実施された代表的な国となったわけであるが、それゆえにその成果と問題点は注目に値する。構造調整の目的であった国際収支と財政収支の改善について見ると、目覚ましい成果が上がったというわけではない。特に国際収支に関しては債務負担が増大し、GDPに対する債務残高が依然として高く、経常収支における若干の赤字削減も援助によって支えられているという状況である。もちろん補助金の廃止や民営化による公共部門の企業に対する負担が減少するなど財政改善において評価しうる成果がある。しかし他方でこの民営化を手放しで喜んでいいかというと、必ずしもそうではない。航空、製糖、醸造会社等の民営化が行われ、最大の懸案であったザンビア合同銅鉱業（ZCCM）も民営化された。ほとんどの場合、民営化は海外資本による買収を意味した。貿易自由化による地元産業への打撃は大きく、ザンビア国内の民間資本の発展にとって、状況は極めて厳しいものがある。経済成長率も低く、一九九二年から九八年の年平均成長率はわずか〇・六％であり、構造調整の本格化直後の一九九二年にはインフレ率は二〇〇％近かった。ところが九〇年代末には二〇％前後となり、経済成長率も二〇〇〇年から二〇〇四年の年平均は四％に達した。さらに近年の国際的な資源価格の上昇や債務帳消などによりザンビアの外貨事情は好転した。しかし銅以外の新たな輸出品（非伝統的輸出品）が多少は出現してきたとはいえ、銅輸出に支えられているザンビア経済の体質は依然として変化していない。こうして見ると構造調整の評価については、短期的成果と長期的・構造的成果、分野別の成果などが多様であって、単純に結論を出しにくいことがわかる。

構造調整をめぐる問題点は以上に止まらない。むしろ以下に述べる点がザンビアにおける構造調整においては重要である。それは構造調整の社会的影響である。構造調整という経済改革によって直接不利益をこうむる人々が多数生まれた。これは改革に伴う痛みとしてよく指摘される問題点であるが、最貧国における人々の痛みは生存そのものを危機に直面させる性格を持つだけに、極めて深刻であった。財政支出の削減は結局のところ教育や福祉予算の削減につながった。さらに実質所得の低下や合理化による人員削減がもたらした失業の増大によって、九〇年代においては初等教育の就学率や平均寿命が低下し、乳幼児死亡率は上昇した。すなわち構造調整によって貧困の問題が解決されるどころか、むしろ貧困層の増大という深刻な事態に直面するようになったのである。

都市人口増大と非合法居住区の拡大に伴い、非公式部門の就業者数は急増し、一九八五年の首都ルサカの労働力人口の四八・二％を占めるに至った。彼らとその家族こそが構造調整により最も被害を受けた人々である。農村から出て来た青年はまず非合法居住区の住民となり、非公式部門に参入せざるを得ないとしても、明日に期待をかける「希望のスラム」の住民であった。まして中等教育以上の学歴をもつ者であれば公式部門への就業機会があり、小農として農村で生活することに比べて、都市での生活ははるかに魅力に満ちていた。ところが都市生活者の困窮化は一九八〇年代著しく進行した。それにつれ農村・都市間移動を引き起こしてきた都市の人口吸引力も急速に失われていった。さらにはその給与や会社から与えられる便益によって「労働貴族」（Arrighi, 1973）の典型とされた鉱山労働者でさえ実質賃金の低下に直面することになった。

ルサカでの二度の調査期間にトウモロコシ粉は六倍、食用油は三・五倍、炭は七・五倍にはねあがった。これら三つの必需品について夫婦と子供二人の世帯での消費量を一カ月でトウモロコシ粉二五キロを二袋、食用油二・五リットル、炭九〇キロを一・五袋として、調査地カマンガにおけるこれらの購入金額の平均世帯所得に対する割合を求めたところ、一九八七年は二四％であったが一九八九年には五〇％に達した(3)。低所得層をはじめ都市住民の政府に対する不満は一九八〇年代後半急速に強まり、このことが一九九一年の政権交代に繋がったといえる。都市住民の多くが農村からの移動者であり、かつ農村との絆を維持しているということを前提にすると、都市住民の置かれた状況と彼らの意識は農村にも影響する。都市の消費物価を抑制するなど都市偏向型政策による受益者は都市住民に限られなかった。送金により農村の留守家族も恩恵を享受できたからである。したがって経済危機とそれへの対応である構造調整が都市住民の生活を困難にし、村への送金を不可能とさせるどころか、村からの訪問者の世話もままならぬ状況を作りだした。そのことは農民の政府に対する不満を助長させることになった。農村・都市間の密接な関係により、都市と都市住民の動向が農民の政治意識にも直接影響したのである。なお定住化が進み永住者が増加してくると、このような政治的特徴は徐々に変化するものと思われる。構造調整による経済改革が調査村にどのような影響を与えたのか、その一端を具体的に示す。

東部州ペタウケ県の主要生産物は主食であるトウモロコシ及び商品作物の落花生である。棉花も重要な商品作物であるが、小農はあまり生産していない。少なくとも調査対象の村では棉花を栽培している農家はほとんどみられない。トウモロコシは自家用に消費され、大半の農家は出荷できる余裕を失っている。これらの村については、調査を開始した一九八九年の頃と比べると、トウモロコシの生産は後退している。その最大の理由はほとんどの農家が化学肥料を以前のようには使用できなくなったからである。肥料が高騰する中で、農民が肥料を購入できるよう協同組合は活動を行っている。ヤパカ、テレペなど二〇カ村組合員一〇七名からなる組合の責任者（テレペ村村長の息子）からの聴き取り（二〇〇〇年八月）によると、以下の通りであった。組合員の年会費は三万五〇〇〇クワッチャ（およそ一〇米ドル）であるが、入金時に一万クワッチャ、残りは収穫後に分割して支払ってもよい。組合は食糧備蓄庁から肥料を受け取り、購入者の登録と集金を行う。一九九九年／二〇〇〇年度における肥料購入の手続きをした人は五八名で、うちヤパカ村三名、テレペ村四名（ただし登録者数は三名、すなわち一名は他の人と分け合った）である。肥料一組は基礎肥料と追肥それぞれ一袋、計二袋からなる。二組の購入に必要な金額は頭金、一五万八〇〇〇クワッチャ、利子二万クワッチャ、合計一七万八〇〇〇クワッチャ、四組ではそれぞれ倍となり頭金三一万六〇〇〇クワッチャ、利子四万クワッチャとなる。ヤパカ村の三名は全員二組、テレペ村では二組、三組、および八組を購入し、返済は全て現物（トウモロコシ）で行われた。二組の場合は五〇キロ袋で一〇袋、三組ならば一五袋である。市場で肥料を購入すると一組九万三二〇〇クワッチャ、二組では一八万六四〇〇クワッチャとなる。したがって協同組合を通じた方が有利であるものの、不作の場合は返済に苦しむことになる。なお二〇〇〇／二〇〇一年度は一組に対しトウモロコシ八袋となった。施肥した場合の収量は一エーカー当り二〇―二五袋、高収穫品種だと二五―三〇袋であるが、施肥をしないと八―一〇袋、高収穫品種では九―一二袋だという。協同組合の事業にもかかわらず、大半の農民は肥料を使わず耕作していることがうかがわれ、このことは一九九〇年代の小農生産の停滞と符合している。

構造調整により化学肥料の価格も上昇する一方、トウモロコシの流通は自由化された。国立流通公社が小農の生産したトウモロコシを購入していたが、これが自由化されたわけである。大消費地へ遠い東部州の農村地帯から小農がトウモロコシを出荷することはかなり困難である。買い付け商人に安く買い叩かれる結果となった。

商才がある若い農民の中には自ら生産したトウモロコシ、あるいは他の農民から買い集めたトウモロコシを、都市に持っていって売るという者も現れた。しかし多くの農民、その大半は女性と中高年男性であるが、彼らは民間業者が買い付けに来なければ売るすべを持たなかった。ヤパカ村、テレペ村での一九九八／九九年から三年間の耕作と生産の実績を示すと次の通りである（聴き取りは一九九九年、二〇〇〇年、二〇〇一年のそれぞれ夏に実施した。聴き取り数はヤパカ村二一世帯〔一九九九年〕、二九世帯〔二〇〇〇年〕、二〇世帯〔二〇〇一年〕、テレペ村一六世帯〔一九九九年〕、一二世帯〔二〇〇〇年〕、一三世帯〔二〇〇一年〕である）。トウモロコシの世帯当りの平均作付面積はヤパカ村では三・一エーカー（一九九八／九九年）、二・六エーカー（一九九九／二〇〇〇年）、二・四エーカー（二〇〇〇／〇一年）、テレペ村ではそれぞれ二・四エーカー、二・五エーカー、三・六エーカーであった。世帯当り平均収量はヤパカ村では一〇〇六キロ（農民は収量を九〇キロ詰の袋ではなくトウモロコシを

表7　トウモロコシの作付面積・収量（カリンダワロ）

年度	世帯当り作付面積（エーカー）		世帯当り収量（キログラム）		エーカー当り収量（キログラム）		
	ヤパカ	テレペ	ヤパカ	テレペ	ヤパカ	テレペ	ペタウケ県
1998/1999	3.1	2.4	1,006	990	322	421	720
1999/2000	2.6	2.5	1,270	968	494	395	873
2000/2001	2.4	3.6	720	1,395	293	400	—

出所：ペタウケ県については District Strategic Development Plan 2001-2003 による.

運ぶ荷車を単位として示す場合がある。荷車の大きさは必ずしも同じものではないが、農民にとっては収量を示す重要な単位である。荷車一台分をトウモロコシで九〇キロ袋五つ分、すなわち四五〇キロ、落花生は八袋分七二〇キロとして計算する）、一二七〇キロ、七二〇キロ、テレペ村では九九〇キロ、九六八キロ、一三九五キロであった（表7）。

なお農民は面積を問われるとエーカーを単位として答えるのが一般的である。面積や収量の数値に関して、精度にばらつきがあることは念頭に置かれるべきである。

さてこの二つの村の世帯当りの平均家族数は五・四人（一九八九年）、六・三人（二〇〇一年）である。大人一人一カ月に必要なトウモロコシ粉を一四キロ（Consumer Price Index No. 28, June, 1989:3）、子供の消費を仮に一〇キロとして、大人三人、子供二人の場合は年間に七四四キロ、大人三人子供三人の場合は八六四キロとなる。天候に恵まれれば自給に必要な量を若干上回る生産をしていることがわかるが、雨が降りすぎた二〇〇〇／〇一年のヤパカ村のように主食不足が生じる危険性も常にある。八〇〇キロ以下の世帯はヤパカ村で一一世帯（一九九九年）、一二世帯（二〇〇〇年）、一一世帯（二〇〇一年）、テレペ村で九世帯（一九九九年）、五世帯（二〇〇〇年）、五世帯（二〇〇一年）とおよそ半分に達している。ただし、こうした世帯が直ちに飢餓に直面するというわけではない。これらの世帯は女性世帯主が多く、高年齢女性単身の場合もある。住民の大半が親類関係にあるため、何らかの援助をこうした世帯は期待している。その意味では村全体での生産量が重要になる。

一エーカー当りの収量はヤパカ村で三二二キロ（一九九八／九九年）、四九四キロ（一九九九／二〇〇〇年）、二九三キロ（二〇〇〇／〇一年）、テレペ村では四二一キロ、三九五キロ、四〇〇キロである。ペタウケ県農家数は二万七三六六、そのうち二万六四〇八農家（全体の九六・五％）は二ヘクタール（五エーカー弱）以下の小農である。耕地（五万三〇〇〇ヘクタール）のおよそ七〇％でトウモロコシを栽培している。一九九八／九九年、一九九九／二〇〇〇年のトウモロコシ生産量は六六〇〇万キロ、八〇〇〇万キロであった（District Strategic Development Plan 2001–2003 : 21, 25）。したがって一ヘクタール当り一七七九キロ、二一五六キロ、すなわち一エーカー当り七二〇キロ、八七三キロとなる。この数値は中農九三〇戸、大農一九戸を含む数値であるが、対象調査村の収量が低いことを示している。

調査村では他の世帯と比べ耕作面積と収量がともに傑出した世帯が一―二ある。例えばヤパカ村のP氏は耕作面積六・〇エーカー（一九九八／九九年）、九・〇エーカー（一九九九／二〇〇〇年）、四・〇エーカー（二〇〇〇／〇一年）、収量はそれぞれ三九六〇キロ、八五五〇キロ、二二五〇キロであり、一エーカー当りの収量は六六〇キロ、九五〇キロ、五六二キロである。これは一エーカー当りの平均の二倍である。この農家では多収穫品種（ハイブリッド）を植え付けているからである。構造調整導入以降、化学肥料の投入を必要とする多収穫品種を生産する余裕をほとんどの農民はもたない。P氏は元教員で県議、その妻も教員である。ペルテ村のN氏の場合（二〇〇〇／〇一年）は多収穫品種によるのではなく、耕作面積が広いことにより収穫が多い例である。一一エーカーから四〇五〇キロを生産した。しかし一エーカー当りでは三六八キロと平均より少ないくらいである。家族数が三二と多いことが耕作面積の広さと対応しており、収量も多いが消費量を考えると、不作の年であった二〇〇〇／〇一年で

表8　落花生の作付面積・収量（カリンダワロ）

年　度	世帯当り作付面積（エーカー）		世帯当り収量（キログラム）		エーカー当り収量（キログラム）	
	ヤパカ	テレペ	ヤパカ	テレペ	ヤパカ	テレペ
1998/1999	1.1	0.7	749	914	714	1,238
1999/2000	0.6	0.9	443	412	456	575
2000/2001	1.0	1.1	841	1,293	812	1,164

出所：筆者作成.

は自給用も不足していたことがうかがわれる。

トウモロコシの場合はすでに述べたように，化学肥料の購入が困難になったために生産量が減少し，自給用トウモロコシをかろうじて生産できるというありさまになっていた。従来から主要な商品作物であった落花生については，買い付け商人の価格決定力が強く，農民の側には常にそのことに対する不満が内在している。とはいえ都市への出稼ぎが極めて困難となり，都市に住む家族や親族からの送金も期待できなくなった現在，落花生の売却による収入は極めて貴重である。トウモロコシの多収穫品種を植え付けられない現在，伝統的な換金作物落花生は一層重要になっている。

一九九八／九九年から二〇〇〇／〇一年までの三年間の状況は次の通りである。世帯当りの平均耕作面積と平均収量はヤパカ村で一・一エーカー，〇・六エーカー，一・〇エーカー，七四九キロ，四四三キロ，八四一キロ，テレペ村では〇・七エーカー，〇・九エーカー，一・一エーカー，九一四キロ，四一二キロ，一二九三キロであった（表8）。一九九九年の雨期の始まりが遅れ，二〇〇〇年の落花生は不作であった（一エーカー当り収量は年度ごとにみるとヤパカ村では七一四キロ，四五六キロ，八一二キロ，テレペ村では一二三八キロ，五七五キロ，一一六四キロである）。したがって一九九八／九九年はヤパカ村の落花生生産世帯二一のうち出荷した農家が一六，テレペ村では一三世帯のうち九世帯であったが，一九九九／二〇〇〇年に前者は一九世帯中六，後者は七世帯中二に減少した。一九九九／二〇〇〇年は栽培そのものをあきらめた世帯が多い。

ヤパカ村では聴き取り二九世帯のうち一〇世帯、テレペ村では一二世帯のうち三世帯が落花生の作付けをしなかった。

今日ではほぼ唯一の換金作物である落花生の出荷量と収入をみると（二〇〇〇／〇一年については調査時点ではまだ販売中であったため除く）、平均ではヤパカ村が五四〇キロ（一九九八／九九年）、四二三キロ（一九九九／二〇〇〇年）、テレペ村が四八六キロ、四五〇キロである。出荷した世帯の平均販売価格（九〇キロ袋当り、一九九八／九九年は一万一六〇〇クワッチャ、一九九九／二〇〇〇年は一万一八〇〇クワッチャ）で計算すると農家の収入はヤパカ村で一世帯当り六万九六〇〇クワッチャ（約二八米ドル）、五万五四六〇クワッチャ（約一八米ドル）（一米ドルはおよそ三〇〇〇クワッチャ）テレペ村では六万二六四〇クワッチャ（約二五米ドル）、五万九〇〇〇クワッチャ（約二〇米ドル）となる。

他方家計支出をみると、例えば一九九九年七月分については、親族の援助に依存し支出ゼロの世帯から九万クワッチャ（約三六米ドル）まで広がりはあるが、ヤパカ村の平均で二万四三〇八クワッチャ（約九・七米ドル）、テレペ村が一万六二六七クワッチャ（約六・五米ドル）である。二〇〇〇年七月ではヤパカ村が二万五七一四クワッチャ（約八・六米ドル）、テレペ村が一万八一五八クワッチャ（約六・一米ドル）、二〇〇一年六月ではそれぞれ三万二九一〇クワッチャ（約八・九米ドル）、二万五六〇〇クワッチャ（約六・九米ドル）である（表9）。

以上から商品作物すなわち落花生の出荷による収入は家計支出の三カ月分程度に相当することがわかる。ただし六月、七月の家計は平均より支出が多いはずである。収穫後のため収入があるからである。したがって年間平均支出額を正しく反映するものでないことには留意すべきである。ではその他に家計支出のための収入はどこから得ているのだろうか。調査村の住民は他村、特にモザンビーク国境の村、さらにモザンビーク側の村、すなわち市場出

表9　落花生の販売・家計支出（カリンダワロ）

年　度	世帯当り落花生の出荷量（キログラム）		販売による収入（クワッチャ，ドル）		1カ月の家計支出（クワッチャ，ドル）	
	ヤパカ	テレペ	ヤパカ	テレペ	ヤパカ	テレペ
1998/1999	540	486	69,600	62,640	24,308	16,267
			（28ドル）	（25ドル）	（9.5ドル）	（6.5ドル）
1999/2000	423	450	55,460	59,000	25,714	18,158
			（18ドル）	（20ドル）	（8.6ドル）	（6.1ドル）

出所：表6の収量を販売量が上まわっている例がある．これは幹線道路から遠い村からの購入分が含まれているからである．家計支出はいずれも7月分である．

荷の困難な地域へ行き、トウモロコシや落花生を購入しそれをペタウケの町、さらにルサカで売却する。同じ辺境の村へ行くがより体力のいらないのは、籠などを購入し、ペタウケから持っていく砂糖、食用油などを売る商売である。トウモロコシのトラックへの荷揚げ、荷下ろしの手伝い、蒸留酒（カチャス）の製造と販売、野菜や豚肉の販売、荷車による木材運搬、炭焼き、さらに農作業の手伝いなど、生計維持のための現金獲得の方法は多岐にわたり、村人は農業以外に絶えずそれらの仕事にも携わり、休む暇もないというのが実状である。

いずれにせよ構造調整政策の実施により、経済的には不利益をこうむったという面を指摘できるだろう。教育や保健衛生等に関しても、これらの農村において改善が見られたとは思われない。それどころか教育や医療における有料化は農民にとって大きな負担となっている。ただし、調査地の状況をザンビア農村全体に一般化することはできない。大都市近郊の農村や市場出荷に有利な農村と、調査地のように市場から遠い農村とでは状況も異なるからである。地域により状況が多様である。地理学や農業経済学的な知見を基礎に、特定のザンビア農村を包括的に捉えようとした研究がある（島田 2007a; 2007b）。その村は筆者の調査村とは対照的な特徴を有している。そこでは農民が低湿地（ダンボ）耕作を行っている。調査地はレンジェの地域であるが、レンジェ人は村人口の四分の一程度であり、村は多民族的構成を顕著に示している。およそ四〇年前に誕生した比較的新しい村である。村はザンビアで最も重要な幹線道路沿いに位置し、中央州の州都カブエに近い。交通の便がよいのである。対して、筆者の調査村では、低湿地耕作は極めてわずかである。民族的にも決してンセンガ人ばかりではないが、大半はンセンガ人である。村は首都から四〇〇キロ離れ、市場への接近に困難を抱えている。近くに小都市があるばかりである。二つの村のこうした違いを考慮すると、村や地域の次元において、構造調整などの政策変更による影響も当然同じではない。しかし明らかに筆者の調査地のような農村が一般的であり、そこでの状況を共有する農村は多いといえよう。

降雨の量と時期によって生産が著しく左右される天水農業を特徴とする後発的な農村地帯に、構造調整の恩恵が及ぶどころか、むしろその弊害が、あるいはそのしわ寄せが現れたといえる。(4) 二〇〇一年の調査では、この一〇年間に村の人々の生活はどう変化したか人々に質問をした。この問に対してヤパカ村では二〇名のうち一八名が悪くなったと答え、二名が良くなったと答えた。テレペ村では一三名のうち無回答の一名を除く他の一二名全てが悪くなったと答えた。すなわち合計すると三二名が悪くなったと考えており、良くなったとする者はわずか二名である。上で述べてきたことを踏まえると、このような反応は当然といえるだろう。農業生産と農業流通の状況が悪化しても、農村生活における改善がもし見られたならば反応は少し違っていたかもしれない。

もちろん構造調整による変化を積極的に利用しようとする人がいないわけではない。流通機構の自由化によって農民が農産物の売買に従事することが可能になったからである。構造調整が実施された一〇年間において、農村の生活水準が向上したととらえた人がいることも事実である。彼らはいずれも若い農民であり自ら生産した農産物ばかりでなく、他の農民から購入した農産物も首都に運び売却して利益をあげている。こうしたことのできる農民は経済自由化の恩恵を得たため、一〇年前と比べ現状を評価するということになる。ただし重量のある農産物を長距離運搬し、首都のコンパウンドで売りさばくというのはかなり体力と経験を必要とすることであり、誰しもが出来るというわけではない。そもそも村には女性世帯主や高齢者世帯が圧倒的に多く、上記のような活動を行うことは困難である。今世紀初頭以来、出稼ぎ労働者を輩出してきた地域において、営農やそれに基づく商売に生涯の大半を捧げる男性は決して多くなかった。こうした構造が変わらぬ限りは、上のような活動をする存在はあくまで例外的であり続けるだろう。

さてミクロの定点的な調査から一般化することは慎重でなければならないが、経済的後進地域にあるペタウケ農村から見えることについて考えてみたい。一九八〇年から九〇年までの東部州への純流入者数は一二万八〇〇〇余人であり首都のあるルサカ州への流入者数（一〇万人強）をしのいでいる。他方ザンビア経済を支える鉱山業の中心地コパーベルト州は一五万八〇〇〇余人の純流出を記録している。ルサカ州への人口流入が多いことと、銅産業の衰退傾向がみられた八〇年代にコパーベルト州からの人口流出が生じていることは当然の結果である。開発された鉄道沿線に位置し、農業開発のポテンシャルもある中央州が五万人弱の純流入を記録していることもうなずける。ではなぜ鉄道沿線からそれ、従来北部州とならび労働者を送り出してきた東部州が一転して人口流入地となったのだろうか。なお州を構成する県レベルでみても、調査地ペタウケはルサカ州都市部の八万人弱についで、第二位（四万五〇〇〇余人）の純流入を示している（Central Statistical Office, 1995 : ix）。

東部州からの送り出しの歴史をみれば、人口流入地域になったのは大きな変化であるということになる。しかし一九九〇年度の人口調査はもう一つの事実を示している。東部州の人口のうち州外を出生地とする人口は八万二八三三人。東部州を出生地とするが、州外に居住する人口は二一万二八九七人である。すなわち、一九九〇年時点の東部州からの純流出者総数は一三万人強であることがわかる。これは北部州の一二万人強をうわまわり、東部州が相変わらずザンビアで最大の人口流出地域であることをものがたる。こうした一見相矛盾する両面性、すなわち今や最大の流入地であり、かつ伝統的に最大の流出地でもあるということは不思議ではない。移動が還流型の性格をもっているということを意味しているからである。ただし、一九八〇年代はモザンビークからの難民の流入が多かった時期であるので、このことを考慮する必要がある。すなわち一九八〇年代の流入者の増加はモザンビーク難民の受け入れによっていた面があると考えられる。東部州人口の増加率が全国最高の四・四％（一九八〇―九〇年）から全国平均（二・九％）以下の二・六％（一九九〇―二〇〇〇年）に低下したからである（Central Statistical Office, 2001 : 5,Table4）。一九九〇年のペタウケ県人口一四万九六三七人のうち出生地がザンビア国外である者は一万八二八一人もおり、これは首都ルサカに次ぐ数であった（Central Statistical Office, 1995 : 71,TableA1）。この数は難民によるといえる。

一九八〇年代からの経済危機の深刻化は、流出を抑制し、同時に都市からの帰還を促進した。調査村の世帯主とその配偶者を除く成人（すなわち未婚の青年男女で、新規学卒者も多い）（一七名）で都市での就業を希望していた一一名（一九九一年）のうち、一九九六年時点で実現したのは二名（その他に結婚による都市への移動一名）。一八―二〇歳の二三名のうち都市で就業を望んでいる者は七名にすぎず（一九九六年）、うち一九九九年時点で実現したのは二名のみである。そして経済危機は帰還を早めたといえる。こう考えると、流入地であり、かつ流出地であるということは、ザンビアにおける労働移動の形態の変化を意味するのではなく、経済危機下における還流型労働移動の今日の形態であるととらえるべきであろう(5)。

2　国境の村

いままでペタウケの二カ村に注目して論じてきたが、二カ村で見られたことが東部州の村の全部にあてはまるとはいえない。東部州のなかでも多様性を考慮する必要がある。交通手段が整備されていない状況で、多様性を生む要因の一つとして重要なのは村の位置である。一九八九年以来調査を継続してきたヤパカ村、テレペ村はグレート・イースト街道（首都ルサカからマラウイとの国境に通じる幹線道路）沿線にあり、県庁ペタウケ・ボマまで徒歩一時間半を要する。このような村に対して、幹線道路から離れ、交通の便がよくない村はいかなる相違を示すだろうか。ヤパカ村・テレペ村での調査を補うため、二〇〇一年以降ウサラカ村とワクロチャ村の調査を開始した。ただし移動については調査時期が異なるため、村の特徴の他に、時期的な背景による経済事情の違いを考慮せねばならない。この二つの村はグレート・イースト街道から三〇キロ南に行ったモザンビークとの国境近くにある。ウサラカ村はペタウケ県で最も国境に近い村である。

ウサラカの起源は村長によると、一九三三年にジュリウス・ウサラカ（仮名）という人物が狩をするために来たことによる。「私は彼の一族である。彼はここで狩猟をしていた。一九三八年にモザンビークから豚を連れてきて、ここに恒常的な家を建てた。ポルトガル人は重税を課し、強制労働をさせたからである。私の母はその時ジンバブウェにいたが、一九五〇年にここに来た。私が生まれるとジュリウス・ウサラカが私の後見人となり、彼の妻がいるモザンビークで育てられた。彼は一九六六年に死んだ。その後、私の伯父が村長となり、次に私のモザンビーク生まれの兄が継いだ。兄が年とったので一九九三年に私が村長代行となり二〇〇一年に村長になった」。

ワクロチャ村の村長によると、「村の創設者はモザンビークから来てここに定住した。初代の村長の死後、その息子〔ンセンガでは姉妹の息子、すなわち甥を意味する〕が、二代目村長となり、私はその息子〔すなわち甥〕である。一九九一年に村長になった。母は若くして死んだので母の弟が自分が大きくなるまで村長をしていた。母はンゴニの男性と結婚し、自分はリヴィングストンで生まれた。父はンセンガの習慣に従って婚資を母の両親に支払わなかったので、私はンゴニではなくンセンガであるということになる」。これらの村はムワンジャバントゥ首長区に属し、雨期には車道不通になるばかりか、乾期においても道路事情は極めて悪く車両の損傷が著しい。

二〇〇一年六月と七月に行った調査対象ウサラカ村（世帯数二五二）では、村長の所属するセクションA（二五世帯）の世帯主と配偶者のうち一九世帯三〇名（男性一三名、女性一七名）、ワクロチャ村（五二世帯）では同じく三六世帯五七名（男性二三名、女性三四名）に面接した。現在居住している村で生まれた人は四三名（ウサラカ一六名、ワクロチャ二七名）、現在住む村以外で生まれた人は同じく四三名（ウサラカ一四名、ワクロチャ二九名）である（ワクロチャの一名は不明）。村外生まれの人でもウサラカの一四名のうち一三名は同じ首長区（すなわちムワンジャバントゥ）の村に生まれ、ワクロチャの二九名のうち二〇名はやはり同じ首長区の出生である。したがってムワンジャバントゥ首長区生まれはウサラカでは三〇名中二九名、ワクロチャでは五七名中四七名に達する。これはヤパカ、テレペ両村にくらべ移動が少なく同質性が高いことを示している（ヤパカ、テレペの場合はカリンダワロ首長区外どころか、ペタウケ県外生まれの人が六一名中一一名いる）。すなわち都市へ出稼ぎに行った親とともに都市に住んだという人が相対的に少ない。他村生まれの人の場合、結婚による移動が最も多く一八名にのぼる。その他は夫の村に戻った、もしくは親が住んでいる村にきたなど、ほとんどが婚姻や家族関係を理由とした移動である。調査村生まれの四三名のうち、他所での居住経験のある人は二七名、そのうちルサカなどの都市は二一名である。

ウサラカ村およびワクロチャ村から最初に出た時の両村における平均年齢は一三・五歳、帰村した時の平均年齢は二七・四歳である。出村から帰村までの期間はヤパカ、テレペの場合もほぼ同じであるが、ヤパカ、テレペでは二〇代初めに村を出、三〇代後半に戻っている。この違いはおそらく前者についての調査時期が二〇〇一年、後者については一九九〇年と九一年ということによるのではないかと思われる。経済事情の悪化により近年は都市からの帰還が促進されたばかりでなく、都市への出稼ぎは減少した。ウサラカ、ワクロチャの場合は、経済事情の比較的よかった時代に母親に随伴した移動者が多かったと考えられる。その分出稼ぎ年齢が若くなった。都市への移動者二一名のうち一六歳以上になって行った人は六名に過ぎないのである。移動理由は仕事探しが八名、就学が一名、家族随伴が一〇名、結婚が五名、その他三名、帰村理由は退職・失業二名、都市の物価高三名、その他は親の世話、結婚、離別など家族関係によるものである。ヤパカ、テレペの場合は帰村理由が退職、失業によるものが七七名のうち二一名いた。これに比べるとウサラカ、ワクロチャの場合、出稼ぎ還流型という特徴が弱まっていることがうかがえる。ヤパカ、テレペとの相違は一〇年間の経済事情の変化および交通の便という物理的な理由の二つによると考えられる。

ウサラカ、ワクロチャはともにヤパカ、テレペ同様、トウモロコシと落花生が主な農産物である。興味深いことは両者の間にある生産性の相違である。平均耕作面積はウサラカで二・五エーカー（一九九九／二〇〇〇年）、二・六エーカー（二〇〇〇／〇一年）、ワクロチャで三・三エーカー、三・一エーカーである。トウモロコシの世帯当りの平均収量はウサラカで四三〇五キロ（一九九九／二〇〇〇年）、一九九四キロ（二〇〇〇／〇一年）、ワクロチャで三一五〇キロ、一九八〇キロである。これはヤパカ、テレペに比べ三—四倍の量である。世帯の人口数は

表10　トウモロコシの作付面積・収量（ムワンジャバントゥ）

年　度	世帯当り作付面積（エーカー）		世帯当り収量（キログラム）		エーカー当り収量（キログラム）	
	ウサラカ	ワクロチャ	ウサラカ	ワクロチャ	ウサラカ	ワクロチャ
1999/2000	2.5	3.3	4,305	3,150	1,741	950
2000/2001	2.6	3.1	2,994	1,980	1,145	663

出所：筆者作成.

ウサラカ六・五人、ワクロチャ六・一人であり、生産量の違いは労働力の違いによるのではない。違いをもたらす要因はエーカー当りの収量である。ウサラカのそれは一七四一キロ（一九九九／二〇〇〇年）、一一四五キロ（二〇〇〇／〇一年）、ワクロチャは九五〇キロ、六六三キロである。ヤパカ、テレペと比べ二―四倍高い（表10）。

トウモロコシほどではないが、落花生においても二つの地域には差がある。平均耕作面積に関してはウサラカ一・一エーカー（一九九九／二〇〇〇年）、〇・八エーカー（二〇〇〇／〇一年）、ワクロチャ一・一、一・一と、ヤパカ、テレペに近いが、世帯の平均収量はウサラカ九一一キロ（一九九九／二〇〇〇年）、八二六キロ（二〇〇〇／〇一年）、ワクロチャ八六四キロ、一五八四キロである。東部州では一九九九／二〇〇〇年はトウモロコシ生産は順調で、落花生は不作、二〇〇〇／〇一年は逆であった。調査村でも状況は同様であるが、ウサラカの生産が前年に比し二〇〇〇／〇一年には減少しているのはヤパカと同じ理由、すなわち前年の不作により種がなく植え付けられない農家があったからである。エーカー当りの収量はウサラカで八五八キロ（一九九九／二〇〇〇年）、一〇四四キロ（二〇〇〇／〇一年）、ワクロチャで七九三キロ、一四九一キロである（表11）。

エーカー当りの収量の違いは土地の肥沃度による。幹線道路に近い村では早くから土地利用が行われ継続的に耕作されてきた。しかも肥料投入が困難で、収量は低い水準にとどまり、その結果、少ない農業所得を補うため様々な副業や出稼ぎが行われている。他方幹線道路や町から遠いウサラカ、ワクロチャのような周辺地域においては、依然として収量の高い土地

表11　落花生の作付面積・収量（ムワンジャバントゥ）

年　度	世帯当り作付面積（エーカー）		世帯当り収量（キログラム）		エーカー当り収量（キログラム）	
	ウサラカ	ワクロチャ	ウサラカ	ワクロチャ	ウサラカ	ワクロチャ
1999/2000	1.1	1.1	911	864	858	793
2000/2001	0.8	1.1	826	1,584	1,044	1,491

出所：筆者作成.

を利用することができる。それゆえ農村・都市間移動より農村・農村間の移動が大半を占める。とりわけウサラカのトウモロコシ生産が特徴的である。この村では多くの農民がモザンビーク領内に耕地をもっている。その理由は、植民地解放闘争と独立後の内戦により、モザンビーク側の土地が利用されず、その結果、沃土が多いからである。しかしもともとザンビア側に比べそこの土地が肥沃であるという人もいる。モザンビーク側に住む民族も同じくンセンガであり、そこの首長の許可を得てウサラカの村人が耕作を行っている。このことが他村に比べて高い収量を可能にした。

モザンビークにおけるポルトガルからの解放闘争の時期、この地域は「モザンビーク解放戦線」（フレリモ）への物資補給の役割を果たしていた。ウサラカとワクロチャの中高年齢層の村民の多くは、このあたりは国境沿いにもかかわらず平和であったと語る。しかし一九七〇年から七五年の間ポルトガル兵が多くやってきてフレリモと闘ったという人もいる。共通する証言は、両村がフレリモの補給物資の保存場所であり、両村民が物資運搬を手伝い、食料を提供するなどして、フレリモと良好な関係を築いていたということである。モザンビーク独立後の反政府組織「モザンビーク民族抵抗」（レナモ）について、村の人々は次のように証言した。レナモはこの地域に来て殺し、盗み、焼いていった。しかしザンビア兵がやってきて追い払った。

直接大きな被害を受けることはなかったが、この地域には絶えずモザンビークから人が流入してきた。女性にまで人頭税が課された植民地時代には重税や強制労働を逃れて来る人々を、内戦時には難民をペタウケは受け入れてきた。そもそも二つの村自体が上述したように、モザンビークから来た人々によって形成されたのである。様々な問題にもかかわらず、国境をまたぐンセンガ社会では婚姻や交易という形で絶えず密接な関係を維持してきた。いやそればかりか上述のように、国境線により分断されたにもかかわらずンセンガ社会はモザンビーク側に耕地を持つ越境農業、越境農民(6)という形で存続してきたのである。

モザンビークとの国境近くに住む農民はモザンビーク側で生産された農産物、とりわけトウモロコシ、そして手工芸品を購入し、それをザンビア側の農村や都市で売却することによって収入を得ることが出来る。ザンビア国境に近いモザンビーク側の農民は、モザンビーク内の市場への出荷が困難であるため、ザンビア側で生産物を売り、それにより様々な生活必需品、たとえば砂糖、塩、石鹸などを購入する。あるいはザンビアから来る商人に生産物を売却する。こうして今日、都市から来る商人も加わり、国境をまたぐ交易が農村間において発展を遂げつつある。一九九〇年代中頃以降モザンビーク国内に平和が到来したことにより、この地域の交流はさらに活発化しつつあるといえるだろう。

このような国境を越えた交流の発展は、南部アフリカ開発共同体(Southern African Development Community：SADC)が目指す経済的統合の方向に反しない。しかもこの農村地帯における交流は、開発共同体における政府主導の地域協力と異なる統合の契機といえるであろう。こうした交流の発展が個々の農村に及ぼす影響については単純に結論を出すことは出来ないが、この地域の農村と農業の将来を考える場合に無視できない要素である。

以下はムワンジャバントゥ首長区の首長及び首長を通じての商人からの聴き取り（二〇〇〇年八月一二日）である。

国境に検問はなく、地域の人々は自由に往来している。モザンビーク側は別の首長区であるが同じンセンガであり、親族が双方にいることが多い。かつてはチバロ（強制労働）など過酷な植民地支配や内戦から逃れるため、モザンビークからザンビア側にくる人が多かった。縁者のいる村に定住し村長に登録を許されると、やがて国籍登録の口添えをしてもらいザンビア人になることができた。現在でも可能である。事実、多くの人々がザンビア側にやってきている（案内の途中、あの人はモザンビーク人だと首長がいう人が何人もいた）。

交易の形態はおもにモザンビーク側から農民がトウモロコシを売りにくるのが中心である。モザンビーク側には市場がなく、日用品も不足しているからである。したがってザンビア側にいる買い手（といってもトラックでコパーベルトからトウモロコシの買い付けにきている業者から近隣の村の農民までいる）にトウモロコシを売り、石鹸、古着、鍋など多様な日用雑貨を買って帰る。物々交換も多い。古着一着と五×一〇リットル缶のトウモロコシ、インド製自転車とトウモロコシ一六袋（九〇キロ）というぐあいである。

ワクロチャ村出身で現在ルサカのカウンダスクウェア・ステージⅡに住む四三歳の女性（二〇〇二年当時）は自転車をモザンビークでメイズと交換している。自転車一台は三五万クワッチャするが、それを一袋五〇キロのトウモロコシ二〇袋と交換する。自転車三台で六〇袋を得、それをルサカなど都市から来た買付商人に売る。一袋二万三〇〇〇から二万五〇〇〇クワッチャで売る。ルサカであれば五万クワッチャとなるが、運送や荷揚げ、荷下ろしなどのため利益はわずかとなる。

なお、ザンビアとはいえ、ここは国境地帯の低開発地域であるため、農業の形態や市場から遠いことなどは、モザンビーク側と大差ない。すなわち商人はモザンビークの農民ばかりか、この地帯の農民からもトウモロコシ、落花生を買い集め、ある程度の量になるとルサカなどに運ぶことにより利益を得る。なお、農民は自転車、牛車を使って売りにくる。

このように国境交易は日用品（軽工業製品）と農産物との交換であり、農民の小規模ビジネスや物々交換が主体の周辺的な国境地帯の経済活動といえる。低開発地域であるモザンビーク北部の国境地帯の人々にとっては、モザンビーク国内の南部から日用品の供給がなされず、農産物の市場もない状況ではザンビア側との交易に依存するほかはない。

しかし、この形態からモザンビーク北部の発展の可能性を見出すことはできないであろう。なぜなら北部の農業的発展はザンビア側との競合関係にある。ザンビア側の国境地帯の開発は全国的に見れば最低水準ではないが、トウモロコシ生産を中心とする典型的な小農生産地帯である。したがって両地域が補完的に発展しうる要素は見出しにくい。

むしろ国境交易の利点はザンビア側にあろう。日用品といってもルサカで支配的な南アフリカ製品ではなくザンビア製品が目につく(7)。自由化によって地元産業が買収されるか、閉鎖の危機にさらされている現在、製品の販路がこうした国境交易に見出されているが、いずれ南アフリカ製品に席巻されるかもしれない。和平による局地的な商業活動の活発化という程度を超えていく可能性は低いのかもしれない。

むしろ興味深いのは経済発展の可能性についてではなく、両国の周辺地帯をまたがって分断されているンセンガの人々が日常的な交流をかなり自由に行っていることである。このことがそれぞれの民族集団と国家へのアイデンティティの形成や変化にどのような意味を持つかということが注目される。

3　ペタウケ・ボマの定住者

九〇年代における変化とその影響を考える場合、農村だけに集中する議論には限界があろう。たとえば地方中小都市の発展と農村との関わりをどう考えるのか。近年鉱山都市をはじめとして大都市における人口増加率が低下してきている傍ら、中小都市の人口には増加が見られる。退職後都市に住みつづけることは従来から容易ではなかった。なぜならば大多数の人々にとって退職後の生活保障を得ることが困難であったからである。しかも八〇年代以降になると経済危機の深刻化、とりわけ上述したように、構造調整の実施による物価の高騰などにより、都市での生計維持は極めて困難になった。退職者の子供たちも雇用機会を得ることは難しく、子供たちからの支援は期待すべくもなかった。しかし農村へ帰ることは回避される傾向があり、さらに長期にわたり都市で生活をしてきたために、彼らの子供たちには都会での生活しか知らない者も多く、農村への適応が困難であった。

以上のような理由により、退職者の中から、自分たちの出生した村や家族・親族の住む村にではなく、出身地の中小都市郊外に住もうとする人々が現れるようになった。すなわちペタウケ県の出身者が、ルサカやコパーベルトの大都市で長年働き、退職後は出身村にではなくペタウケ・ボマに定住するのである。このような背景のもとで発展する地方中小都市が、近隣農村とその農業にどのような影響を与えるかについて注目する必要があるだろう。

都市からペタウケ・ボマに退職後転入し定住した人々に対する面接調査（二〇〇〇年八月）から定住の主な要因を探る。(8)

（D・T）　私は一九五二年に生まれ、現在四七歳です。私の出身村はニャンパンデ首長区のカクウィヤと呼ばれているところです。一九九九年五月二二日にここにやってきました。私の主な目的はまず土地をさがすことでした。あちこちまわって、どのように手をつけていくかを少し調べました。幸運なことに私にはンドラで隣人だった友人がいました。彼は余分に土地をもっていて、私に提供してくれました。私は家を建てるために、そして少しばかりの農業をするためにこの土地が必要でした。私はかつて軍人としてンドラの兵舎にいました。一九九八年一〇月三一日に退役しました。軍はいまだに私の退職手当を支払ってくれません。私は現在妻の助けをかりて家を建てています。家はまだ完成していないので、家族はまだンドラにいます。私は与えられた土地が十分に大きかったため、ここにきて定住することを決めました。別の理由は、場所が静かで、町に近く、学校や病院に簡単に行くことができることです。

出身地に住まない理由は私がその地を大分前に去ったということでした。子供たちは皆都会で生まれ育ちました。ですから彼らにとって、村に住むということは大きな問題なのです。生活もまた困難です。都会に住む他の理由に、かつて安定した収入源がなく、生活するのが困難であったことがあります。その結果、生きるためにはあらゆることをしました。犯罪にもかかわってきました。失業者にとって、食料を調達し、住むところを確保し、子供たちを良くしつけていくことは困難です。子供たちは生きるために、盗むことを強いられるでしょう。少女たちに関しては、結局売春婦になることが強いられます。私はンドラを去ってから、どこにも定住しませんでした。定住したのはここ、ペタウケだけです。唯一ここが定住したいと思ったところです。現在は妻によって生計をたてています。彼女は野菜を売ってささやかに商売をしています。親戚に援助を頼んでもすべて断られてしまいます。私自身でやらなくてはいけません。この土地での唯一の問題は水です。数メートルも水を汲み上げなくてはいけません。家を建てるために、レンガをつくるための水を汲み上げる人を雇わなくてはなりませんでした。

（E・R・T）　私は一九三九年にペタウケ県のニャンパンデ首長区のビナエル村で生まれました。私には一〇人の子供と八人の孫がいます。私は一九五九年にザンビア合同銅鉱業のロカナ支部で鉱石砕石工として働き始めました。私は仕事を辞めました。なぜなら、ブール人（南アフリカのオランダ系住民）の監督によって立坑に投げ出されそうになったからです。私がイギリス出身のボスから気に入られていたからです。ブール人とイギリス人の間には民族的憎悪があったのです。一九六四年九月一六日に私は再び銅鉱業で働き始めました。私は次の研修を受けました。一九六四年から一九六五年までパイプライン設置のための研修、一九六五年から一九九六年まで製材の研修、一九六六年から一九六七年にかけて炭鉱の運搬車両修理の訓練を受け、一九六七年から一九六八年にかけての研修で爆破操作の免許をとりました。その後一九六八年に製材の主任に昇進しました。

一九七〇年三月三〇日に体調が理由で退職しました。退職後故郷ペタウケに戻り、ボマ内に家を借りました。数年後、土地を確保して、家を建てました。私はここに住むことに決めました。なぜなら学校が近いからです。出身村に住んで、子供たちに教育を受けさせることはできないと考えたからです。私は若干農業をしています。余剰分を売り、他は家族の食料としています。

（D・M） 私は一九五〇年四月一〇日にコパーベルトのルアンシャで生まれました。一九七四年にザンビア合同銅鉱業のルアンシャ支部で自動車修理工として働き始めました。一九九二年に昇進し、作業監査官となり、作業全体が滞りなくなされているか監督する任務につきました。

一九九四年に退職しました。一九九五年にペタウケの出身地に戻ることに決めました。退職手当を待っている間に、私は定住する場所を探し、なんとかボマに家を購入しました。子供たちは皆ボマで生まれ、ボマに住むことに決めました。村に住むことは彼らにとって大きな変化です。私は健康上の問題で退職しました。ですから病院が近くにあり、また子供たちにとっても学校が近くにあるボマがよかったのです。

私は村に住みたくありませんでした。両親はすでに亡くなっていたからです。親族はいましたが、交流はほとんどありませんでした。都会で生まれ育った者にとって、村で生活を新しく始めるのは難しいことです。現在、私は農民です。収穫した作物を売って生計を立てています。働いている子供たちや兄弟が財政的に援助してくれます。

（S・T） 私は一九五六年一一月九日ペタウケ県ニャンパンデ首長区シムウェンダ村で生まれました。六人家族です。

私は一九七八年にチパタの農林省の職員になり、仕事を始めました。一九八二年まで初級職員として勤めました。一九八二年に昇進しました。一九九四年には管理職に昇格しました。

私は一九九九年五月に退職し、出身地に戻ることを決めました。仕事を辞めて、政府が退職手当を支払ってくれるのに時間がかかりました。待っている間に家の水道代や電気代がたまり、払うお金がなかったので借金だけが増えてしまいました。私はボマに住むことにしました。そこでは義理の親がしばらく世話してくれました。子供たちの教育費を払う余裕は私になく、負担でした。しかし私はここに定住することに決めました。私は子供に中等教育を受けさせたいので、学校は近いほうがよかったのです。また子供たちも都会の生活に馴染んでいました。

現在、私には仕事がありません。町のモーテルに木炭を供給して収入を得ています。また家を貸しているので、借家人が家賃を送金してきます。政府は退職手当を早く支給するシステムを考案すべきです。失業者にとって家計は苦しいです。

彼らがボマに住む積極的な理由は学校や医療施設が近くにあるからである。都会育ちの子供が農村に適応することは困難であり、村に戻ることは回避される。とはいえ退職後に物価の高い大都市で生活する基盤も乏しい。

（K・M）私は一九五二年にルサカで生まれました。ニャンジェ首長区のガブリエル村出身です。七人の子供がいます。一九七五年から一九九五年までルサカで大統領府の技術者として働いていました。

退職すると、ニンバに少しの間いて、すぐにペタウケに移りました。なぜならペタウケには私の母がいたからです。短いニンバでの滞在のあと、私はペタウケに行くことを決めました。私は出身地に定住しようとは思いませんでした。なぜなら私はミニバスの運転手としてのビジネスをしていたからです。また私はルサカで生まれ育ったので、子供たちを含め村の生活には適応できないでしょう。

現在も私はミニバスの運転手をしています。畑を耕し、収穫が家での消費を上回るときには、余った分を売ります。都会の生活は楽なものではありません。ルサカでは何をするにもお金が必要となります。しかしここで家を安く建てるためには、レンガを焼き固めさえすればいいのです。そうすれば家が建ちます。ここに定住したい人にとって、最初生活は困難に思われるでしょう。でも時がたつにつれて慣れるでしょう。一緒に退職した友人たちの例を挙げます。彼らは退職手当を得た後、ミニバスを購入しました。でも時がたつにつれて仕事は半分になりました。計画不足のため、当面彼らは生活に窮しています。

農村に戻って農業をやるにしても、土地不足や土壌の劣化により農村での生活も厳しい。ボマであれば非農業に従事する傍ら、自給用食糧生産を行うことは可能である。

（L・T）　私はペタウケ・ボマで一九七〇年五月二一日に生まれました。父はニンバのンダケ首長区のカムパラ村出身です。一九九四年にチパタにある土木建設省の建築部門で登記係として働き始めました。一九九五年にペタウケに配属され、四年間勤務しました。一九九九年一月に再びチパタに戻りました。私は三月まで働き、その後自発的に退職しました。仕事を辞めた理由はフラストレーションと不十分な給料です。私は仕事をしている間、イギリスの学校の通信教育を受けていました。

私はここに定住することにしました。なぜなら、私には成功への見通しがあったからです。人口が増えていてここには事業の機会が多いのです。私は幸運なことに、市営住宅を提供され、購入することができたのです。それで私は仕事に専念できました。村に住むことはできませんでした。村の生活は厳しいものです。農業はギャンブルです。村で生活するにはそこで育っていなくてはなりません。農業は利益になりません。生産費用に比べ、価格は非常に低いです。労働が苛酷で市場もありません。気候の変化による影響が大きいです。雨によって生産が左右されます。たいていの人は市場の原理に混乱させられてきました。私は乳製品や飲料、雑誌を売る店を経営しています。

（S・P）　私は一九四〇年にニャンジェ首長区のチグングル村で生まれました。七人家族です。退職する一九九七年までルサカのザンビア鉄道でポーターとして働きました。一九七一年から、退職する一九九七年まで働いていました。私は一九九八年にここペタウケ・ボマに戻ることを決心しました。私が農業をして、妻は市場で商売ができます。

私は出身地に定住したくはありませんでした。なぜなら農業をするには、土地がやせていたからです。土地は酷使されていて、作物が十分に育つ養分がありませんでした。故郷に住めば、家族を養っていくのは困難だったでしょう。

現在私が農業をして、小規模でありますが妻がパラフィンや炭、砂糖、塩を売って生計をたてています。また時々お金を作るために家畜（畜牛）を売ります。私が住んでいる地域には水が必要です。現在水のほとんどは隣地区からわけてもらっているのです。

（H・N・K）　私は一九一九年に生まれて、今八一歳です。私はペタウケのサンドウェ首長区のチンダムバ村出身です。私は六人家族です。一九四二年から一九四五年まで中央アフリカ総合伝道会で事務員として働いていました。一九四六年に教師として公務員になりました。その後一九四九年にチャリムバナで学生監督者としての訓練コースを受けました。終了後、セレンジェのンドディ原住民局の学校で職に就きました。ンドディで視学官として昇格し、一九五一年から五六年まで勤めました。それから再びコパーベルト勤務となり、カンコヨ小学校で校長をしました。一九六二年に私はムソロに移動し四カ月そこにいました。それから一九六三年にルサカに転勤しました。ここに来るまではルサカにいました。私は一九七九年にムロンゴティ小学校を最後に退職しました。その年にペタウケにやってきました。仕事に就いている間に家を買っておきました。

私は年をとったのでここに定住することにしました。出身地からボマまで治療に来ることはできないでしょう。ここは病院や学校が近いのです。また年金を受け取りに行くにも便利です。私はルサカで働いている子供たちからの援助を得て生計をたてています。子供たちは毎月お金を送ってくれます。また家の近くに畑があり、そこでトウモロコシの栽培をしています。

（E・N）　私は今四六歳で、ペタウケ県ムンビ首長区のムフセで生まれました。一九七九年三月八日にキトウェのンカナ鉱山で仕事を始めました。最初、鉱山警官として勤務しました。健康状態がよくなかったので、一九八五年に在庫係として店に配属されました。それから会計事務員として財務に移りました。一九九一年にトウモロコシの粉の配給係としてコミュニティサービスに配属されました。トウモロコシの粉の配給係から地域監査官に昇格しました。

鉱山が新しい投資家に買われた一九九九年四月二八日に、私は退職しました。私はボマに住むことを決めました。子供たちがまだ小さかったからです。医療と教育において村よりも便利だからです。都会の生活の方が好きです。しかし病気が快方に向かわないのは残念です。

現在私はちょっとしたビジネスをしていて、居酒屋を経営しています。そこでチブク（トウモロコシを原料とするアルコール度数の低い酒、地元ビールとも呼ばれる）を売っています。また商売用のドライヤーを備えた美容室をもっています。私は生活のために、持っている土地で作物を栽培しています。

前章で述べたように、妬みなどによる揉め事を避けるため村に帰ることを回避する。都会育ちの子供が村に適応できないのではないかという心配もこのことと関連している。家族が村での規範に従わないことから対立が生じる恐れがあるからである。農村社会の「伝統的」社会規範に基づいた行動をしない場合に起こりうる制裁、それは陰口の類から呪術による災いまで多様であるが、その制裁に対する恐れにより、人々は農村への帰還でなく地方都市での居住を選択する。

（R・M）　私は一九四三年にペタウケ県カリンダワロ首長区のムベンジェ村で生まれました。六人家族です。私は一九七六年に軍の歩兵として勤務を始めました。私は小銃隊班長として任務しました。階級は伍長でした。

四五歳の退職年齢に達したので、軍を辞めました。退職手当を待っている一年間、兵舎にいなくてはいけませんでした。それから一九九六年に出身地域へ戻ることにしました。チウォワ村に短い期間滞在しました。私はその村に一カ月しか滞在しませんでした。なぜならあまり居心地がよくなかったからです。私や家族は都会で育ったので、村に住みたくはありませんでした。私は私自身の住む場所を決めることにしました。私は出身村をずいぶん前に去っていたので、ここに住むことに決めました。現在は働いていません。農業をしています。作った野菜を売って、わずかなお金を得ています。長く都会に住んだ者にとって、村の人たちと協力していくことは難しいです。持っているものはなんでも、彼らは共有しようとします。お金がなくなったら、憎悪が生まれます。

（C・C）　私は一九四三年二月一五日に生まれました。現在一〇人の子供がいます。そのうち六人は一緒に住み、四人はコパーベルトにいます。私はコパーベルトからペタウケにきました。コパーベルトではンドラにある石灰石採掘会社で現場監督をしていました。私は一九六二年から退職する一九九五年まで、同じ会社で働きました。退職した後、何もせずに町にいたくありませんでした。唯一コパーベルトから私を離れがたくさせたのは、妻の病気とそれによる入院でした。

ここに移住した理由は平穏な心を持つことができるからです。大都会では食料などの物価が非常に高いのです。ここでは気楽で寛いで生活できます。私は故郷に戻りたくありませんでした。父も母もすでに死んでいるからです。別の理由は親族間の揉め事に巻き込まれたくなかったからです。親族は互いに物事を頼む傾向があります。もし依頼に応えなかったなら、彼らは私を頑固だと言うでしょう。故郷に戻ることは新しい生活をするということでした。そして妻を村になじませることは困難なことでした。故郷に戻りたくないさらに別の理由は、私が都会で生まれ育ったということです。ここペタウケにきた理由は、ここの人々と自分が従弟関係にあるからです（C・Cはンコレ首長区カサマ出身のベンバ人である）。彼らと私が一緒にいることに問題はありません。

（T・P）私は一九五五年にルアングア県のムブルマ首長区のチクマ村で生まれました。八人家族です。私は一九七三年にルサカで働き始めました。登録証を発行していました。やがて記録部に主任として配属になりました。次に人事部に配属になりました。一九八七年に私はルアングア県に移りました。そこではわずか二年間働いただけで、一九九〇年にペタウケに移動しました。ペタウケで登録証を発行する仕事を続けました。政府が早期退職制度をつくったので、私は職を辞める希望を出しました。

私はここに住むことを決めました。なぜなら都会の生活に慣れてしまったからです。村では誰かが上手くやっていると、その人は陰口をたたかれます。また多くの村人は読み書きができず、理性がありません。私の計画は農場を持つことです。ペタウケ・ボマに家があり、わずかな土地でトウモロコシを栽培しています。私は菜園を造り始めました。まだ新しい場所なので、整地するのに忙しいです。養魚池作りと市場での店舗を申請しました。今は退職手当で生活しています。

（L・M）私は四一歳で、ペタウケ県のサンドウェ首長区のチティンディ村で生まれました。七人家族です。一九八二年に土木建設省で水道工事係として仕事を始めました。一九八三年にG3に昇進しました。最近ではインダストリアル3と呼ばれています。続いて一九九〇年六月一日に水道工事の作業副監査官として、市民サーヴィスの仕事に任命されました。それから一九九三年に同じ役職でチパタからペタウケに移りました。その後ペタウケで建設副主任になりました。一九九八年に自発的に退職を求めました。そして一九九九年に私は仕事を辞めました。その年八月に退職給付金をもらいました。私は子供が小さかったのでここに定住することを決めました。学校が近いのです。そのほかに、仕事の機会もたくさんありました。また都会の生活にも慣れています。

私は村には住みたくはありませんでした。なぜなら家族の間に争いがたくさんありました。そして多くの人々が早死にするのを恐れています。現在私は古着売りをしています。また小規模な農業をして生計をたてています。そのほかにも角氷を売っています。希望退職する前、私は休暇中でした。当然支払われるべき給料をとりにいくと、不当に少ない額でした。現在差額を得るために闘っています。

一九八〇年代以降、経済危機が深刻化し、農村から都市への移動が減少した。そのかたわら、構造調整の実施による影響も加わり、ルサカや鉱山都市など大都市住民の生活はさらに困窮化し、移動者の帰村が加速化した。ルサカの人口増加は続いているが、鉱山都市における人口の停滞は明らかである。そして鉱山都市にかわり地方都市の人口が増加している。

地方都市へは、近隣農村からの人口流入の他に、ルサカや鉱山都市などからの転入が見られ、長年にわたり都市で生活してきた人々にとって、上水道、学校、医療設備などがない農村で生活するのは容易ではない。都市へ移動した第一世代にとっても、長年の不在後に再び村で生活することは困難である。都市生まれ、都市育ちの第二世代にとって、農村で生活することはさらに困難を伴う。したがって退職者とその家族は、ルサカや鉱山都市から村に戻るのではなく、出身地域にある地方都市へ移動することになる。地方都市での生活費は大都市ほど高くなく、しかも都市生活の経験者にとって必要不可欠な設備もある。何らかのインフォーマル・セクターに従事できる可能性もあり、それにより生計を補塡できる。さらに自家消費用の農業生産にもたずさわれる。出身村が近ければそこに農地を確保でき、あるいは居住する都市の郊外に農地を得ることができる。こうした理由により、帰村ではなく、地方都市への移動が増加している。

4　地方市場における商工業従事者と農村社会

本節では退職者にとってではなく、近隣農村の住民にとっての地方都市、すなわち人口が増加する地方都市の発展の意味を農村社会との関係に注目して考察する。

一方に外資系企業や入植者により展開してきた鉱工業部門やプランテーション農業部門があり、他方に零細小農生産部門があるという二重構造は、南部アフリカの他の諸国と同様に、ザンビアでも顕著である。二重構造において、後者が前者に労働力を供給することにより二つの部門が結びつくという特徴は、植民地経済の形成以来一貫している。しかし現実にはこの二部門に属さぬものもあり、地方都市における小規模商工業はその例である。本節では二〇〇四年八月及び二〇〇五年一二月から〇六年一月にペタウケ・ボマで行った調査結果に基づいて、商工業従事者と農村社会との関係について検討したい。なおボマの市場に店舗をかまえる商工業従事者の他に、インフォーマル・セクターには主に女性による野菜売り、酒造り、男性による炭焼き、籠作り、マット作り、大工などがある。後に述べるようにこれらの仕事は農業との兼業がほとんどである。ペタウケ県のフォーマル・セクター雇用者数は二〇九〇人に過ぎない（District Strategic Development Plan 2001–2003 : 24）。

対象者抽出を行うのに必要な資料がないため、調査は次の手続きで実施した。店舗が並ぶ商業地として指定された場所は二カ所あり、一つはカウンダ政権時代に設けられた旧市場、もう一つは新たに開発された市場である。筆者による観察では前者には九九店舗、後者には三一四店舗（野菜や干し魚を農村女性がカウンターで売る集合市場の店を除く独立した店舗）が存在する。調査は主に前者でザンビア大学社会経済研究所の調査官とともに一店舗おきに面接して情報を収集した。二〇〇四年には四〇名、二〇〇五年・二〇〇六年には一一名に面接した。特に必要のある場合を除き、調査年ごとではなく両者を同時に検討する。

旧市場における営業の種類は以下の通りであった（括弧内は五一名中の数）。雑貨店（九）、仕立屋（五）、居酒屋、自動車部品販売店（以上各四）、電気屋、料理屋、金物屋、美容室、家具・大工店（以上各三）、理髪店、種苗・農薬販売店、洋品店（以上各二）、薬屋、肉屋、ブリキ屋、鍛冶屋、搾油店、板金店、複写・貸電話店、酒屋（以上各一）。なお被面接者中、店主ではなく従業員である家族・親族に面接した例は一〇名である。男性三〇名、女性二一名、年齢は二〇歳代二〇名、三〇歳代一四名、四〇歳代一二名、五〇歳代二名、七〇歳代二名、不明一名。出身地について回答を得た三九名のうち地元ペタウケ県出身者は二一名、ペタウケ県以外の東部州諸県は一四名、他県は四名であった。農村生まれが二二名、都市生まれは二八名、不明一名。営業に必要な技能の習得方法については、回答を得た三七名のうち、正規の教育による者七名、見習経験による者二八名、軍ならびに醸造会社勤務経験による者各一名である。

新市場の調査は標本抽出によっていない。わずか二二名からの聴き取りである。そのため新市場については論じることができないが、旧市場と特に異なる性格は見出されなかった。参考までに以下に結果を示しておく。業種は雑貨店（九）、仕立屋、ラジオ修理（各二）、薬屋兼ビデオショップ、美容室兼洋品店、金物溶接、洋品店、居酒屋、料理屋、農薬店、絵画・看板店（以上各一）と多様であるが、雑貨店の割合が多い。被面接者二二名中、店主ではなく店員をしている家族、親族に面接したのは四名である。男性一七名、女性五名、年齢は二〇歳代一〇名、三〇歳代八名、四〇歳代三名、六〇歳代一名。出身地については、地元ペタウケ県が九名、ペタウケ以外の東部州六名、その他六名、不明一名。農村生まれが一二名、都市生まれは九名、不明一名。営業に必要な技能の習得方法については正規の教育による者二名、見習経験による者六名、不明四名である。

以下は旧市場での調査結果である。サーヴィス業が相対的に多いが、仕立屋、電気屋、家具・大工店、自動車部品販売店、ブリキ屋、鍛冶屋、搾油店、板金店はいずれも作業場があり、販売するものを自ら製作・製造、あるいは修理をしている。人口数万程度の小都市が農村地帯に取り囲まれ、その中に島のように存在することを考えると、ペタウケにおける商工業には農村社会との緊密な関係が存在すると考えられる。それは具体的にはどのような関係だろうか。

農村工業とは何か。その役割とは何か。農村工業は農村に立地する伝統的な在来加工産業であるとされ（山田三郎 1986 : ii）、農産物加工業に農村の発展と過剰労働力問題の解決を期待するという考えがある。畜産業や園芸業とともに農村に「近代的精神、知性を尊ぶ頭脳労働への接近、合理的な労働過程の尊重を伝えたもの」として農村工業を重視する考えもあり、農村工業は生産にかかわる主体のあり方と関連づけられている。これは敗戦直後の日本の状況、すなわち「急激な日本の経済発展は明治以来八〇年間に農業と工業、農村と都市との乖離を一層強め、農村の近代化の萌芽は甚だか弱いものであった。殆ど進歩に取り残されていたのが農村であった」（東畑 1947 : 24-25）という状況への反省に立つ考えであったといえる。

現在のザンビア農村にとっても、就業機会や所得拡大のために農村工業は意義があるばかりでなく、より広い影響を与えるものとして注目する必要があろう。農村工業形成には二つの原因があるという（柳澤 1998 : 194-195）。一つは農民層の工業的経営者への転化であり、一つは都市の小親方層の農村への移動である。大正末期から昭和初期の日本でいえば、前者は農民による副業や農産物加工の発展により、後者は都市工業の地方分散による。時代も場所も異なるが、調査地においても多かれ少なかれ妥当する。

　前者の例はＬ・Ｔ（以下被面接者名を頭文字で表示）である。彼はシャンバンテ首長区の村で一九五八年に生まれた。鍛冶屋の仕事をするまでは農業に従事していた。空軍の軍曹として事務機器の修理をしていたこともある。チパタで国連の食糧農業機構（ＦＡＯ）による訓練を一九八七年から翌年まで受けて技術を学んだ。当初は村で鍛冶屋をしていたが、ボマに移った。「鉄格子、窓枠、鋤その他客の注文に応じて様々なものを作っている。材料をルサカやチンゴラから取り寄せなければならず高くつくのが問題である。しかし客（農民がほとんど）にとって、自分から買う方が『インド人』商店から買うより安いという利点がある」。後者の例はＥ・Ｍである。彼はニャンパンデ首長区で一九六〇年に生まれた。焜炉、鍋、盥《たらい》、料理用匙などを造るブリキ屋をやっている。もともとルサカに住んでいたが、このボマでも店舗を借り、収穫期が終る頃までおり、ルサカとペタウケの間を行き来している。この仕事に必要な技術は従兄から修得した。「材料の鉄板が安い時はよいが、近頃値上がりしている。作ったものを農民のトウモロコシと交換するが、それによって利益がでる。ルサカと異なり運送代により材料費がかさむが、ボマでは競争は厳しくない。材料は金物屋から仕入れるが、廃車を持っている人から手に入れることもある」。ほかの例として、Ｆ・Ｍはチパタで一九七四年に生まれた。チパタで軍に勤めていたが退役して、ルサカから来る大工がいるチパタではなく、ペタウケ・ボマで大工を始めた。

　ペタウケ・ボマの商工業は農村に囲まれた小都市に位置していること、事業主の半数近くが農村生まれであること（都市生まれであっても、親の出稼ぎ時に生まれることがほとんどであるため、事業主ほぼ全員が村との密接な関係をもつ。それゆえ、農村との関係は単に出生地によって示される以上のものがある）、顧客の大半が近隣農村の農民であること、これらのことから農村工業として従来議論されてきた対象と共通する性格を有している。こうした理由から本書においては、調査対象にも農村工業という呼称をひとまず用いたい。

現在のペタウケにおいては首都などの大都市や海外で生産された製品が市場に数多く参入している。すなわちどれほど脆弱ではあれ、国民経済という枠組がまがりなりにもすでに形成されており、さらに地方都市も国際貿易の網の目の一つを形成している。したがっていわゆる局地的市場圏論に依拠して、農村工業とその可能性を考えるのは時代錯誤の誹りを免れない。それゆえ、見かけ上は西洋経済史における局地的市場圏に類似しつつも、異なる状況の中でどのような特徴をペタウケの農村工業が有しているかを明らかにする必要がある。ペタウケ・ボマは確かに「比較的農業的色彩の濃い村々に取り巻かれた小規模な商工業の中心地」であるが、「そうした両種の諸村落の組み合わせが市場経済の上に立ちつつ多かれ少なかれ経済的自給自足への傾向を示すような社会的分業関係の独立な単位地域」（大塚 1969 : 33）とはいいきれない。

まず第一にペタウケ・ボマは農産物加工業や農民による副業が展開する場であるだけでなく、地方行政都市であることにより商工業の発展が見られる場でもあり、二つの性格を合わせ持っているといわざるをえない。第二にすでに指摘したように、工業ばかりでなく、むしろ商業・サーヴィス業の占める割合が高い。第三に、共同体内分業による自給自足的構造ではなく、統一的国内市場、対外貿易の重要性、綿糸工場という大規模工業などが存在している。しかし注目したい特徴は次の二点である。一つは農村工業による社会的分業の発展という面があるかたわら、半農半工的要素が根強く存在しているのではないかということである。もう一つは農村内での社会的分業の進展を阻む社会規範が、これまた根強く存在していることである。商工業の発展とそれによる階層分化と社会規範が鋭く鬩《せめ》ぎあっていると思われる。

農産物加工業などの農村工業は農業と工業両部門の発展を促し、非農業雇用を生み、農村社会における社会的分業を進展させる。しかしペタウケ農村での生産物が原材料として用いられている例は意外に少ない。調査対象の中での例は搾油業である。農村における酒造りはトウモロコシなど現地の農産物を原料とするが、その酒造りは農家の主婦による家計補助的なものである。調査対象となった居酒屋の場合は、当然許可制の下での営業であるから、大都市で生産されたチブクを販売している。ブリキ屋、鍛冶屋など自ら製作しそれを販売する人々もいるが、原材料をルサカなど大都市で購入し、ペタウケの農産物の需要と供給に影響を与えない。

ペタウケ・ボマの小規模商工業と農村との関係は、原材料としての農産物を通じてではなく、商工業者の顧客が主に農民であるという関係による。自動車部品販売などは明らかにボマの住民が顧客であるが、種苗・農薬はもちろん、農機具を作る鍛冶屋、鍋や盥《たらい》を作るブリキ屋などの他、仕立屋、美容院、洋服屋などは数の上では農民が主な顧客である。料理屋や居酒屋でさえ、農民が農産物を売りに、あるいは日用品を町に買いに来たついでに楽しみとして立ち寄ることによって成り立っている。

このことは農民の懐具合や季節が商売を左右してしまうことを意味する。農繁期には客が減り、収穫後すなわち農民に購買力と時間の余裕のある乾期に顧客が増える。I・Tは一九六〇年に産銅州の鉱山都市ムフリラで生まれ、そこにずっと住んでいた。しかし銀行勤めの夫の転勤により一九八七年にペタウケ・ボマに来た。夫が早期退職で得た金を資金に昨年料理店を開いた。まだうまくいっていないという。「農民は棉花、トウモロコシ、落花生などをボマに売りに来る。そのついでに昼食を摂っていく。だから七月から九月の間は客で繁盛するが、農民が農作業で忙しくなる一〇月からは客は大変少なくなる」。

M・Mはミショロ首長区カチェベレ村で一九八二年に生まれた。ボマには二年前から住んでおり、それ以前はチパタ（東部州の首都）にいた。一緒にいた兄がペタウケへ転勤になったのでここに来ることになった。「チパタにいる時にカソリック教会のチパタ手工業センターの洋裁のコースで学び、ここで仕立屋をしている。注文客は大概生地を持ち込んでくる。学校が始まる頃になると制服を作るためにも生地をもってくる。商売上の問題は雨期には客が大変少なくなることである。農民は農作業で忙しくなる」。A・Bは一九六八年にルサカのマテロ（ルサカの西部にある代表的な勤労者階級居住区）で生まれた。六年前に夫が死に、四年前にボマに来た。夫の保険給付金で家を買った。美容室を経営している。「技術はルサカで店を開いていた友達から学んだ。農民が現金を持っているとき繁盛し、雨期になると利益は減少する」。D・Tは一九七一年にキトウェ（北部の産銅州にある鉱山都市）で生まれた。鉱夫であった父親が一九九五年退職したので両親とともに移ってきた。キトウェではザンビア合同銅鉱会社（ZCCM）青年開発計画のラジオ・テレビ修理コースで学んでおり、現在ボマで電機修理店を経営している。ボマに住んで九年目になる。「商いは季節性がある。耕作の時期になると農民は金がなくラジオを持ち込まなくなる。私は雨期には不足部品を仕入れにルサカに行くから費用がかかる」。

商工業が農業や農村社会に変化を促すというよりは、農業と農民の生活によってペタウケの商工業が影響を大きく受けていることがうかがえる。農民が原材料の生産者としてではなく、顧客すなわち専ら消費者として存在しているということばかりでなく、さらに注目されるのは、商工業従事者の多くが農業にも従事しているという事実である。調査開始前にはこのことに思い及ばなかったため、二〇〇四年度の調査においては調査の途中まで農業従事について聞くことがなかった。農業に従事しているか否かをたずねた二八名のうち、二一名が農業をしている。二〇〇五・〇六年の調査では新たに面接した一一名全員に聞くとともに、二〇〇四年度の被面接者にも聞いたところ、二〇〇五・〇六年の一一名については七名が農業に従事しており、二〇〇四年度被面接者では農業従事者一三名、従事していないもの九名、不在八名となった。後者では従事者の割合が少ないが、その理由として以下のことが考えられる。二回目の調査は第一回目と異なり雨期に行われたため、不在者の中に農業従事者が多くいたからだと考えられる。すなわち調査時期の違いが結果に影響していると推測される。

L・Tは農地をもっており、落花生、豆、トウモロコシなどを栽培し、タバコも始める予定でいる。E・Mは現在は農業をしていないが、父親の土地があるのでいずれやるつもりでいる。P・Z（テレペ村村長の息子）は父が鉱夫として働いていたンドラで一九五八年に生まれた。ムワンジャバントゥの祖母の村で育ったが、祖母が死んだので学校はグレード4までしか行っていない。自動車などの部品を扱っているルサカのインド人商店で働き、そこで現在の部品の扱いを学んだ。「ルサカで商品を注文するが、値段が定まらず値上がりするのがこまる。泥棒に一度店を荒らされたことがある。主な客はボマの住人だが、自分は雨期に母の出身村（カリンダワロ首長区にある）で農業をやる」。

ペタウケ・ボマでの商売は不安定で、それだけで生計を維持するのは容易ではない。したがって出身村などに農地を保持し、自家消費用生産を行う人は多い。様々な本業・副業に従事することにより何とか生計を維持していること、そのための一つの活動領域がボマでの商売であるともいえる。B・Pは一九六六年にカブエで生まれた。ボマに一〇年間住んでおり本来の職業は教師である。かたわら雑貨店を営んでいる。「本職で忙しいときは娘が店番をする。例えば自分が午前に授業があり、学校に行っている娘が午後に授業を受けるときは、娘が午前中店番をする。インド人商店から仕入れるが値が高く、その上彼らは卸売業と称しながらばら売りもしていてこまる（事実、この店でもそうだが広く出回っている石鹸ゲイシャ（二五〇グラム）はどこの店でも二五〇〇クワッチャであるが、インド人卸売店でも一個二五〇〇クワッチャ（〇・五米ドル）で売っている。なおインド人商店での卸値は、ゲイシャニダース（一二四個）のまとめ買いだと四万七八〇〇クワッチャであった。したがって2,500クワッチャ×24－47,800クワッチャ＝12,200クワッチャの差額、すなわち一個でおよそ五〇〇クワッチャ（〇・一米ドル）がザンビア人小売商の利益となる」。他人より上手くやると妬まれる。特に自分のように女性の場合は妬まれる。祖母の土地を耕作している」。

いずれの職業においても、専業化することによって生計を十分維持することは困難な状況にある。上の事例は、一人の人物が教師という給与生活者、雑貨店を営む商人、そして農民という三分野にわたっている。かつては鉱山、プランテーション、都市への出稼ぎ者を家族の中に持つことによって、農村世帯は生計を維持してきた。しかし出稼ぎ送金に依存できない状況が一九七〇年代後半以降顕著となる。とりわけ構造調整政策の実施が本格化する九〇年代以降、生計維持のためにできる限りの可能性を試みなければならなくなる。農村社会における社会的分業と市場経済化はこのような兼業化、副業の展開という形で進展しており、分業の進展は農業生産の拡大の結果ではない。またその分業は農業生産の拡大をもたらすものでもなく、生計維持のためのやむを得ない選択の結果として進展している。とはいえかつて出稼ぎ収入・送金が農村内での格差を生んだように、このような農業以外の活動の成否によって格差がもたらされ、それが資本をまがりなりにも蓄積させていく可能性はあるのだろうか。かつての出稼ぎ収入が農業発展に貢献しなかったことを思い起こすと、この可能性を今日の農村内部に見出すことは容易ではない。

一九八九年から調査対象としてきたボマ近郊農村（ヤパカ・テレペ）、二〇〇一年から調査対象に加えたモザンビークとの国境近くにある農村（ウサラカ・ワクロチャ）において、二〇〇四年にボマとの関係について農民に聴き取りをした。その結果は以下の通りである。ボマに行く目的は、ヤパカ・テレペでは農産物販売（棉花、鶏、トマト）、買物（石鹸、洗剤、小麦粉、学用品、薬）、家族訪問、病院（本人の病気、家族のお産）、会議出席、電話、ウサラカ・ワクロチャでは農産物販売（モザンビークで購入した鶏、トウモロコシ）、買物（鶏と交換するための布地、村で売るためのチブク、自転車部品、子供の制服、洗剤、砂糖、塩、衣類、パラフィン、毛布）、家族・親類訪問、資金調達（棉花の種を購入するため）、トウモロコシ製粉、死亡広告、以上である。村に住むことの利点としてあげられたのは、ヤパカ・テレペでは、食料を自分で作り、水も無料である。ボマでは全てを買う必要がある。酒飲みや怠惰でない限り生活できる。ウサラカ・ワクロチャでは村には食料がある、HIVが少ない、家畜を飼えることである。逆にボマに住むことの利点はヤパカ・テレペでは、診療所がある（しかし金がいる）。事業の機会があり、自由で嫉妬がない。上水道や交通の便がある。ボマでの仕事は農業に比べ楽である（しかし仕事は少なく酒と喧嘩、路上生活をする子供たちもいる）。ウサラカ・ワクロチャではボマには大抵のものがある、村では運送費のゆえに物価が高い。事業の機会があり労働はきつくない。嫉妬がない（しかし仕事がないと人は泥棒になる。酒や喧嘩があり、助け合いがない）などである。

ボマ居住者にとってもボマに住むことの利点と問題は、農村住民と同じである。利点としては、出来高払いの仕事がある。上水道・病院・診療所・学校がある。交通に便利、嫉妬に悩まなくてよい生活ができ、家族はそれぞれ自立している。女性はお喋りと噂をして過ごせ、厳しい労働をしなくてよい。金さえあれば物を入手できる。電話やテレビがある。事業や人に会う機会が多い。問題点として指摘されたのは仕事がないと食べていけず、酒を飲み、そのあげく喧嘩となる。何でも（水でさえも）手に入れるのに金が必要である。食費がかかり、生計費が高い。泥棒が多い。助け合いがなく、農業する土地もない。

農村では労働や生活は厳しいが、真面目に働けば自分と家族の食料を手に入れることができ、現金をあまり必要としない。仕事と現金がなければ生活不可能なボマとの違いは著しい。しかしボマでは事業の機会があり、嫉妬など「伝統的」な社会関係、社会規範から相対的に自由であるという認識がうかがわれる。都市の諸設備の魅力のみならず、農村とは異なる都市における社会関係についての評価は、上述したように退職者が帰村せずに、ボマとその近郊に居住する理由でもあった。

Ｅ・Ｍはムンビ首長区で一九七〇年に生まれた。村を出てボマに住むようになったのは二カ月前で、農薬販売店の店員をしている。「村を出たきっかけは妻が死んだことによる。村は嫉妬でみちていて、誰かがうまくいくとそれをよく思わない。それに自分のことをいろいろいわれ、そうした人々が自分の妻を呪い殺したのではないかと考え村を去った。町ではこうしたことはないし、農業に比べると仕事は楽である」。Ｊ・Ｐはンダケ首長区で一九七〇年に生まれた。農業だけでは生活が苦しいので、ボマで居酒屋をはじめた。ボマに家はなく店で寝泊りしている。「農業は年に一度しか現金を得られず、村で商売すると親族は無料で欲しい物を手に入れようとする。それに応じないと呪術をかけられ、子供が被害にあってしまう」。

Ｊ・Ｄは一九四六年にムンビ首長区の村で生まれた。ンドラの醸造会社で働いたが退職後ボマに住むようになり、七年経った。妻はンドラでまだ看護師をしているが、彼は農業に携わりたくて、ここに来た。かたわら居酒屋を経営している。「ボマでは様々な利点がある。人口が多く事業の機会があること、水道、電気、医療施設があり、学校が近いことなど、生活水準が農村と比べよい。農業をするために出身地に戻ったのだが、ンドラのような都会から農村へ移って、突然の変化に子供たちを曝すのではなく、徐々に馴れさせるためにまずボマに住むことにした」。

このように農村と比べるとボマは「伝統的」社会規範から自由であると受けとめられている。しかしそれは程度の問題であり、自由度が非常に高いとはいえない。それは次の例にうかがえる。

Ｓ・Ｓは一九六八年にムワンジャバントゥ首長区の村で生まれた。学校に通ったことはなく、生まれた月日も知らない。揉め事があり村を去り、ルサカにいたこともあるが、一九九七年からボマに住んでいる。「村には何の進歩もなく、ボマだと家族が食べるだけの食料を作る土地も借りられ、しかもいろいろな物も手に入るからよい。部品を扱う店で働いた時に親方のやり方をまねて学んできた。しかし学校に行ってもいないのに自動車部品販売の仕事が出来るのは呪術を使っているからだといわれている。隣り近所や血縁の間では陰口が絶えず、嫉妬や呪術などの話が多い」。L・Tはンダケ首長区で一九八一年に生まれた。父はすでに死に母が村にいる。塗装、板金、溶接などの手伝いをしている。まだボマでこの仕事を始めてから一カ月しか経たず、それまでは農業をしていた。「助手をしながらこの仕事に必要な技術を修得しようと考えている。農民が金を持っているのは収穫後だけで、客足は季節に左右される。村には土地があり、雨期には農業をする。農民は嫉妬深く他人の仕事がうまくいくと呪いをかけ、それで人はおかしくなる」。P・Pはルサカで一九七七年に生まれ、ボマには一八年住んでいる。彼はいま散髪屋をしている。家族・親族の関係について次のように語った。「もし欲しがるものをやらないとうまくいかなくなり、最後には欲張りだということにされる。要求に応じないと嫉妬され、誰かが抜きんでると結局毒を盛られ殺されてしまう」。既述のF・Mによると、「親族が近くにいるといろいろ悪感情をもたれやすい。例えば自分の客が金の支払いに来たところを見られたとする。その場合、その金の一部をやらないといけなくなったりする」。

主な顧客が農民であること、事業主自身が村で農業を営む存在であることを考えると、農村と都市とは緊密な関係にあり、それゆえに農村における「伝統的」規範から必ずしも自由でないことは十分に理解可能である。構造調整政策の実施による急激な市場経済化とそれによる格差の発生という状況に直面して、人々は貧富の差を正当な行為の結果として受け止めるのではなく、むしろ不公正感を強めてきた。一部の成功者とおぼしき人（この場合も浮き沈みが激しく恒常的ではないが）に比べ、自らの相対的貧困の原因を努力や技術の違いゆえにではなく、呪術に求めるのである。そして格差の承認ではなく、格差を是正する方向、すなわち平等原理や相互扶助という「伝統的」社会規範に基づく行動がボマにおいても求められ、それに反した行動には制裁が加えられる、いやむしろ加えられるという恐怖が維持されることになる。

5　格差と公正および社会規範

「伝統的」共同体における貧困の共有や平等化志向については、アフリカについてのみならず、他の地域でも論じられてきた。しかしこうした「伝統的」社会規範とその影響について論じる際、留意しなければならないことがある。上述の社会規範は生産力の低い自給的な小農の地縁・血縁関係に基づく共同体的原理として考えられがちである。しかしこれを資本主義原理や「近代化」に対比して、二項対立的にとらえるのは正しい理解とはいえない。筆者は以前、次のように述べた。「自給的といわれる小農も市場経済に深く組み込まれている。そもそも出稼ぎ労働の存在はその証左である。したがって『情の経済』（貧困の共有やモラル・エコノミーに相当するものの存在をG・ヒーデンはタンザニアの農村社会に指摘し、この言葉を用いた）も呪術への恐れも、アフリカにおける資本主義的生産が農村社会を巻き込んでいく際の、農民による対応と関連させて考えるべきではないか。『伝統的』な規範や行動様式といわれるものの今日的形態とその役割を資本主義的生産の展開の中に位置づけることが必要であろう」（小倉 2005 : 69 : Hyden 1980）。

貧困の共有と平等化の志向、そしてそれに反する者への社会的制裁の存在は、単にその社会が貧しく停滞しているることを示しているのではない。平等化の規範は不平等や格差が生じていること、拡大の可能性があることを示唆している。「伝統的」社会規範は社会的変化に対応して生じたり、強化されたりするものとしてとらえるべきであろう。植民地支配と商品経済の浸透に伴い生じる様々な分化と格差は既存の社会秩序を変容させる。しかし既存の秩序はそれを維持するよう対応する。すなわち平等原理と相互扶助に反する行動に制裁を加えることにより「伝統的」秩序を守ろうとするのである。植民地時代以来繰り返されてきたことが今日においても見られるといえよう。

ペタウケの調査地で呪術が「流行」しているといえるかどうかはわからない。一九八〇年代末に調査地を初めて訪れた時以来、呪術についてはしばしば耳にしてきたが、その頻度について判断する材料がないからである。少なくとも次のように言うことができる。農村においては呪術に代表される制裁、すなわち平等原理と相互扶助に基づく社会規範に反する行為に対する制裁とその制裁への恐れが顕著にみられる。このような社会規範に批判的な者からすると、農民は嫉妬深いということになる。村人は嫉妬深く、村での生活には自由がないという。多くの人が親族間の嫉妬や揉め事を嫌ってボマに居住するということは、農村と都市との違いを示している。しかし前節で指摘したようにその違いは相対的であり、都市においても「伝統的」社会規範は持ち込まれている。構造調整は、調査地における農業生産をむしろ低下させ、農民の生活を一層困窮化させ、反対にボマでの商業を活発化させ、急激な格差の拡大とそれによる不公平感を強めた。格差拡大の説明として、また、格差拡大への反応として、呪術が機能している。

この現象は普遍的問題の現われであるといえる。二〇世紀後半、近代化論、開発論は有力な考え方であった。旧弊を打破し努力すれば豊かになるという信仰を個人も国家も抱いていた。南北問題に関する従属論の議論は広く受け入れられていたが、それは主に格差の起源について人々を納得させるにとどまった。貧しい社会にとって世界の構造は厳しいものではあったが、将来は改革と勤勉によってより豊かになれると南の人々は期待していたのである。

その期待は一部では実現したが、実現できなかった人々や地域も多い。二〇世紀末になると豊かさは改革や努力の成果というより、単なる幸運や、無慈悲なまでの計算高さ、いかがわしい行為の結果として感じる人が多くなってきた（Ferguson, 2006 : 187）。

マックス・ヴェーバーがかつて予想したように、今日の資本主義は倫理的基礎を必要とせず、一部ではマネー・ゲームと化している。先進資本主義社会の状況とは異なるが、ザンビアで、そしてペタウケで、人々は直面する貧富の格差をどのように受けとめているであろうか。格差が努力の有無などの結果として、すなわち公正なものとして受けとめられていなければいないほど、社会関係は緊張したものになるだろう。

ヴェーバーは資本主義の確立に関連して、プロテスタンティズムにおける「呪術の園」からの解放ということを指摘した。この観点からすれば、農業と商工業の社会的分業、農村内部での社会的分業が不十分なペタウケでは、「伝統的」社会規範、「共同体的原理」はかなり根強く、「呪術の園」にあるということになる。しかし、冷戦終焉に伴う政治・経済の激動、すなわち民主化と経済自由化によって、人々は一面で解放されながら、他面でほとんどの人が依然貧しい中で格差が広がり不安定な状況に置かれているというのが「呪術の園」の現実であり、その現実への異議申し立てが「呪術の園」に示されていると考えることができよう。

（1）一九八〇年代のトウモロコシ粉消費者価格の推移は（小倉 1995a : 第39表）による。
（2）一九八〇年代の消費者物価指数の推移については（小倉 1995a : 第40表）を参照。
（3）詳しくは拙著（小倉 1995a）八四ページ、および一七八ページ（第29表）を参照。
（4）構造調整の実施による流通や価格の自由化が及ぼす地域間の相違には注意すべきであろう。「トウモロコシのように価格の割にかさばって重い作物は輸送費が高くつくので、全国均一価格政策は、域外へ移出できる余剰を生産でき、市場から遠い生産地に有利に作用した。具体的には、東部州がこのような産地であり、東部州がこの政策から最も利益を得たとされる」（児玉谷 1993 : 97）。「メイズの全国均一の生産者価格政策や、流通・輸送コストの補助政策で最も恩恵を被ったのは、市場から遠隔の生産地である東部州と北部州であった」（児玉谷 1995 : 88）。東部州農民はカウンダ政権時代の政策による利益を多く受けていたがゆえに、改革によって失ったものが他地域に比べて多かったということである。経済改革の影響については次のものを参照。ザンビア北部・中部ごとにそれぞれ（杉山 2001; 島田 2007a; 島田 2007b）がある。

（5）長らく東部州農村での調査に集中してきたが、ルサカでの調査を二〇〇六年に再開し、二〇〇八年夏にかつての調査地（カウンダ・スクウェアとチャワマ）でンセンガ人からの聴き取りをした。その結果、ペタウケへいずれ帰村する予定の者が少数にとどまることがうかがい知れた。二〇年近くの間に永住化傾向が進んだと考えられる。しかし公式部門に就業している者や所得の多い階層には帰村志向がみられる。二〇年間の変化については今後の調査を踏まえいずれ考察したい。

（6）越境農業（東部州ルンダジ地区とチャディザ地区そしてペタウケ地区の事例）について、調査助手からの聴き取りは以下の通り。

ルンダジは東と南でマラウイと、チャディザとペタウケはモザンビークとそれぞれ国境を共有している。越境農業は二つの主要な要因によってもたらされている。一つが国境の両側に住んでいる民族間の親密な関係、そしてもう一つはマラウイおよびモザンビークの側がザンビアより土壌が肥沃であることによる。

ルンダジの場合は、越境農業は境界をまたがる肥沃な土壌のせいではなく、ザンビア側のトゥンブカ人とマラウイ側のトゥンブカ人の親密な関係が要因になっている。またマラウイ側の土地が不足していることにもよる。二つの隣接した地域は砂の多い土壌で、収穫はよくない。

チャディザの場合は異なる。国境の両側に住んでいる民族同士には類似性はない。チェワ語を話すザンビア人は家族と雨期にモザンビークに移動して、収穫後ザンビアに戻る。彼らは農作物をモザンビークの新しい家に残してくる。残してきたものが盗まれるということはない。

ペタウケの場合はモザンビーク側の人々がザンビア側の人々と同じ言語を用いるという点で、ルンダジの事例に似ている。良い土壌を求めて国境を越え、そこで農業をするのはザンビア人である。商売のためと、トウモロコシや落花生をもって国境を越えるのはモザンビーク人だ。ザンビア人もまた同じように商売のため、また宝石を求めて国境を越える。

またチパタでも国境を越える農業が行われている。同じチェワ人であるという関係とザンビア側の良い土壌のせいである。彼らは肥料などを交換する。二つの地域の人々は自由に行き来し、互いに対する嫌がらせはない。

（7）テレペ村に唯一の商店にある商品とその生産地を示すと、次の通り（二〇〇〇年八月調査）。商品は洗剤二種（以下数値は種類の数を示す）、石鹸九、紅茶二、ボディー・ローション五、ワセリン三、スキンクリーム二、靴二、タバコ二、マッチ二、塩、電池、歯磨き粉、歯ブラシ、剃刀、鋏、ミルク、料理油、咳止め、コカコーラ、メンソレータム、生産地はザンビア製二〇、イギリス製四、ジンバブウェ製三、中国製三、南アフリカ製二、ケニア、タンザニア、マラウイ製各一、不明五。

（8）調査方法については第2章第3節で述べた通り。

4章 民主化と民族間関係

ザンビア・モザンビーク国境

1　南部アフリカ民主化の背景

一九五七年のガーナの独立を嚆矢とし、その後サハラ以南のほとんどの植民地が六〇年代前半に独立を達成した。独立直後の各国の政治体制は一応議会制民主主義として出発した。しかし長年にわたる人種・民族的差別に基づく植民地統治の下で、被支配者の地位に固定化された人々が、自らを民主的に統治していくことは極めて困難な課題であった。そもそも議会制民主主義の確立に必要だと考えられる諸条件、すなわち市民社会としての諸属性を欠いていた。植民地支配はそのような社会的諸属性を発展させるどころかしばしばその発展を阻害したというべきだろう。

しかも植民地からそのまま受け継がれた枠組としての国家は、いまさら指摘するまでもなく、アフリカ分割による不合理極まりない政治的容器であった。独立は民族の独立というより、まさに植民地の独立であり、新たな国家における人々の間の連帯、共属感情を創り出す必要があると考えられた。確かに反植民地運動の中で、差異を越えた連帯感は形成された。しかしそれは敵対する、打ち倒されるべき対象が存在する限りにおいてであり、独立を勝ち取った後では、運動の中で形成された連帯は次第に風化し、多様性と差異は権力闘争の中で対立の契機となっていった。ヴェトナムやアルジェリアが独立以前に統一と集権化を達成していたことと比較するならば、サハラ以南アフリカにおいて順序は逆であった。統一を民主的に、複数政党制の下で追求することの困難は明らかである(1)。そのような試みは分権化による国家の解体という危機をもたらすものであった。

一九六〇年代の中頃以降、アフリカ各地でクーデタによる政権の崩壊と軍政の成立がみられ、あるいは複数政党制から与党のみを合法政党とする一党制への移行が相次ぐ結果となる。こうして独立後のアフリカ政治は第二期目に入り、ボツワナなどごく少数の例外を除いて独裁ないし権威主義政治の時代となる。一党制といっても、マルクス・レーニン主義を掲げる前衛党による支配（例えばエチオピア、アンゴラ）、経済体制と対外関係においてはそれらと対極的でありながら、政治的には同じく一党制による独裁（例えばケニア、マラウイ）など様々であった。さらに注目されるのはアフリカ的社会主義を掲げたタンザニアなどの一党制であった。この第二期に続くのが、一九八〇年代後半から顕著になってくる民主化であり、複数政党制の復活である。しかし南部アフリカは、以上の概観とは異なることを指摘しておかなければならない。

南部アフリカにおいて、一九六〇年代に独立した国はザンビア、マラウイ、ボツワナ、レソト、スワジランドである。前二者は他のアフリカ諸国と類似した軌跡をたどったともいえるが、ボツワナは独立以来複数政党制を維持し続けた例外的存在であり、あとの二つはこれまたサハラ以南アフリカで例外的に存続した王国である。このことからだけでも南部アフリカの特異性と多様性がうかがわれる。またさらに他の国々は独立そのものが遅れたというところに特徴がある。アンゴラ、モザンビークがポルトガルから独立したのは一九七五年、ジンバブウェの独立は一九八〇年のことである。特異性は単に独立が遅れたという時期の問題のみならず、上記の三カ国の場合、植民地主義勢力と激しい武力闘争を展開し、解放を勝ち取ったということにもある。多くのアフリカの植民地が、相対的には比較的平和裏に独立を達成したことからすると、際立った特徴である。そしていうまでもなく、一九九一年までアパルトヘイト体制をとっていた南アフリカが存在する。

こうしてみると、サハラ以南アフリカの独立後の政治とその変動の枠組は、南部アフリカにそのまま当てはめるわけにいかないことがわかる。その特異性と多様性は一九八〇年代後半からの民主化の時期においてもあらわれる。

南部アフリカにおける民主化とその展開自体も他地域にくらべ明らかに多様であった。そもそも南アフリカによる不法統治下にあったナミビアの独立は一九九〇年であり、これは世界的な民主化の潮流や冷戦の終焉と無関係ではない。南アフリカの場合は一九一〇年に自治領となるが、非白人に対する差別と隔離が強化されていく。そのことにより、例外的に多数の白人人口を有する南アフリカでは、白人社会における西欧的な市民社会と、植民地的体制の併存という、特異な二重構造をもつ社会が発展していった。通常は民主的な本国と抑圧的植民地とにおける二重基準として存在するものが、一つの社会に共存してきた。南アフリカの資本主義はアパルトヘイト体制に支えられて発展した。しかしアパルトヘイト体制は一九九一年に崩壊し、九四年にマンデラ政権が成立する。南アフリカにおいては植民地支配からの解放と民主化がいわば同時進行したともいえる。

モザンビークとアンゴラでは独立後内戦に突入する。マルクス・レーニン主義を掲げていた両国は、一九九〇年に一党制を放棄し、複数政党制へ移行、モザンビークでは停戦が成立し、九四年の選挙によって与党が信任された。したがって両国における民主化は、その前提として国際環境の変化がある。ジンバブウェの場合はそもそも独立が一九八〇年のことであるから、他のアフリカ諸国と様相がことなるのは当然であろう。独立後、与党はいずれ一党制に移行することを宣言していたが、アフリカ大陸全域に及ぶ民主化の潮流もあり、九一年に一党制移行を正式に断念した。以上の如く、南部アフリカ地域においては、民主化の経過と実態は極めて多様であった。[2] にもかかわらず、民主化の背景や要因としては、以下に述べるような共通性を指摘できる。

一九八〇年代後半から九〇年代にかけて各地で民主化が進行したということは、それぞれの国内的要因ばかりでなく、国際的要因の重要性を示唆している。[3] まずはソ連・東欧における変革と冷戦の終焉による影響である。サハラ以南アフリカの中で南部アフリカは、欧米諸国が最も重要視した地域であるばかりか、そもそも解放闘争の過程において東西陣営の利害が鋭く対立した地域である。したがって両陣営の対立という構図に変化が生じたことは、紛争を促進する外部からの介入が後退することにつながった。

それはまず軍事援助の減少・停止をもたらした。西側の諸国は反共の立場をとる政権であれば、たとえ独裁政権であろうとも支持し、内政の如何を問うことをしなかった。こうした冷戦思考に変化が生じ、ケニアやザイール（現コンゴ民主共和国）、マラウイなどが欧米から民主化を要求されるようになった。冷戦の下では、結局容認されていたアパルトヘイト体制の南アフリカに対しても、米、英、ヨーロッパ共同体などが経済制裁を実施する。それにより南アフリカ経済は打撃を受けた。しかも制裁が改革を求める政治的声明として受けとめられたことは重要であったと考えられる。他方ソ連・東欧の変革は社会主義の威信を著しく低下させるものであった。とりわけ社会主義的な政策を志向し、一党制をとっていた国にとって影響は大きいものがあった。このように国際社会における変化とそれによる影響は大であった。国内での民主化運動に好都合な環境が整ってきた。

南部アフリカにおける民主化については、さらに近隣諸国相互の関連性を無視できない。一方に民族・言語的な国境を越えた重層性があり、他方には植民地時代以来、他のアフリカではみられない緊密な人と物の交流による相互関係があるため、南部アフリカでは一国の変動が他国の変動に連鎖することを考慮に入れる必要がある。マラウイにとって、先行するザンビアの民主化は明らかに手本とされたし、逆に混乱するザイールの状況はザンビアにとって教訓となった。南部アフリカという国際的下位地域に重要な影響を及ぼしたのは、ナミビアの独立、モザンビークでの停戦、そして南アフリカの変革そのものである。これらによってもたらされた地域的な緊張緩和が民主化にとって好ましい環境を生み出したといえよう。

このように南部アフリカにおける民主化は、世界レベルで、アフリカ大陸レベルで、そして南部アフリカという下位地域レベルで進行した変化と不可分に結びついていたことがわかる。民主化の国内的条件がどうであるかにかかわらず、民主化が促進されたという面を指摘できるのである。しかしもちろん、外からの影響に注目するだけでは不充分である。

独立後の第二期に一党制や軍政による権威主義政治が続いた理由として冷戦構造の存在を指摘しうるが、第二期の期間中に続けられた権威主義政治への批判と運動こそは民主化の主体的要因として重視されるべきである。どれほど国際的条件の変化が重要であったにせよ、南アフリカにおいてアフリカ民族会議をはじめとする反アパルトヘイト運動が民主化を実現した原動力であったことは疑いようがない。しかし国内的要因とされることについても、実は国際的な関連を考慮すべきだということを強調しておきたい。

経済危機の深刻化が人々の政府批判を強め、結果的に民主化をもたらしたということが従来指摘されてきた。しかし経済危機といわれるものは一九七〇年代後半から深刻化してきたのであり、八〇年代後半からの民主化の要因としては、経済危機への対策として採用された構造調整政策と、その影響を無視できない(4)。考慮すべきは一九七〇年代後半からの一〇年と一九八〇年代後半以降とでは経済危機の中味が同じでないということである。成長率の鈍化、貿易収支の悪化と対外債務の増大などは一九七〇年代後半から進行した。ザンビア政府にとって、あるいは援助国や国際機関にとってこうした事態はまさに危機を意味した。しかしこの意味での危機は必ずしも人々の生存を脅かすという意味での民衆にとっての危機ではなかった。人々の生活が急激に悪化するのは構造調整政策が導入される一九八〇年代後半からである。だからこそこの時期になると反政府運動が各地で顕著になる。

アフリカにおける民主化は多くの場合、政府による市場介入の減少や経済自由化の推進と同時進行した。冷戦終焉後とりわけ顕著になってきたこの動きとアフリカの民主化は結びついている。なお東南アジアや東アジアにおける民主化は開発独裁の崩壊であるといわれる。経済発展を目的とする政府の統治は、集権的な政治によってある種の安定を保ち、外国資本にとって好都合な投資環境をもたらしてきた。外国資本と開発独裁による経済成長の成功、しかしそれゆえに生じる政治改革の要求という歴史過程はアフリカの場合と異なっている。アフリカでは国家による市場介入と規制を撤廃させることが、外国資本の活動にとって必要であり、民主化は外国資本の浸透の結果ではなく、浸透を促す環境づくりの一環として進行した。

このことは政治的自由化、経済的自由化が唱えられたにもかかわらず社会改革の要求があまり見られなかったことにつながる。独立の頃に比べれば、今回の民主化過程において様々な非政府組織、市民団体が運動を展開したことは特筆さるべきことである。しかし民主化が社会・経済的不平等の改革へ向かうということはほとんどみられなかった。南アフリカとジンバブウェでは植民地支配に起因する人種間の社会・経済的不平等の解消という社会改革は今後の課題として残された。

2　ザンビアの民主化と社会変動

ザンビアは一九六四年の独立後、一九七二年の憲法改正まで複数政党制であった。この期間に進行したことは、政府に対する地域主義的な挑戦と、地域を基盤とした政党の形成である。もともと独立運動の母体であったアフリカ民族会議（ＡＮＣ）から分かれて形成されたのが、独立後政権党となる統一民族独立党（ＵＮＩＰ）であった。ＡＮＣとＵＮＩＰとの対立は次第にＡＮＣの基盤である南部州と、ＵＮＩＰの基盤である東部州、北部州、産銅州という地域間の対立という様相を呈するようになった。さらに独立後は、与党内で北部州と産銅州出身者の一部に不満が表面化し、彼らと東部州出身者との対立になる。また西部州は、ロジ王国が存在していた地域であり、もともと独自色の強いところであった。それゆえ西部州や産銅州において地域性を帯びた新党が結成され、与党は全国的基盤を喪失していく危機に直面した。

アフリカにおいては、政党形成がしばしば民族や地域を基盤として行われるため、複数政党制は誕生したばかりの脆弱な国家を分裂させてしまう危険性があると指摘されてきた。単に政権維持という目的のために野党弾圧の口実としてその指摘が利用されたのみならず、分裂の危険性を回避するためということが一党制の正当化の論拠とされてきたのである。

しかしながら対立を民族集団間の（それはしばしば「部族主義」によるといわれてきたが）対立によるものと捉えることは必ずしも妥当な理解とはいえない。例えば西部州の有力者であるムンディアなどの離反と一九六六年の新党（統一党）結成の要因は、中央政府と伝統的権威との対立というだけではない。この地域が南アフリカへの出稼ぎ労働の主な送り出し社会であったため、政府がアパルトヘイトの南アフリカへ働きに行くことを禁止したことが一因であったといわれている。

政府・与党と南部州との関係についても同様のことが指摘できる。南部州は白人少数政権による支配が続くローデシアと接していた。南アフリカはさらにその南に位置する。したがって独立後のザンビアにとって最大の脅威は南から来ており、政府は南の地域への伝統的依存を軽減していこうとした。このことが北部の開発が重視されることにつながり、北部州を経由し、タンザニア領内を通りダレスサラームに至る鉄道が中国の援助により建設された。対外政策によって影響される地域的利害の対立という面を無視してはならない。

対立による国家分裂を回避する手段として一党制へ移行したことは、当時の南部アフリカの状況と無関係ではない。一九七五年まで南部アフリカには依然としてポルトガルの「白人帝国」が存在していた。それが崩壊した後も新たに独立したアンゴラ、モザンビークで内戦が続き、ザンビアはローデシア軍や南アフリカ軍の、そして両国が支援する反政府勢力による脅威にさらされていた。

ソ連・東欧の社会主義諸国における集権的体制の影響、一党制を先んじて導入した友好国タンザニアの存在、そして南部アフリカの紛争が一党制への動きを促進したといえるだろう（Tordoff and Scott, 1974 : 152）。もちろん外からの脅威は一党制支配の正当化としても利用され、権威主義政治の長期化をもたらすことにもなった。

一党制への移行後、カウンダは、常に唯一の大統領候補として再選され続けた。移行後最初の選挙（一九七三年）においては、南部州をはじめ一党制への反対によるボイコットのため投票率は三九・四％にしかならなかった。一九七八年、八三年の選挙においては六六・七％、六五・五％と上昇したが、一党制時代最後の選挙となった一九八八年の投票率は五八・八％と次第に漸減した。他方有効投票総数に占める賛成票の割合は八八・八％（一九七三年）、八〇・七％（一九七八年）、九五・四％（一九八三年）、九五・五％（一九八八年）である。(5) この変化と投票率の漸減をあわせて考えると、独裁の強化と政治参加からの人々の疎外が進んだといえる。大統領選挙における反対票の比率をみると、全国平均を上回る州は南部州（三七・八％）、西部州（二二・六％）、そして北部州、産銅州であった（一九七三年）。一九七八年の選挙でも全国平均を上回るのは南部州（四八・八％）、北部州（二五・八％）など同じくこれら四州であった。一九八三年選挙になると上述の理由により反対の比率自体が低下し、全国平均を上回る州は産銅州と南部州にすぎなくなる。

独立前後の圧倒的な支持から次第に強権的な政権維持への変化が読みとれるが、カウンダは各地域の有力者を取り込み、バランスを維持するという巧みな政治的手腕を発揮することもできた。そして七〇年代、八〇年代には一応の政治的安定が保たれたのである。一党制への批判が表面化するのは一九八九年からである。一党制の時代においても政府に対抗しうる有力な組織であった労働組合、権威主義的な政治に不満を持つ知識人・学生、教会等が政府批判を表明するようになる(6)。そしてこれらの批判は複数政党制の復活をスローガンとする運動へと収斂していった。

一九九〇年に政党結成禁止が解除され、与党ＵＮＩＰに対抗する複数政党制民主主義運動（ＭＭＤ）が結成された。ここには上記の諸グループの他にカウンダと袂を分かった政治家も多数参加した。繰り上げて実施された選挙（一九九一年）においては、ＭＭＤの大統領候補チルバが七五・八％の得票で現職大統領の二四・二％を圧倒した。同時に行われた国会議員選挙においても一五〇議席のうちＭＭＤが一二五議席を占め、ＵＮＩＰは二五議席に終わったのである。なおこの選挙はカウンダ政権の地域性をも暴露する結果となった。ＵＮＩＰの獲得した二五議席のうち一九は東部州の議席だったからである。

民主化の急速な進展、まして政権の交代という事態は、反政府勢力が大統領候補を一本化し分裂しなかったことによる。ＭＭＤは多様な利害を持つ人々の集合体であったが、複数政党制復活、すなわち民主化という明確なスローガンによって結びついていたといえる(7)。

複数政党制への復帰の要因は何か。人々をその方向に動かしたものは何であったのか。国際的要因についてはすでに述べたことがザンビアの場合にも当てはまるから、ここではそれを繰り返さない。国内的な要因は何であったのか。独立運動の指導者としてのカウンダの信望は徐々に低下していた。一党制支配の継続に伴う政府・党有力者の腐敗・汚職、権力の乱用は民衆の支持を次第に失わせていった。しかし何といっても、独立以来降下しつづけた経済状況によるところが大きかった。独立前後からアフリカにおいては例外的に都市化率が高く、産業化の期待が最も高かった国が、一人当りの所得において年々後退し、一九九〇年代には最貧国の一つとなった。このような経済的後退と生活水準の明らかな下降が民衆の不満を強めた。これがカウンダとその政権への支持を失わせていった主な理由である。

従来、政権の基盤として重要であると考えられたのは公式部門の労働者である。独立後、彼らは「都市偏向」的といわれる政策により、小農に比べて明らかに恩恵をこうむっていた人々である。南部アフリカ諸国の政府とその財政にとっても、外国資本にとっても、鉱山労働者を主とする輸出経済の中核を担う労働者が重要であった。しかしザンビア政府と労働組合の関係は不安定なものであった。政府は当初、労働組合への統制を強め、他の多くの国々と同様、これを御用組合化しようとしたがそうはいかなかった。鉱山労働者を中心とする公式部門の労働者は一党制支配の下では、むしろ唯一有力な批判勢力であり、経済危機の深刻化とともに政府批判を強めていったのであった。しかし今回の民主化運動において政府を追い込んでいったのは、さらに広汎な都市住民であった。(8) それは都市化の進展のかたわら経済的な停滞と雇用機会の縮小により増大した非公式部門の労働者など、都市の低所得者層の動向である。事実一九八六年と九〇年の暴動の主役は彼らであった。独立後の都市化は主に農村から都市への人口移動によるものである。移動する人々によって、居住環境の劣悪な「非合法」居住区の人口が激増し、経済危機は彼らの明日への希望を絶望へと転化させた。都市での生活が困難になったことにより、都市人口増加率そのものが低下するほどになった。

経済危機は都市住民を直撃しただけではない。鉱山諸都市や首都ルサカへの出稼ぎ労働は農村に残された家族にとって重要であった。経済危機は都市で働く労働者に送金の余裕を失わせた。政府の農業政策・流通政策への不満とともに、こうした事態は農民の政府に対する批判をも強める結果になったと思われる。アジア諸国においてしばしばみられた状況、すなわち一定の経済発展とともに相変わらず存続する強権的な開発政治、その下での人権抑圧、こうしたことに批判を強める都市中間層の成長、あるいは経済発展とともに拡大する格差と矛盾、これらが民主化運動を活発にさせたという事例と、ザンビア、そして多くのアフリカ諸国の事例とは異なっている。しかし、これらの要因を単に国内的なものとして捉えることができるのだろうか。

ザンビア経済は七〇年代以降危機的様相を深めていった。(9) 独立以来の国民総生産一人当りの成長率は一九六五年から八九年の間、実にマイナス二％であった。どん底に達したのは八〇年代である。一九六五年から八〇年の成長率は二・八％であったが、一九八〇年から八九年の成長率はわずか〇・八％となった。一九八九年度の国民所得は三九〇米ドルまで落ち込み、紛れもなく世界の最貧国となっていた。独立当時サウジアラビアと国民所得がほぼ同じ水準であったということからすると、大きな後退を経験してきたことが明らかである。

一九七〇年代後半にはオイルショックによる非産油途上国への影響はザンビアにおいても顕著であり、商品輸出のおよそ九割を占める銅の国際価格の低落が加わり、国家財政はすでに危機的状況を呈していた。しかし一般の人々の生活は次第に困窮化しつつも、その進行は緩慢であり、国家経済・財政の危機は必ずしも民衆の生活の危機を意味するものではなかった。なぜならば効率と競争の原理よりも平等の原理が重視され、教育や医療における無料化などの政策が実施されたため、特に都市の住民は、ある意味で国家による保護の下にあったからである。さらに具体的には統制価格の実施とそれを可能にする補助金政策によって、次第に品薄となりつつあった生活必需品の価格は低く抑えられてきた。このような状況が大きく変化し始めるのは一九八〇年代以降のことである。貿易自由化、公社・公団の整備・民営化の促進、市場への政府介入や補助金の廃止と価格自由化の推進、通貨の切り下げ、外貨規制の廃止などの政策が実施されるようになった。すなわち構造調整の開始である。この結果、人々の生活水準は急激に悪化の道をたどることになった[10]。その程度が著しかったため、貧困層を考慮した「人間の顔を持つ構造計画」の必要性が求められる典型的な事例にさえなった。

一九八八年一〇月に軍人と実業家の一部によるクーデタ未遂事件が発生した。その首謀者は一部の民衆から国民的英雄とたたえられ、カウンダ離れを暗示するものであった。一九八九年一月、ローラーミールは一四・八五クワッチャから四一クワッチャへ、ブレックファーストミールは一九・一五クワッチャから五六クワッチャへ大幅に値上がりした。六月になると、トウモロコシ粉を除き物価統制が廃止され、IMFへの歩み寄りがあった。七月に行われたクワッチャの切り下げは、価格統制の廃止と合わさって、物価の上昇をもたらすこととなった。ビールが四クワッチャから一〇ないし一二クワッチャ、石油が四・五六クワッチャから七・三八クワッチャになった。この年三度目の値上げにより、トウモロコシ粉はそれぞれ、八〇・三〇クワッチャ、一一四クワッチャとなった。この夏にはストライキが相次ぎ、生活苦にあえぐ人々の悲鳴が大きくなってきた。そして象徴的なこととしては、一二月にザンビア労働組合評議会（ZCTU）の議長チルバが複数政党制への復帰を主張したことである。経済的不満ははっきりと政治的要求へと展開し始めた。一党制の下では、政権に対する批判、とりわけ大統領批判は困難であったから、複数政党制の主張は、間接的に大統領と政権への批判の意味を持っていたといわざるを得ない。この事態に対して、翌一九九〇年三月、UNIPは複数政党制導入を否決したものの、五月になると、導入の是非についての国民投票実施を決定せざるを得なくなったのである。このような変化をさらに決定的にしたのが六月末に発生した暴動とクーデタ未遂であった[11]。

経済危機への対応として導入された構造調整が物価の高騰を招き、それが引き金となり人々をして政府から離反させる結果となった。独立後のザンビア人化と国家介入により高級官僚や公共部門の幹部など支配層が形成された。彼らは「官僚ブルジョアジー」(Shivji. 1976) といわれた。そして政権のより広い支持基盤としては公式部門の労働者、とりわけ鉱山労働者がいる。上述のように、独立闘争の時代から鉱山労働者を中心とする労働組合は政治的影響力を持ち、独立後の政府も組合を御用組合化することはできなかった。したがって一党制の時代において労働組合は批判勢力として一定の役割を果たしたが、経済危機の深刻化により政府批判を強めていく。しかし民主化の進展は公式部門の労働者の不満を要因とするだけではなかった。構造調整によって最も打撃を受けた人々、すなわち非公式部門の労働者など、都市の低所得者層が政府批判を強め、カウンダ政権を窮地に陥らせた。経済危機の深刻化と政策転換は非合法居住区を「希望のスラム」から「絶望のスラム」へと転化させた。鉱山労働者に代表される「労働貴族」的な存在の消滅とあわさって、種々の階層にわたって現状への、政府への、不満が強まり、政権の転換を促すことになった。

既述のように、この後の憲法の修正と繰上げ選挙によって、少なくとも制度上の民主化が推進された。しかし冷戦の終焉という国際的環境の変化と、構造調整という政策的外圧が大きく関わっていただけに、今回の民主化においては社会改革という視点が極めて弱かったという問題は残った。ほとんどの農民と都市の低所得者層の生活は依然として厳しく、むしろ困窮の度を強めた。とりわけ経済の自由化に伴う商品流通の活発化にもかかわらず、購買力のないほとんどの国民はむしろ不満を一部富裕層に対して強めた。しかし周知のように階級的利害に基づく政党の形成がなく、政治家たちの権力をめぐる離合集散と地域間対立を特徴とするザンビア政治において、小農や都市低所得者層の利害を代弁する勢力は成長せず、したがって彼らの政治的無力感は民主化によっても改善されることはなかった。一九九〇年代後半になるとむしろ無力感は強まったのではないだろうか。そのことは近年の補欠選挙などでしばしばみられる極めて低い投票率にも示されている。

一九八〇年代後半から九〇年代にかけての民主化を取り上げてきたが、それ以降、アフリカの民主化運動の多くは再び厳しい試練に直面することとなった。複数政党制導入後、選挙が繰り返し実施され、しかも政権交代をもたらした例はベニン、マダガスカルなど極めて少数である。ザンビアにおいては一九九六年に複数政党制復帰後二回目の選挙が実施された。しかしこの時、大統領三選禁止の他に立候補資格を移民の第三世代以降に制限するという憲法修正により有力な候補の排除が行われた(12)。

アフリカ諸国には活発な移動、移住の歴史があり、出身や血統による制度上の差別は少なかった。ところが民主化とその下での選挙の実施は、政敵を排除する手段として国籍取得をめぐる問題や移民であることなどを取り上げる事例が増え、民族やエスニシティの問題を新たに生み出しつつある。なおその際、血統主義をとる旧仏領諸国ばかりでなく、旧英領諸国においても独立後に血統主義をとる国があり(例えばザンビア)、ポルトガル領であったモザンビークも血統主義へと変更した。この問題はアフリカ諸国にとってのナショナル・アイデンティティとかかわるが、民主化の中で新たな重要性を帯びるようになった。

一九八〇年代後半からの民主化はこのようにアフリカ諸国にとって多様な社会的影響を及ぼす過程として進行している。しかし今後の進展を考える際、二つの点に留意したい。アフリカで近年実施された選挙において、その公正さが問題とされ、国際機関ばかりか諸々の団体による国際的な監視が果たした役割が大きかった。ナミビア独立に向けての選挙(一九八九年)、アンゴラの選挙(一九九二年)、モザンビークと南アフリカの選挙(一九九四年)

などはその代表的な例である。国際社会のこうしたかかわりは積極的な意味を民主化に与える[13]。しかしながら民主化の進展に望ましいとはいえない環境もある。アフリカ大陸の国際関係は新たな形で緊張を生み出している。ルワンダにおけるフツとツチの対立が、隣国ザイールに波及し、ザイールのモブツ政権を崩壊させた。ところがザイールからコンゴ民主共和国と国名を変えた新政権はウガンダやルワンダと対立するようになった。他方ジンバブウェ、アンゴラ、ナミビアがコンゴ政府を支援するにおよんで、中部から南部にかけての国際的緊張が生じたのである。このように、国境を越える民族問題と国際関係の緊張が民主化に及ぼす影響も考慮される必要があるだろう[14]。

冷戦終焉とともに明らかになってきたのは、アフリカにとっての国際機関と援助国の影響力の増大である。それは経済政策への介入であると批判されるような働きかけばかりでなく、やがて政策を積極的に推進する政権の樹立にまで影響力を及ぼすまでになった。この関係をかつての宗主国と植民地のそれになぞらえることはできないだろう。民主化は必要なことであったし、独立以来の経済政策の問題点を明らかにし、改革すべきことが多くあったことも否定できない。ただし相互依存と経済的一元化の進展の中で、社会変動は外生的様相を帯びてきたといえる。後発国における変化には、その変化における急激さと関係性という特徴により、変化そのものの意味が異なっていることが浮かび上がってくる。社会変動におけるこうした特徴は経済のみならず、政治や社会の分野にも当てはまるのである。

一九八〇年代後半からのアフリカにおける変革は、冷戦終焉後急速に進んだ市場経済と自由民主主義による世界の一元化と密接な関連があった。しかしその変化が民主化という望ましい変化であったとはいえ、変革の主体ということでは難しい問題をわれわれにつきつけているのではないだろうか。世界銀行やその活動と関係する人々によって次々と新しい概念や考え方が提起されてくる。例えばガヴァナンスの内容として指摘されることは今のアフリカにとっていずれも必要なものである。しかし社会的不平等、あるいは国内だけでなく国際的な不平等に対する構造的改革が視野に入れられないと、構造調整の実施や国際資本の進出に都合のよい状況をつくるという面だけが強まる恐れがある。[15] 帝国主義諸国による侵略と植民地支配によって、そして独立後は冷戦構造によって、アフリカ社会は大国の利害に翻弄されてきた。資本主義世界経済の新たな展開の中で、一九九〇年代には再びアフリカは困難な対応を迫られる時代を迎えた。

3 ンセンガと民族間関係

(1) ザンビア政治と民族間関係

独立後のアフリカでは物理的な暴力を伴う抗争や内戦を経験した国が少なくない。近年は紛争が国内にとどまらず国境を越えて波及し、国際紛争に発展する例もある。アフリカ諸国における紛争の要因は当然ながら様々であるが、民族的要素が直接・間接にかかわっていることが多いとされる。民族が自らの政治的共同体を形成し発展させようとする（端的には自らの国家を成立させようとする）場合、民族をネイションと呼び、共同体を形成しようとする考えや運動をナショナリズムと呼ぶことができよう。こうした意味での民族とネイションがかなり重なる例は、アフリカではレソト、スワジランドなど極めて少数に限られている。

一九世紀末のアフリカ分割による境界を継承した現在のアフリカ諸国は大半が多民族社会であるばかりか、支配的な民族を中心とした主流文化が存在しにくい社会である。したがってそうした国々でいわれるネイションは国民を意味することになる。ザンビアの標語（One Zambia, One Nation）のネイションはそれに相当しよう。もちろん多民族国家でありながらエチオピアにおけるアムハラ化のように、有力な民族が他民族に対して自文化への同化を試みた例はある。しかしこれらはむしろ例外的であり、一つの政治的共同体（国家）の中に多数の文化的共同体が共存するのが通例であった。その意味で多くのアフリカ諸国は多文化共存社会であるといえる。にもかかわらず民族的な背景をもつとされる紛争が多いのはなぜか。

独立後のアフリカ諸国における紛争と民族との関係は複雑である。経済的利害の地域的相違、イスラム教とキリスト教というような宗教的相違、さらには植民地支配下での「近代化」における進展度の地域的相違がしばしば民族的相違と重複している。その結果、対立が民族間対立の様相を示しても、対立の根源は他に求めることができる。民族的対立と実際の紛争を単純に結びつけるわけにはいかないのである。このことは繰り返し指摘されてよいことである。しかし権力への接近と資源の配分に縁故主義など民族的出自が影響し、政治的対立が民族的対立の色彩を帯びることが多かったのも事実である。それでは他のアフリカ諸国と同様に多民族国家であり、縁故主義の著しいザンビアでなぜ紛争が生じなかったのだろうか。

独立後のザンビアは内戦に至るような対立どころか、政治的対立による大規模な集団間の暴力をほとんど経験してこなかった。選挙における支持者間での暴力沙汰の他に、第二共和制において顕著となる政権の権威主義化と反政府勢力への弾圧、あるいは経済危機を背景とした食糧暴動などがあり、政治的緊張や紛争を生む可能性がなかったわけではない。例えば一九八五年一〇月に外貨入札制が導入され、物価の高騰が始まる。石油値上げによる首都のバスターミナルでの暴動や翌年一二月にトウモロコシ粉の値上げを契機に北部産銅地帯で発生した食糧暴動がある。後者では死者一五名を数え、政府は構造調整を放棄する結果となった。これが独立以来最大の暴動であった。

一九八九年から再びトウモロコシ粉が値上りすると、翌年六月にはルサカの低所得者居住区で暴動が発生し、クーデタ騒ぎも生じた。その死者は三〇名を超えた。しかし政治的暴力に多くの民衆が巻き込まれるという悲劇を味わわずに、ザンビアが政治的な安定を享受してきたことも否定できない。ザンビアが独立した時は、ジンバブウェも、アンゴラ、モザンビークも解放されておらず、南アフリカではアパルトヘイト体制が存在していた。こうした南部アフリカの困難な政治状況からすると、ザンビアにおける政治的安定はとりわけ印象深いものがある。次節に述べる二〇〇六年の調査においても人々はザンビアの誇りとして、異口同音に平和であること、戦争のないことをあげていた。

ザンビアには七〇を超える言語集団が存在するとされ(16)、そのうち七つ、特にその中の四つの言語集団は教育言語、メディア言語として優位に位置づけられている。四言語とはベンバ、ニャンジャ、トンガ、ロジであり、七言語とはそれらにカオンデ、ルンダ、ルヴァレを加えたものである。しかしながらそのうちのいずれも圧倒的な影響力をもつわけではなく、単独ではもちろんのこと有力な二つのグループが結びついても支配できるというわけではない。一九六九年度調査では全人口に対する各言語を母語とする人の割合は、ベンバ一八・六%、ニャンジャ一一・三%、トンガ一〇・七%、ロジ五・六%、カオンデ二・九%、ルンダ二・五%、ルヴァレ二・四%である。これら七言語を母語とする人の全人口に対する割合は五四%にとどまっていた。いずれの言語も共通語といえる地位を得るに至っていない（Kashoki 1978 : 22）。二〇〇〇年における各母語の構成比は、ベンバ三〇・一%、ニャンジャ一〇・七%、トンガ一〇・六%、ロジ五・七%、カオンデ二・〇%、ルンダ二・二%、ルヴァレ一・七%である（Marten and Kula 2008 : 294）。ベンバが一八・六%から三〇・一%へと拡大しているのに対して、他の言語においてはほとんど変化が見られない。最大規模のベンバでも全体の三割に止まっている。このような状況はルワンダ、ブルンジとはもちろん、ナイジェリア、ケニア、ジンバブウェとも様相を異にしている。

民族構成の特徴と有力集団間の対立の有無とは関係しているかもしれない。民族集団の規模や集団数と紛争との関連について、諸集団の規模が大きく、集権化していると、集団相互の紛争は排他的な要求を含み安定性を脅かす。多極共存型民主主義（consociational democracy）について論じたレイプハルトの考えはそれに類似している。複数の民族・言語集団から成る社会は個人の集合としてよりしばしば各集団を単位として編成される場合がある。にもかかわらず安定的な民主主義が維持される場合、レイプハルトはそれを多極共存型民主主義といった。この体制の特徴は勝者と敗者を生まない調整、すなわち主要集団間の権力分有、各集団内の自治の承認、公務員や予算の比例配分と比例代表制、そして重要事項に関する拒否権である（Lijphart, 1985 : 6）。彼はこの体制が成立するための条件を九つ列挙している（Lijphart, 1985 : 119–126）。①単独で多数となる集団がいないこと、②集団の規模に差がないこと、③集団数が少ないこと、④人口規模が小さい、⑤外的な脅威の存在、⑥共属感情、⑦各集団間の社会経済的平等、⑧敵意を押し止め、自律を可能とする居住地の分離、⑨協調の伝統の存在。

ザンビアも民族・言語集団の数は決して少なくないが、条件の①、②、④にはかなっている。単独多数を占める集団が存在しないどころか、規模が第一、第二、さらには第三位の集団を合わせても過半数に届くか届かないという状況である。ただし近似する言語をグループにまとめると、一九六九年度ではベンバ・グループ三三・六％、ニャンジャ・グループ一七・〇％、トンガ・グループ一五・二％、ロジ・グループ九・二％である。一九八〇年度調査ではベンバ・グループ三六・二％、ニャンジャ・グループ一七・六％、トンガ・グループ一五・一％、ロジ・グループ八・二％である（Population and Housing Census of Zambia, 1980 : 4）[17]。一九九〇年と二〇〇〇年では、ベンバ・グループは三九・七％、三八・五％、ニャンジャ・グループは二〇・一％、二〇・六％、トンガ・グループは一四・八％、一三・九％、ロジ・グループは七・五％、六・九％である（Marten and Kula, 2008 : 295）。ベンバ・グループとニャンジャ・グループの比率が増大し、二大言語グループが次第に有力になりつつあるが、両者を合わせても最大で一九九〇年の五九・八％に止まっている。

レイプハルトが挙げている他の条件、まず第五番目の外的脅威についてみると、南アフリカのアパルトヘイトの存在やモザンビーク、アンゴラの内戦、さらにそれに先立つ両国独立（一九七五年）や一九八〇年のジンバブウェ独立までの解放闘争はザンビアに著しい苦難を強いてきた。このことが国内の団結をもたらしたばかりか、政府にとっては非常事態宣言の下で反政府運動を弾圧する口実をもたらした。

独立運動の指導者であったカウンダの威信は独立当初高かったが、次第に彼を中心とした結びつきは一九七〇年代後半からの経済危機の進行とともに弱まっていったというべきであろう。カリスマ性の後退や経済危機にもかかわらず国民的感情の共有がみられたが、それは調査結果により示された平和国家としてのザンビアへの誇りであった。第七番目の社会経済的平等については他のアフリカ諸国と同様に問題である。

ザンビアは階層間格差とともに地域間格差も著しい国として知られてきた。ザンビア経済の中核をなす北部のコパーベルトからジンバブウェとの国境にある南のリヴィングストンまでを結ぶ鉄道沿線（産銅州、中央州、ルサカ州、南部州）の開発により、都市が発展し、人々が集住した。それに対し鉄道沿線から遠い東西、特に北西部や西部は後発地域となった。商業的農業も南部州、中央州、ルサカ州で発展した。こうした経済格差が民族間あるいは地域間の対立にさほど結びつかなかったのはなぜだろうか。コパーベルトの鉱山都市は北部州やルアプラ州などからの出稼ぎ労働者によって発展してきた都市である。コパーベルトの産み出す富は出稼ぎ労働者を通じて各地に再配分されたといえる。経済的利害の対立が民族間対立を生むという状況にはなかったのである。

第八番目の居住地については、通常の民族集団と同様地域性があり、ザンビアの例が他の諸国と比べ特殊な問題を有してはいない。第九番目の協調の伝統についていえば、独立以来、暴力的な継続した紛争を経験せず、まして民族間にそのような現象が存在しなかったこと自体により、協調の維持がいまや伝統化しているといえるかもしれない。しかしこれはザンビアで紛争がなかったことの結果であり、原因とはいえない。むしろ協調の伝統を生み出しえた歴史的経験が問題となろう。

分断統治がイギリスの植民地支配の特徴として指摘される。分断統治が集団間の対立を生み出したということはよくいわれるが、ザンビアの民族間関係にそうした統治形態が深刻な影響を及ぼしたとは思えない。ただ王国を形成していた西部のロジに対して、イギリスは一九三六年の原住民統治機構において他地域と異なる自治的な地位を与え（Mulford, 1967 : 212）、植民地時代末期には独立を承認することをちらつかせるなど、分断をはかった（Roberts, 1976 : 221）。こうしたイギリス植民地支配の影響に加え、ロジ王国としての誇りある伝統はロジの最高首長を独立後長らく共和国大統領に対抗する権威として位置づけさせた。独立の直前にカウンダとロジ最高首長リトゥンガとの間で協定（バロツェ協定）が結ばれた。それはロジに対して特別の地位を持続させるかわりに、同地域はザンビアの一部としてすなわちバロツェ州としてとどまるというものであった。しかし一九六五年の地方政府法により、バロツェランド国民議会はバロツェ州内の五つの県議会に置きかえられた。同年の首長法は首長の任命権を大統領に与えるものであり、次第にリトゥンガが共和国大統領の下位に置かれるようになっていった（Petman. 1974 : 78）。さらに一九六九年にバロツェ協定は廃止され、バロツェ州は西部州と改称された（Tordoff and Molteno, 1974 : 12, 29）。こうして中央政府に対するロジの存在が西部州問題として他地域にはない問題を生み出した。現在でも西部州の独立運動を主張する人がいる。しかし運動の範囲はかなり限定的といえる。

紛争をもたらす歴史的要因の一つは独立運動の経緯である。独立運動を主導したUNIPが全国的な支持を獲得したのに対し、ANCは南部に基盤を置く政党という色彩を帯びていった。独立時には全国的政党であるUNIPと地域的政党であるANCが対峙していた。複数政党制の下では政党が地域・民族ごとに形成され、対立が助長されがちな多くのアフリカ諸国の例にもれず、ザンビアも同じ問題をかかえつつあったのである。

独立後間もなく西部州を基盤とした統一党が結成され、一九七一年には前副大統領カプウェプウェを中心に産銅州で統一進歩党が結成された。後者の結成は政府・与党にとりわけ深刻な衝撃を与えた。しかし統一進歩党の結成を産銅州・北部州出身のベンバ対中央政府という文脈でとらえてしまうのは不充分である。鉱山労働者を中心とする労働組合とそれに対しての統制を強めようとする中央政府との対立が背景にあった。ベンバでも与党UNIPにとどまる人は多く、与党内のポストをめぐる権力闘争、世代・学歴の相違による対立など様々な要因を指摘できる。ただ問題は、こうした経済的、政治的利益配分をめぐる対立が出身や言語を同じくする指導者とその支持者という関係（パトロン・クライアント関係）を軸にしばしば展開するということであった。

各地域を基盤とした政党の成立という状況に直面した政府は、与党を唯一の合法政党とする憲法改正を一九七二年に行い、その結果ザンビアは一党制に移行した。権力闘争という面から見れば、与党の内部分裂と野党の結成、地域主義の台頭などにより、権力基盤の弱体化を与党が恐れたことが移行の理由といえる。しかしながら隣国モザンビーク、アンゴラ、ローデシア（現ジンバブウェ）では解放闘争が進行中であり、アパルトヘイトの南アフリカが存在していた。繰り返しになるが、こうした状況の中で、独立後間もない新興国の統治者は、地域主義と見なされる運動や勢力の形成を国家統合の危機として受けとめたであろう。こうした危機感は一党制を正当化する根拠となった。

一党制への移行については様々な評価が可能であるが、注目すべきは一党制の下での統治者が民族あるいは地域間の問題にどう対処したかということである。政権を掌握したものは全てを取り、敗者は全てを失うという現象がアフリカ政治ではしばしば見られる。敗者は単に政府の主要ポストを与えられない、あるいは政策形成への影響力を失うという程度にとどまらない。配分における著しい不平等は敗者の集団を存続の危機に晒しかねない。しかも敗者の集団がしばしば民族性や地域性を帯びているということに問題の根深さがあるのではないだろうか。ところがカウンダによる統治は東部州寄りとはいえ特定の地縁集団、血縁集団に基盤を置くものでなく、むしろバランスのとれた様々な集団への利益配分（主に政府・与党・公社公団のポスト）を通じて行われた。したがって一党制の下で、自由な言論活動は困難となり、反政府活動は取り締られたが、特定の地縁・血縁集団が著しい不満を抱え込むということはさほど生じなかった。このことが今日のザンビア政治と民族間関係に与えた影響は大きいといえる。

独立後のザンビア政治の安定は、上述の多極共存型民主主義における各集団間での権力分有という制度的装置によって実現されたわけではない。そもそも一九七二年から一九九〇年までは一党制であり、民主主義とはほど遠い状況だった。しかし重要な役職への任命について、民族や地域の釣合いを巧みにとったカウンダの政権運営は、恒常的な敗者となる集団を極力生み出さないという意味では多極共存型の政治だったのである。

民主化により権威主義政治の下で押さえつけられていた民族・地縁集団の不満が爆発した例はアフリカに限らず冷戦後各地で見られた。選挙で勝利をおさめた集団が権威主義政治におけると同様、全てを取るということはいくらでも生じうる。長年権威主義政治により敗者であった集団が民主化によって勝者になり、同じことが繰り返されることになる。しかしザンビアでは民主化と政権交代が紛争を引き起こすということはなかった。一九九一年の政権交代以後、政権が北部のベンバ人に傾斜しているという批判が時折されないわけではないし、政党形成においても相変わらず地域政党的色彩が濃いものの、カウンダ時代以来権力における地域間の均衡を保つという傾向は続いている。ただし、ザンビアに深刻な紛争の生じる可能性が全くないとはいいきれない。一つにはすでにふれた西部州の問題がある。二つ目の問題は就職機会の得られない多くの若者の存在である。この問題は民族・地域と直接関連することではないので論じないが、今後の紛争を考える際には重要な要素になるだろう。民族・地域がらみの紛争を回避してきたザンビアにとって、この異なる形態の紛争とそれによる社会・政治の不安定化への取り組みは重要性を増す可能性がある。そして紛争の生じる三つ目の可能性は民族が政治的に利用され、紛争の要因となる場合である。民主化後は選挙における政治的動員がとりわけ重要になってきている。二〇〇六年の総選挙において、野党の大統領候補マイケル・サタは近年ザンビアへの進出著しい中国と中国人を攻撃し、都市の貧困層・失業者の支持を得ようとした。特定のアフリカ系民族を標的にすることは従来からほとんどなかったのであるが、そのようなことが起こりえないわけではないことをうかがわせる事態であった。たとえどれほど良好な民族間関係にあっても、相互にもつイメージが肥大化され、これを政治的に利用する政治家が現れる可能性を否定できないからである。その危険はどれほどあるだろうか。

(2) ンセンガをめぐる民族間関係

民族間の距離や他民族に対する好感度をうかがい知るために、本人あるいは子供にとって望ましい結婚相手、商売上のパートナー、他民族の特徴、そしてザンビアが誇りうるものなどについて聞く調査を二〇〇六年八月に行った。調査対象はムバラ区カリンダワロ首長区のヤパカ村・テレペ村の二六名(男性一四名、女性一二名)、ペタウケ・ボマの商店主四七名(男性三一名、女性一六名)である。二六名は村で面接できた成人である。ペタウケ・ボマの商店主は三ないし四種類に区分できる。まずブロック造りの店舗が軒を並べる市場がある。それは第3章4節で述べたように、場所が異なる二地区からなり、それぞれ旧市場、新市場と呼ばれる。前者には九九店舗、後者には三一四店舗あり、今回対象としたのは後者であり、二〇店舗ごとに一店舗を、すなわち一五店舗を抽出した。ブロック造りの店舗の他にンテンバと呼ばれる棒を組み立て棚に商品を置く仮設店舗が並ぶ地区がある。ンテンバは五六七店舗あり、二五店舗ごとに一店舗を、すなわち二一店舗を抽出した。最後に大きな屋根の下にコンクリート製の陳列棚で主に女性（いわゆるマーケットマミー）が野菜や干し魚を売る店が二四八店舗ある。二五店舗ごとに一店舗を、すなわち一一店舗を抽出した。

村での結果は次の通りである。結婚相手については、ほとんど全ての人が相手の民族的出自にこだわらず、人物本位で選ぶことを主張した。しかし商売の仲間としては二六名中一三名がベンバを、七名がチェワを最も望ましい集団としてあげた。他方敬遠される集団はトンガ八名、ロジ五名、ベンバとンゴニがそれぞれ四名であった(18)。「冗談関係」にあるベンバ、あるいは同じ東部州に住むチェワが好まれ、言語の隔たりが大きく相互理解の難しい南部、西部の民族が敬遠されていることがわかる。他民族の特徴については、ベンバは商売上手だという評価がある一方（八名）、泥棒、お喋りだという否定的な見方（九名）もあった。両者は矛盾するものではなく、利巧で、活動的であることが他方では負の評価を生むことにもなっているといえよう。こうした評価と対象的なのはロジである。一九名がロジを利己的、部族主義的であるとし、良い評価は全くといってよいほどない。トンガについては良い牛飼いだという評価があるかたわら（六名）、部族主義的だという人が九名いた。

ペタウケ・ボマでの結果は次の通りである。ボマの対象者はンセンガばかりではない。四七名中、ンセンガは二三名であり、その他は他の東部州出身の民族、すなわちチェワやンゴニである。二三名でみると、商売の仲間としてベンバ（九名）が最も好まれ、次にチェワとンゴニがそれぞれ六名である。敬遠されるのは村での調査結果と同じく、トンガ（八名）、ロジ（六名）次にベンバ（五名）となっている。なおチェワはベンバを好み、ロジを敬遠しているが、ンセンガを好むのは一名しかいなかった。商売に関するンセンガのチェワに対する評価とチェワのンセンガに対する評価はおおいに異なっているようである。四七名全体でみると、商売について民族的出自は無関係だという人もいるが、好まれる民族はベンバ一七名、ンゴニ六名、敬遠されるのはロジ一一名、トンガ九名であった。

特徴については村の結果と同じく、ベンバは商売上手で活動的という評価と、お喋りで詐欺師だという否定的な評価とが拮抗している。ロジについては仲間うちでかたまり利己的、部族主義的だという評判が多い。被面接者が商人であったせいか、トンガについては良い牛飼いという村ではみられた評価がなく、もっぱらロジに対してと同様、部族主義的で利己的だという評価である。

ンセンガやチェワという東部州の民族は北部州、ルアプラ州、産銅州のベンバとは慣習や言語に類似性があり、歴史的にも結びつきの強い関係にあった。したがってンセンガはベンバには油断できないという気持もあるが、全体として親近感をもっていることがわかる。それに対しトンガやロジとは言語、文化的にも相違が著しい。例えばンセンガやベンバは母系制であるが、トンガ、ロジは父系制である。トンガ、ロジに対してはおおむね否定的で、少なくともかなり距離を置いた気持を抱いていることがわかる。

ンセンガを軸とした民族間関係によって示されるのは東部・北部の民族諸集団と西部・南部の民族諸集団との間にある溝である。しかしながらそれらの溝が権力闘争の過程において拡大し、あるいは政治的動員のために利用されるということはあまりなかった。その結果として達成された平和が近隣諸国に対するザンビア人の自負となっている。村では二六名のうち一四名が、ボマでは四七名のうち一七名が、平和であり戦争のなかったことをザンビアの誇りとしてあげている。こうした感想は調査時点から一七年前のルサカ暴動に伴うクーデタ騒ぎの際にもすでに明確であった。騒乱直後の新聞には以下の記事が載っている。

「独立以来政治的混乱と紛争に巻き込まれた隣国をはじめ多くのアフリカ諸国で深刻化する危機に対して、ザンビアは過去二五年以上も並ぶもののない平和と平穏を享受してきた……中略……先週生じたことを思い返してみるとき、すべてのザンビア人が理性的でありつづけ、一九六四年にこの国がスタートして以来七三部族を結び付けてきた一体性と成熟性を示すことを希望する。非合理的あるいは感情的な行動は国民が後悔する災害を確実にもたらすものである」(Times of Zambia, 1990 : 7)。

ボマにおいてザンビアの誇りとされるものの中で一番多いのは移動の自由、商売の自由であり(一三名)、それは商人という職業上の当然の指摘と考えられる。民主主義ということを指摘した人も含めると平和で自由であるということをほとんどの人が誇りにしていることがわかる。なお村では銅などの天然資源の豊かさをあげる人が最も多かった(二三名)。その理由は鉱山都市への出稼ぎ労働の経験によるのであろう。

言語や文化の異なる多様な集団から構成されているザンビアには、確かに特定の民族集団の間でことさら仲が良かったり、あるいは警戒し合ったりするということがないわけではない。また民族的出自に基づく縁故主義も強い。しかしそれらが権力闘争などのために極端に政治化されることはなく(それは二七年間政権の座にいたカウンダの功績ともいえよう)、平和が維持されてきたのである。その結果、経済的には不満と苦難がありつつも、隣国にくらべ相対的に自国への評価が高く、国民としてのまとまりがまがりなりにも成立しているといえる。

民族間にある否定的な評価を誇張し、民族的感情に基づく政治的動員を行う政治家が出現すれば、ザンビアにも紛争が生じないとはいえまい。しかしそのような動員を抑制する傾向が独立以来四〇年以上にわたりザンビア社会に次第に浸透してきた。

（1）サルトルはこのことをアフリカ諸国の独立当初から鋭く指摘していた。コンゴ独立運動の指導者にして、初代首相のルムンバは過去の武勲から権威を引き出したのではなく、ヨーロッパ流の合法性に権威を負っていた。そして一部の「開化民」を除き人々はこのような合法性を認めなかったのである。Jean-Paul Sartre, 'La pensee politique de Patrice Lumumba,' *Situations V*. Paris: Gallimard. 1964（鈴木道彦訳「パトリス・ルムンバの政治思想」『シチュアシオンV』人文書院）。

（2）本章では主にザンビアの事例について検討し、南部アフリカ各国については個別に取り上げない。南部アフリカ諸国におけるそれぞれの民主化の過程については、林（1999：第2章）にまとめられている。各国については林編（1993: 1997）、川端・佐々木編（1992）の他に、次の文献を参照していただきたい。青木一能『アンゴラ内戦と国際政治』芦書房、二〇〇一年、井上一明『ジンバブエの政治力学』慶應義塾大学出版会、二〇〇一年、佐藤誠編『南アフリカの政治経済学――ポスト・マンデラとグローバリゼーション』明石書店、一九九八年、平野克己編『新生国家南アフリカの衝撃』アジア経済研究所、一九九九年。

（3）小田英郎は民主化をもたらした要因として次の四つを指摘している。国際的要因として冷戦の終焉と国際的な民主化要求、国内的要因として強権的政治体制のひずみと経済建設の挫折である（小田 1993：8–12）。なお民主化の国際的要因に注目した論稿をまとめたものとして（日本国際政治学編 2000b）がある。

（4）ザンビアの政治と民主化の過程そのものについてはすでに小倉（1995a: 1997）で論じた。

（5）選挙結果に関する数値は Krennerich（1999）による。

（6）社会諸集団、諸階層の民主化運動へのかかわり方については、Simutanyi（1996）, Sichone（1996）, Sakala（1996）,

Kareithi（1996）などに詳しい。
（7）複数政党制復活の過程についてはBaylies and Szeftel（1992）, Chanda（1995）がある。アフリカ全般における過程をふまえつつ、ザンビアについては遠藤（1996）が論じている。
（8）都市化と都市住民の動向については小倉（1995a）を参照。
（9）ザンビア経済とその危機の深刻化についてはBurdetle（1988）を参照。
（10）構造調整とその社会的影響についてはClark（1989）, Geisler（1992）, Roger and Loxley（1990）などがある。
（11）この詳しい経過については拙論「社会変動と国際的条件――南部アフリカにおける民主化を事例として」小倉充夫・加納弘勝編『講座社会学16　国際社会』東京大学出版会、二〇〇二年、で述べた。
（12）民主化の方向の定着とその条件については例えばBratton and van de Walle（1994）, Beetham（1994）, Ihonbere（1995）があるが、国際的条件との関連については無視しているか、簡単な指摘にとどまっている。
（13）ザンビアの選挙における国内・国外からの選挙監視の役割についてはBjornlund, Bratton and Gibson（1992）に詳しい。
（14）民主化の議論において、国際的下位地域との関連付けの視点があるのは例えばWiseman（1996：167–179）である。民主化にとって地域協力、アフリカ統一への運動が必要であるという視点はPrah（1996）にみられる。
（15）民主化との関連で近年議論の多いのはアフリカにおける「市民社会」概念の適用をめぐってである（遠藤 2000）。この問題については立ち入らないが、「市民社会」概念の問題点を指摘しているものとしてはMamdani *et al.*（1995）, Sachikonye（1995）がある。
（16）ザンビアには七三の民族・言語集団があると様々な出版物では書かれている。ポスナーによるとこの数の起源はトムソンの覚え書き（一九三四年）にある。数え方は恣意的・主観的であり、彼自身七一の集団しか名前をあげていない（Posner, 1998：73–74）。カショキは八五言語名を列挙しているが、母語人数を記している言語は六六にとどまっている（Kashoki, 1978：19–21）。
（17）ただし都市に限定すると共通語成立の傾向がうかがえる。一九七〇年代初頭の調査によると使用可能言語の対人口比は次の通りであった（Mytton, 1974：10）。ベンバ・グループに属する言語使用者の割合は産銅州都市で九五・八％、カブエで八六・四％、ルサカで五八・四％、ニャンジャ・グループのそれは産銅州都市で三九・二％、カブエで六七・六％、ルサカで九四・五%。

(18) マラウイやザンビアに居住するンゴニはもともと現在の南アフリカから北上し定着した人々であり、言語はチェワ化している。したがって民族的出自と言語は重なるわけではない。

終章
農村社会の新たな百年

市場で売る容器を作る村の青年

1　国際体制の変遷とアフリカ

北ローデシアの成立は帝国主義諸国間による植民地再分割戦争とその結果であるヴェルサイユ体制成立の時期と重なる。[1] 一九一九年にドイツと連合国との講和会議が開催されていたパリで、パン・アフリカリズムを主導したデュボイスはパン・アフリカ会議を組織した。彼は植民地における段階的自治促進などの要求を行ったが、民族自決の原則はアフリカには適用されず、むしろ戦後に植民地支配は本格化し、イギリス、フランスなどは自らの帝国内での自給率向上を目指し、本国経済に従属する植民地経済を確立させていった。アメリカ合州国、西インド諸島、あるいはヨーロッパで生まれ育ったアフリカ系知識人にとっては、人種差別が問題であり、それに対する抗議運動が重要であった。しかしアフリカでは植民地支配が本格化する時代を迎えていた。

植民地体制内での改革を求める運動から植民地体制そのものの打倒を目指す大衆的運動への成長は第二次世界大戦後に顕著となる。独立と新たな国家建設は冷戦体制の下で進行することになった。北ローデシアの場合もそうであるが、大半の植民地は一九六〇年代の前半に独立した。その際には流血の惨事をあまり伴わずに、ヴェトナムやアルジェリアなどとは異なる形で独立を達成できた。アメリカ合州国とソ連はそれぞれの思惑により植民地の独立を支援し、戦勝国でありながら弱体化した帝国、イギリスとフランスは植民地の独立を承認せざるをえなかった。

こうして冷戦体制の下で一九六〇年代前半の独立は順調に進んだが、冷戦は独立後もアフリカに影響を及ぼすことになった。アメリカ合州国とその同盟国はソ連との対抗上、反共・反ソ政権を支援し、アフリカ諸国がソ連の陣営に近づくことを阻止することが対アフリカ外交の基本となった。その結果、援助の対象となる政権の性格が民主的か否かは問われなかったのである。ザンビアの場合は冷戦体制の中で東西両陣営と友好関係を維持することにより、小国でありながらも国際的影響力を発揮し、米ソ対立の間で非同盟外交を推進しつつ両陣営の橋渡し役を果たすことができた。ザンビアをはじめアフリカ諸国は国内政治のあり方を外部から批判されなかった。冷戦体制はアフリカにおける民主化の進行を抑制する機能を果たし、冷戦という国際的条件の影響は二〇世紀後半のアフリカ政治を左右したのである。

ザンビアは一九六〇年代後半に独立した諸国に共通する面とともに、独自性を有している。それは他の地域と異なり、隣国が激しい解放闘争の結果独立を達成したことである。アンゴラやモザンビークは独立後も内戦に突入した。こうした激しい軍事的・政治的対立の影響をザンビアは被らざるをえなかった。二〇世紀の末まで南アフリカでアパルトヘイトという恐るべき体制が存続しえたのも、南部アフリカをめぐる東西両陣営の利害と思惑が存在したためであった。その意味では独立からアパルトヘイトの崩壊に至る三〇年間のザンビアの動向も冷戦体制とのかかわりで考えざるをえない。

アフリカ諸国の民主化運動は冷戦下で多くの障害にぶつかったが、その終焉にともない、今度は逆に民主化が援助条件とされるなど、外からの働きかけによって民主化の進展は加速した。しかし冷戦終焉の影響は民主化にとどまらず、むしろ経済政策の分野にとって大であった。独立当時、旗だけの独立とまでいわれたアフリカ諸国は次に経済的独立を目指した。旧宗主国がかつての植民地を経済的に支配し続けること、すなわち新植民地主義の登場に対して、アフリカ諸国ではアフリカ化によって対抗した。民族資本の形成が不充分であったため、経済的独立は政府による市場介入、市場支配という形態をとらざるをえず、その結果、経済ナショナリズムによって経済破綻に至ることが多かった。しかし冷戦下での援助のあり方と国際環境は政策上の問題を表面化させずに、破綻した経済を延命させた。経済協力はそもそも援助国政府や国際援助機関と被援助国政府との間の関係であるから、政府の市場への影響力を強める効果があり、冷戦下では国営企業・公営企業への援助が行われた。欧米援助国は自国の経済政策の原理から隔たったアフリカ諸国の経済政策を支援する結果となった。冷戦の終焉はこの分野でも大転換をもたらした。ソ連の解体と社会主義経済の変容は市場経済の浸透による世界の一元化を推し進め、経済自由化は強力なイデオロギーとして世界を被い、アフリカは再び翻弄されることになった。冷戦後新たに登場した国際貿易機構（WTO）体制はアフリカ諸国の経済政策を根本的に揺り動かすに至った。

国際体制と関連づけると、アフリカはこの一〇〇年間に上記のような変遷をたどった。アフリカ大陸は、分割からヴェルサイユ体制の時代にかけて文明化の対象となり、冷戦の時代には近代化、そして現在では民主化・自由化の対象とされてきた。これらのスローガン、イデオロギーはアフリカに対する支配を正当化してきた。アフリカとの関係性に基づき、自己を問い直す契機として文明化、近代化、民主化、自由化の内容を再考するという姿勢は欧米ではサルトルなど限られた人々にのみ見られたといってよい。

ザンビア東部州の人々は文明化、近代化、民主化、自由化という名の下で進行する事態の中でどう生活してきたのだろうか。次々と押し寄せる植民地支配、冷戦、市場経済とかかわらせてそのことを本書で述べてきた。鉱山や農場での雇用労働はアフリカ人に勤労と規則を教え、文明社会の一員とさせるのに役立つと主張された。そのかたわら還流型労働形態が維持され、実際にはアフリカ人労働者は産業社会と自給的農耕社会に両属する存在であった。それゆえ、労働者としての権利は著しく制限され、低賃金労働者として搾取され続けた。これが植民地支配の下での文明化の実態であった。

独立後のスローガンは近代化であり開発である。植民地時代に確立した単一商品輸出構造は継続した。銅生産は相変わらずザンビア経済を左右し続け、農業重視は掛け声だけにとどまった。銅輸出に依存した都市偏向型政策、事務職・管理職のアフリカ人化などは都市と農村との格差を拡大し、農村から都市への人口移動を激化させた。近代化政策は農村・農業の停滞、および都市への人口集中と貧困を生み出す結果となったのである。このような過去を振り返ると、現在、民主化・自由化の名の下で推し進められている政策に大きな期待をかけることはできるだろうか。国内産業の保護のための各種補助金政策が先進国で存続するかたわら、アフリカ諸国に対して市場開放が強要される自由貿易主義は新たな装いでザンビアに苦難を強いる可能性が高い。

ペタウケの未来も短期的には世界経済の動向、例えば銅の国際価格、あるいは南アフリカを中心とした南部アフリカ経済、そしてザンビア鉱山業の動向に影響を受けるであろう。より直接にはトウモロコシや棉花の生産状況、それを左右する農業投入財の価格、流通基盤の整備の状況、他方では都市ペタウケでの商工業や農村工業の展開などによって村の人々の生活はかなり左右されるはずである。しかしより長期的な展望において、どのような課題や可能性を示せるだろうか。

2　歴史は繰り返すのか

アフリカ経済の成長率が近年高くなり、海外からの直接投資が急増していることが注目されている。アフリカに関する論調で多かった悲観論から一転して楽観論さえ見られるほどである。状況の変化に注目し、その積極的な面を評価することは常に必要である。しかしその変化の内容を慎重に吟味することも忘れてはならない。南アフリカ経済研究の専門家である平野克己による豊富な資料の分析から興味深い事実が明らかになる（平野 2007）。中国などの著しい経済成長は資源価格の高騰をもたらした。先物市場の思惑により高騰しているという面もあり、どの位この傾向が続くのか不確かではあるが、とりあえずこの高騰がアフリカへの資金流入を促し、資源価格の高騰と資源開発への投資がアフリカ経済の成長を助長している。海外直接投資総額および対国内総生産比でみると、上位のアフリカ諸国は南アフリカと船籍国ということで投資のあるリベリアを除き、産油国か鉱物資源国である（平野 2007 : 6）。すなわちアフリカへの投資が増加しているとはいえ、ほとんどは石油と鉱物資源を求めての投資であり、投資先と投資による影響は限定的である。そこから植民地時代が思い起こされる。植民地時代の投資の特徴が現在再び繰り返されているからである。

最も経済成長が著しく、かつ海外投資が流入しているアンゴラ、コンゴ、赤道ギニア、スーダンなどは内戦や腐敗を常としてきた国々であり、統治（ガヴァナンス）と開発とが全く乖離している。内戦や腐敗があっても開発だということである。この点もいわば植民地時代の再現である。アンゴラの沖合い油田は典型的な例であるが、資源開発の地は周辺の社会から切り離された飛び地であり、社会全体の動向と直接関連していない。ナイジェリア東部州オゴニランドでの石油開発はより複雑であるが基本的には同じである。人口六〇万人の少数民族オゴニの土地で採掘される石油の収入は連邦政府に吸い上げられ、汚染により地元の農業・漁業は困難になった。忍従せざるをえなかったオゴニ人が立ち上がると、軍事政権は抗議運動を弾圧し、一九九五年に指導者を処刑してしまった（小倉 2004 : 209）。

資源国への資本の流入は政権の如何によらず、政情の安定度の如何によらない。政情不安な所では腐敗した政府の軍隊に守られ、それさえできない政府の場合は、民間による安全確保、すなわち警備会社に守られて操業を行う。このことはファーガソンが指摘するように、かつてはレオポルド二世のコンゴ自由国（この名称はあまりに逆説的である）やイギリス南アフリカ会社の私的軍隊による支配と開発の時代から、今日のイラクの現実まで繋がっている（Ferguson, 2006 : 206–207, 210）。

植民地時代における鉱山・プランテーション型輸出経済は、宗主国の需要に応じた原材料・嗜好品の生産を行うことにより、植民地に資本主義的生産を発展させた。しかし鉱業やプランテーション農業は他産業の発展、すなわち資本財生産や加工業の発展をもたらすものではなく、飛び地であった。二一世紀になって俄に注目されるようになった資源開発とそれに伴う資本の流入、そして経済成長もかつてと同じ様相を示している。

植民地時代には開発に大量の労働力を必要とし、労働者の住居など労働力再生産に必要な施設が建設された。ヨーロッパ系熟練労働者の長期滞在が必要なためもあり、都市の発展に繋がった。鉱山会社の管理の下に整備された鉱山都市が次々と誕生したザンビア北部はその典型である。資本と人材は銅の生産に投入され、単一商品輸出構造が成立した。この部門はその背後に広がる小農生産部門とは労働力の還流ということにおいてのみ結びつくが、その他の面では宗主国イギリスの経済の一部として存在した。イギリス、あるいはフランスなどの旧宗主国のみならず、アメリカ合州国、日本、そして中国やインドなど投資する国こそ多様化しているが、投資先の資源の豊かな国で現在展開していることは、植民地時代と類似している。むしろ資源開発部門はより一層飛び地となっている。技術革新の結果、開発はより労働節約的な性格を帯びるようになっているからである。アフリカでは食糧の価格が、途上国一般に比すると高く、したがって労働賃金も安くない。したがって資本集約的・労働節約的技術が導入され、かつてのような大量の労働力調達を必要としない。今日ではザンビアの鉱山都市群のようなものの形成は不要になったのである。だからこそ外資により進行中の開発は社会的連関の弱い飛び地における採掘となり（Ferguson, 2006 : 203）、開発の影響は一層限定的とならざるをえない。

議論の範囲をさらに広げるならば、類似のことは「グローバル化」についてもいえよう。アフリカの地方都市でも携帯電話が普及し、インターネットカフェが見られるようになった。世界的な情報の一元化はアフリカにも及んでいる。少なくとも教育のある富裕層は確かに一元化した世界の一員であり、それへの主体的な参加者でさえある。こうした変化は確かに注目されるべきことであろう。しかしこの限りでは、植民地時代に生まれてきた一部の西欧化エリートの存在とさして変わらないともいえる。彼らの存在は無視できない意義をもつが、一元化したといわれる世界のせいぜい飛び地にとどまっている。資源の存在やそれによる資本の流入だけではこうした状況を克服する道は開かれない。長らくアフリカ経済の構造的特徴として繰り返し指摘されてきた二重構造の解体、すなわち零細小農生産部門の発展に目を向けざるをえない。

アフリカ諸国の中では都市人口が極めて高いザンビアでさえも、少なくとも主食の自給を安定的に確保できる程度の農業生産の拡大と農業所得の増大が発展の要である。市場出荷に占める大農生産部門の割合は高く、食料自給率の向上やさらに農産物輸出による外貨獲得において、大農生産の役割は今後も重要である。しかし圧倒的に多数を占める小農の生産性拡大は不可欠である。なぜなら第二次産業部門の飛躍的発展が望めない状況では、たとえ農業部門の資本主義化が成功しても、流出した農村人口を都市の産業部門は吸収できないからである。第二次産業にとっても国外に市場を期待できない限り、国内の市場拡大、すなわち農業所得の上昇による購買力の拡大が必要となる。小農生産における生産性の増大をいかにはかるかが問われている。

ザンビアでは鉱山業や製造業の発展により産業に占める農業の地位は早くから低下してきた。就業人口において農業が最も大きな割合を占めているにもかかわらず、アフリカでは多くの国が産業としての農業の確立に困難をかかえている。このことは農民のさらなる貧困化につながりかねない。かといって零細小農を保護する政策を実施する余裕をザンビアはもってはいない。零細小農は副業や相互扶助によりかろうじて家計を維持している。こうした人々の一部が経済的に自立可能な農業経営を成立させていくことができるだろうか。そのための条件、求められる政策はさまざまあろうが、やはり農業構造の基本にかかわる問題を無視できない。ザンビアの場合それは土地制度とその改革であるといわれる。すでに耕作者に事実上の所有権が確立できるような制度改革が行われたが、ほとんどの場合、農民はその恩恵を得るに至っていない。むしろ伝統的に土地の管理権、分配権を有していた首長や村長が土地登記をし所有権を得る傾向がある。彼らのみが生産性向上を果たし、中農化していくだけでは解決にはならないだろう。小農切り捨てにならず、少なくとも小農のかなりの部分が購買力を拡大できる程度の農業を営む意欲を生み出す必要がある。共同体的慣習法の存続していることが障害であると考え、土地所有権の確立を進めればよしとするのはいささか単純な発想であろう(2)。少なくとも家畜の放牧地などの共有地を保持しつつ、制度改革が行われるべきであろう。

こうした改革が進んでも課題は多い。農業所得と非農業所得との格差は後発国の常として著しい。脱農化への傾向は農業の有望な担い手ほど強く、脱農しないまでも商業などとの兼業である農民が多い。ザンビアでは海外の農業資本の参入も含め、企業経営による大農方式がさらに拡大する可能性が考えられる。しかしそれは自給農業と入植者による資本主義的農業という形で始まった農業生産の二重構造を存続させることになる。生産量、食料自給率という量的な面に限ればいざしらず、農民、農村、そしてザンビア社会全体にとっては必ずしも望ましいことではなく、むしろ農村の貧困化を促進する。農業生産の増大自体は必ずしも農村と農民にとってよい結果をもたらすとは限らない。

企業経営の増大はもちろん、さらには中農経営の進展にある程度成功したとしても、農村人口の流出は避けられない。大半の農家では、経営の中核を担う者は専業であっても他の家族構成員に非農業所得を期待するのが現状である。農村家族は二つの世帯、すなわち農村地帯の農業専従員と兼業者、および都市世帯の賃金労働者から成り立つという植民地時代からの構造は当面変わりそうにない。経済的に自立可能な農業経営を成立させることが理想だとしても、多くの後発国における農業の実態が示すように、ザンビアでもその実現は極めて困難だといわざるをえないのである。だとすればまずは貧困対策として農村に、地域の小都市に、そして都市にそれぞれ住む家族構成員が家計を全体として支える可能性を高めることが必要となる。

さて農村の貧困削減のためには、視野をペタウケにはもちろん、ザンビアという国家に限定すべきではない。ザンビアはそもそも南アフリカを中心とする南部アフリカ経済圏の北辺の地として存在してきた。東部州はその経済圏の中で専ら農業と労働力送り出しを担う地域であり、南部アフリカという枠組の中で周辺のさらにその周辺として一〇〇年間存在してきたのである。したがって新たな一〇〇年もこの枠組と関連させて考えざるをえないであろう。ペタウケの将来はザンビアという国家のみならず、ザンビアもその一部である南部アフリカやその他の地域的枠組によって規定されているのである。

3　地域としての南部アフリカ

イギリスを嚆矢とする先進資本主義と同様の発展過程を後発的な資本主義は辿りえない。このことを明らかにしたのが従属論や世界システム論あるいは後発的発展論である。資本主義を国民経済の発展にとどまらず、資本主義世界経済の展開ととらえ、世界経済に占める各地域の異なる役割が注目されるようになって久しい。先進国は後進国にその将来の姿を指し示すのではなく、後者は前者と異なる発展過程を辿らざるをえないことが明らかになった。確かに両者の間には資本主義的特徴の共有とそれによる諸社会の収斂という現象もある。近代化や産業化をめぐる議論が注目したのはこうした側面であった。しかしこれらの議論は南北問題とその継続を説明できず、南の世界の貧困とその解消についてあまりに楽観的であったことは否定できない。結局のところ近代化論、産業化論は関係性の視点を欠き、発展過程は先進国の経験の繰り返しではなく、常に可変的であらざるをえないことを無視してきたといえよう。

農業と手工業の分離が農村工業の展開により進展し、そこから生じる局地的市場圏の上に国民経済が成り立つという古典的な理解の仕方は、アフリカの現実とはかなりかけ離れている。多国籍企業による製品が流入し、現地の大量生産工場がすでに存在しているなかで、自営的農民による農業発展や、農村工業からの段階的国民経済の形成と発展を構想するとしたら、それは異なる環境の下で過去を無理に再現しようとするようなものである。

一九六〇年代にアフリカ経済の分析に取り組んだ赤羽裕は、国民経済の形成に先立って諸国民経済の統合を必要とすると述べている（赤羽 1971）。国民経済の成熟の後に諸国民経済が連合する地域統合へと進むのではなく、国民経済が未成熟な段階で、併行して地域統合が進められなければならないという趣旨である。アフリカの問題は地域協力・地域統合という国民国家・国民経済を超えた枠組において取り組まざるをえない。このことは赤羽が述べた時から四〇年近くたった現在でも妥当であり、益々そうであるといえる。

ところで南部アフリカ地域はアフリカの他地域と大きく異なる特徴を二つ持っている。長期の植民地支配および独立前後に激しい解放闘争や内戦を経験したことが第一の特徴である。しかし同じ南部アフリカでも植民地により独立と解放の時期に時間差が著しい。一九六〇年代に独立した国の場合は、その他の植民地解放のための前線諸国として解放闘争を支援するなど、闘争の影響を受けざるをえなかった。ザンビアの場合はとりわけそうであった。ザンビアの独立後間もなく、一九六五年にローデシアでは白人入植者たちがイギリスに対して一方的独立宣言を行い、白人少数政権によるアフリカ人への弾圧が強化された。ザンビアはその脅威に対し非常事態宣言を行った。その宣言の解除はアパルトヘイト崩壊の年、一九九一年になってからである。その間一九九〇年まで南アフリカはナミビアの不法統治を続けており、ザンビア政府は解放闘争支援のせいで、ローデシアや南アフリカからの報復にさらされ続けた。ローデシア政府によりザンビアとの国境は一九七三年に閉鎖され、南への輸送が困難となった。アンゴラは一九七五年の独立とともに内戦に突入したため、コンゴ（ザイール）を経由してアンゴラの港ルアンダに至るベンゲラ鉄道は不通になった。内陸国ザンビアは輸送問題の解決に苦慮しなければならなかったのである。友好国タンザニアの港に至るタンザン鉄道が中国の援助により一九七五年に開通したが、それによって問題がなくなったわけではなかった。他方、こうした解放闘争とその支援は南部アフリカ各地と人々の連帯感を強める結果となった。

南部アフリカの解放が他の地域にくらべ遅れた理由がいくつかある。南アフリカはいうに及ばず、南部アフリカは入植型の植民地であった。旧イギリス領は全般的に気候が温暖で、鉱物資源に恵まれ、農業適地も多かった。ポルトガル領、特にアンゴラは国内経済が停滞していたポルトガルからの移民先として重要であった。したがって宗主国にとっての経済的利益のみならず、入植者の存在が独立と解放を阻むことになったのである。しかもその結果による闘争の激化の中で、冷戦体制下で両陣営の思惑が交錯し、冷戦構造が南部アフリカに色濃く浸透する結果となった。なお入植型植民地であったことが、ヨーロッパの影響を強め、キリスト教を浸透させた。

南部アフリカ地域の第二の特徴は経済的相互依存の進展である。植民地帝国はアフリカの植民地を帝国内での分業体系に組み込んだ。したがって帝国の自給を高めるべく各植民地は特定の原材料の生産に特化させられた。植民地経済は国民経済の基礎を築くどころか、宗主国の飛び地として従属的関係を発展させたのである。その結果、アフリカの各地域では隣接植民地間の交易・交通が発展せず、地域統合も進まず、旧宗主国からの経済的自立の推進は阻まれた。ところが南部アフリカでは南アフリカを中心とする地域経済を発展させてきた。

一九世紀後半のダイヤモンド鉱脈、金鉱脈の発見により、南アフリカは世界有数の鉱業国になったばかりか、カナダ、オーストラリア、ニュージーランドに続いて一九一〇年には自治領になり、他のアフリカ植民地とは著しく異なる経済発展を達成していくことになった。入植型植民地における鉱業の発展は他の植民地では見られなかった現地での資本蓄積を可能とし、さらに白人という購買力をもつ市場の存在により、製造業等の発展が可能となった。第一次世界大戦によるヨーロッパからの物資の滞りは、輸入代替産業発展の機会を生み、鉄鋼業も開始された。その結果、南部アフリカでは南アフリカへの集中という形ではあれ、他に類をみない地域間の相互依存が発展した。現在では南アフリカ資本は南部アフリカ全域に浸透し、南アフリカ商品は市場に溢れている。しかし一九世紀末から二〇世紀初頭における相互依存の萌芽は労働力移動から始まったのである。金鉱山をはじめとして南アフリカでは労働力の需要が急速に拡大し、他のアフリカ植民地から労働力を導入することになった。イギリスの植民地であった南北ローデシア、ニアサランド、経済的には南アフリカの一部といってもよいBLS三国と称されるボツワナ、レソト、スワジランドからの移動労働者が導入されたのである。送り出し側の経済にとっては移民による送金が不可欠となっていった。こうした関係はイギリス植民地ばかりでなくポルトガルの植民地との間でも発展した。実は南アフリカへの最大の労働力送り出し社会となるのは隣接したポルトガル領モザンビークであった(3)。こうした歴史を経て今日では貿易、投資、運輸、労働等の各分野にわたる密接な関係によって南部アフリカ経済圏が形成されている(4)。

南アフリカ連邦成立を契機に一九一〇年に結成されたのは南部アフリカ関税同盟である。これは南アフリカとBLS三国によって構成され、域内産品の無税流通、商品の自由流通、共通域外関税からなる。BLSにとっては行政費用の軽減および関税収入の分配金の獲得という利点があり、南アフリカにとってはBLS市場の独占が可能となった。その結果ラント経済圏（ラントは南アフリカの通貨単位）といわれるものが早くから成立していた。独立後ナミビアが加わり、現在の加盟国は五カ国となっている。しかしザンビアも加盟しているより大きな地域機構は南部アフリカ開発共同体（SADC）である。その前身は南部アフリカ開発調整会議（SADCC）といい、前線諸国（アンゴラ、ボツワナ、モザンビーク、タンザニア、ザンビア）にマラウイ、スワジランド、レソト、そして独立直前であったローデシア（ジンバブウェ）が参加して一九八〇年に発足した。第一回の首脳会議で採択された宣言（南部アフリカ――経済解放をめざして）は会議が開催されたザンビアの首都ルサカにちなみルサカ宣言ともいわれる。謳われた目標は四つあった。南アフリカへの経済依存の軽減、真に平等な地域統合の形成、政策遂行に必要な資源の動員、経済解放のための国際協力であり、南部アフリカ解放を推進するという政治意図に基づく協力関係であった。（小倉 1989 : 196–198）アパルトヘイトの南アフリカと対決し、アパルトヘイト体制下のアフリカ人を解放することが目指された。政治的な対立関係にある南アフリカに経済的に従属しているのが近隣諸国の抱える現実であった。だからこそその経済的従属をまず克服することが、アパルトヘイト体制と戦うために必要だったのである。南アフリカへの依存を軽減する上で最も重視されたのが運輸・通信の分野であった。内陸国の多いSADCC加盟国（発足時の加盟国九カ国のうち六カ国は内陸国）では、南アフリカ以外の沿岸国としてモザンビークへの期待が大きかった。南アフリカにより支援されたモザンビークの反政府勢力はその期待を実現させる上で重大な障害となったのである。

その後、独立したナミビアが加入、一九九二年にSADCと改称された。アパルトヘイト崩壊後南アフリカが加入し、この地域機構の性格は基本的に変化した。南アフリカに対抗するためのものから、良かれ悪しかれ南アフリカを中核とするものへと転換したのである。植民地支配のもとで形成されてきた地域内の密接な経済的関係はアパルトヘイト時代を通じても存続したが、アンゴラとモザンビークの独立（一九七五年）、北ローデシアのジンバブウェとしての独立（一九八〇年）、ナミビアの独立（一九九〇年）、そしてアパルトヘイト体制の崩壊（一九九一年）とマンデラ政権の成立（一九九四年）を経て一層強化され、現在はさらにインド洋の島嶼国モーリシャス、セイシェル、そしてコンゴ民主共和国を含む一四カ国に拡大している。SADCCの時代から続いている組織運営上の特徴は超国家的な常設機関をもうけず、運輸・通信、食糧安全保障、土壌保全と土地利用、穀物研究と家禽病理、人材育成、工業、エネルギー、漁業と野生動物、鉱業という各分野における調整を各国に分担させていることである。例えば上述したように運輸・通信をモザンビークが担当し、鉱業はザンビアが担当しているという具合である。こうした方法をとるのは組織の肥大化を避けるためであり、必要に応じて担当者や閣僚など各次元での会合が頻繁に開かれている。他方で貧しい小国の多いこの地域では、分担した分野の調整を十分行う力に欠けるという問題も指摘されている。

ザンビアの将来はSADCの発展のありようによっても左右される。南アフリカを牽引車とした南部アフリカ経済の発展のあり方がザンビアに影響するからである。南アフリカの資本や技術の流入はザンビア経済の発展の契機になりうるが、その影響は多面的である。南アフリカ商品の流入は地元産業への圧迫となり、対南アフリカ貿易収支赤字は拡大する。南アフリカ以外からの投資は南部アフリカの周辺であるザンビアよりも、南アフリカに集中する可能性も高い。労働移動についても、一方では頭脳流出による打撃、他方では不法就労の増加をもたらすため、ザンビアのような送り出し側にとって負の影響が懸念されている。こうしてみると南部アフリカ地域における相互依存関係とその歴史的展開といっても、SADC諸国間の関係は弱い。強いのは南アフリカと各国との関係であるから、今後も南アフリカを経由したつながりとしてSADCが発展していくという傾向がみられる。南アフリカとの関係をいかに積極的な効果をもつものとして構築していくかということと同時に、ザンビアにとっては近隣諸国との関係の発展が重要である。東部州にとってはマラウイおよびモザンビークとの国境地域とその開発が注目されることになろう。

なお南部アフリカに内在する問題、不安定な要素も指摘しておかねばならない。それは南アフリカとその他の国々との間にある経済格差やそれによる対立といったものとは異なる性格のものである。それは南アフリカおよびジンバブウェにある植民地支配の遺産である。南部アフリカ諸国は時間差はあれ、独立を達成し、かつ民主化が進展してきた。しかし上記の二カ国には、かつてヨーロッパ系入植者がアフリカ人から略奪した土地をその子孫が引き続き農場として所有しているという土地問題が存在している。肥沃な農場の多くを白人が所有しているという土地問題とそれに対するイギリスなどの姿勢が今日のジンバブウェの混乱の根源にある。(5)ジンバブウェの独立に際し、新政府は白人の土地を強制収用せず、市場価格により買収し、それをアフリカ人農民に配分すること、そしてイギリス政府は買収資金の援助をすることを決めた。しかしジンバブウェ政府の土地配分が不適切であるなどの理由で、イギリスからの援助は滞った。ザンベジ河の北、すなわちザンビアにはなく、ザンベジ河の南、すなわちジンバブウェや南アフリカにあるのが土地問題である。この問題の帰趨は二一世紀の南部アフリカ全体に決定的な影響を及ぼすであろう。

4　アフリカと国際関係

（1）アフリカ・ヨーロッパ間関係の変遷

南部アフリカ農村社会の将来は地域を超えた、より大きな国際関係にも影響される。南北問題とそれへの国際的な取り組みがどうなるかということである。ヨーロッパはアフリカに多大な影響を及ぼしてきた。第二次世界大戦後は政治的にはアメリカ合州国とソ連が、経済的にはアメリカ合州国と日本がアフリカで影響力を増大させてきた。二一世紀の現在はインドそしてとりわけ中国との関係が重要性を急速に高めている。しかしながらヨーロッパとの関係は政治・経済にとどまらず、社会・文化の分野に及ぶ包括的なものであり、依然としてアフリカの将来にとって無視できない。南部アフリカ農村社会にとっての国際関係をここではアフリカとヨーロッパ連合（EU）との関係に焦点を絞って考察したい(6)。

アフリカの植民地が次々と独立する一九六〇年代初頭、イギリス、フランスなどの宗主国は政治的独立の承認のかたわら、経済的権益を固持して、影響力を保持しようとした。このようにかつての植民地帝国は個別利害に基づく旧植民地との新たな関係を形成していった。しかしヨーロッパでの統合の進展はこうした個別利害を超えたヨーロッパとアフリカとの新たな関係構築をもたらすことになった。その最初に具体化されたものはヨーロッパ経済共同体（EEC）とアフリカおよびマダガスカルとの連合協定（ヤウンデ協定）である。EECと独立した一八カ国との間で一九六三年七月に第一次協定（一九六四―六九年）が調印され、一九六九年七月に自由貿易地域を設立するための第二次協定（一九六九―七五年）が調印された。これはヨーロッパ共同体（ＥＣ）とアフリカ・カリブ海・太平洋諸国（ＡＣＰ諸国）の計四六カ国との間に締結されたロメ協定に継承された。第一次ロメ協定（一九七五―八〇年）によりＡＣＰ産品に対してＥＣ市場が開放され、一次産品の輸出所得安定化制度（ＳＴＡＢＥＸ）が設立された[7]。ＳＴＡＢＥＸは熱帯農産物などのＥＥＣへの輸出による所得が減少した場合にＡＣＰ諸国に対して補償融資するというものである。ロメ協定締結時期は一九七三年の石油輸出機構（ＯＰＥＣ）による石油戦略や一九七四年の新国際経済秩序（ＮＩＥＯ）の要求など、南からの主張が強まった時代であった。ＥＣとＡＣＰ諸国との交渉は国際連合におけるＮＩＥＯをめぐる交渉と類似し、南北対話の縮小版であった（Hurt, 2004 : 157）。

　この協定により輸出品を多様化することが阻害され、一次産品輸出という植民地以来の構造が維持されたという批判もある。しかし全体的には南北間の対話と平等化をめざし、南の発展に一次産品生産と輸出を活用しようとした進歩的なものであったという評価がされた。しかし協定が冷戦状況におけるヨーロッパの利害関心と関連していたことは事実である。「このような革新的な協定がＥＥＣ―ＡＣＰ間で成立した背景には、東西冷戦下における西ヨーロッパ諸国のＡＰＣにおける経済的および地政学的利益の擁護、原材料確保の必要性、発展途上国のＥＥＣ市場確保、などの必要性が強く認識されていたためである」（前田 2000 : 329）。

　しかしながら第二次ロメ協定（一九八〇―八五年）、第三次ロメ協定（一九八五―九〇年）と進むにつれＥＣの立場が強まる。第三次ロメ協定では援助条件が課されるようになり、「政策対話」概念が登場した。これは「援助は一方的なものではなく対話を通じて」という主旨であるが、実質上はＥＣ側からの影響力の増大を意味した。また人権侵害、虐待などに対する国際的な関心の高まりを背景に、「人間の尊厳の尊重」という規定が盛り込まれ、人権問題に言及されるようになる。第四次ロメ協定（一九九〇―二〇〇〇年）の時期になると、ＥＥＣ設立以来植民地、旧植民地への資金援助を行う目的で設立された欧州開発基金の中に、構造調整基金が新設された。これにより市場原理に基づく政策運営をアフリカ諸国は要求されることになった。こうしてヨーロッパとアフリカの関係は過去の歴史を踏まえた提携からヨーロッパによるアフリカへの政策提言へと変化したのである。(8)

二〇〇〇年に調印されたコトヌー協定はACP七七カ国との協定であり、うちアフリカ諸国は四八カ国である。第四次ロメ協定において融資から贈与になっていたSTABEXはコトヌー協定において廃止された。人権、民主的原則、法治主義が犯された場合は協定の停止すなわち援助停止もありうることになった(第九六条)。中央政府に対してだけでなく、NGOや地方政府とのパートナーシップが示され(第六条、第七条)、オーナーシップ重視(第九六条)と矛盾することにもなった。ロメ協定からコトヌー協定への変化の要因として、ホランドは五つのことを指摘している。(1)ロメ協定国の停滞と従属の継続、(2)中・東欧諸国を優先、(3)特恵的協定に対する世界貿易機関(WTO)の批判、(4)特恵が付与されていないアジアとの貿易拡大、(5)途上国の多様化(Holland, 2002 : 17)。

EUはACP諸国をLDC(Least Developed Countries 後発途上国・最貧国)とnon-LDCに分け、前者にはEUの輸出無税を維持し、後者とは南アフリカとの協定に類似した自由貿易協定の締結をめざしている。なお現在LDC七カ国と非LDC六カ国そして南アフリカからなる南部アフリカ開発共同体はEUと独自の協定を結んでいる。一九九九年に調印され、二〇〇〇年一月に発効した「貿易、開発および協力協定」(Trade, Development and Cooperation Agreement TDCA)により南アフリカはロメ会議のメンバーとなり、EUと南アフリカは今後一二年間に自由貿易地域を形成することになった。EUは一〇年以内に九五%の品目の関税を廃止し、南アフリカは一二年以内に八六%の品目の関税を廃止することになった(Gibb, 2003 : 899)。この交渉のすべてにおいて世界貿易機関(WTO)とその規制が影響を及ぼし、WTOが主張する互恵自由貿易が押し付けられた。協定成立時における南アフリカの人間開発指標はまだ九四番目の国であったにもかかわらず。

この協定はEUとアフリカの将来の関係を暗示するものと考えられている（Hurt, 2004 : 163）。一九九四年以降の南アフリカとEUとの交渉において、EUはロメ協定適用を拒否してきた。その理由は南アフリカが二重の性格を持ち、途上国よりむしろ先進国に類似していると考えられたからである。すなわちロメ協定の南アフリカへの適用はWTOと対立することになり、ロメ協定の存続自体を危うくすると考えられた。また南アフリカを速やかに世界経済に統合するためでもあった。ロメ協定を適用すると南アフリカの経済改革における速度を遅らせ、外資導入を妨げると予想され、さらにACP諸国やEUの産業に不利益をもたらすと考えられたため、フランスなど南欧諸国は農業分野における関税撤廃に反対したのである。南アフリカのEUへの輸出はACP諸国全体の三分の一に達していた（Gibb, 2003 : 899）。

ロメ協定締結以来のEUとACP諸国との二五年にわたる関係の結果は、後者の周辺化の進行であった。ACP諸国はEU諸国に次ぐ「特権のピラミッド」の位置をEUによって付与されたにもかかわらず、EUの貿易相手国としての地位は低下した[9]。ACP諸国からの輸入比率は一九八〇年代以降減少し、他方アジアからの輸入比率は急増した。このようにACP諸国はEUにとっての貿易上の重要性を後退させ、それにつれ両者における関係の中心は、貿易ではなくむしろ開発援助に移行していった。

すでに述べたようにコトヌー協定第九六条により、政治的条件を被援助国が満たさない場合、援助停止を行うことができるようになった。政治的条件とは人権の尊重、民主原則、法治主義であり、これらが満たされないことによって援助が停止されたのは、一九九四年のクーデタ発生によるガンビア、一九九八年のシエラレオネの内戦に介入したリベリア、同じく一九九八年に生じた大統領選挙不正によるトーゴに対してであった[10]。さらに二〇〇二年に行われた選挙のあり方を理由に、ジンバブウェに対する援助が停止された。

欧州共同体による一九七六年二月のアパルトヘイト体制批判は政治的レトリックと貿易・投資での南アフリカとの緊密さの妥協の産物であった。一九九四年のルワンダ虐殺についてもEUは批判をしたが、具体的な行動はほとんど取られなかった。しかし次第に経済援助に対する疑問が生じ、アフリカにおける紛争に対応することがEUの地位を強めると考えるようになった。二〇〇〇年にカイロで開催されたアフリカ・ヨーロッパサミットで示された行動計画の五つの目標の中には、人権・民主主義・法治主義、あるいは貧困との戦いなどと並んで、平和構築・紛争予防と解決が含まれている。EUは従来ACP諸国と地中海地域とにアフリカを分けていたが、アフリカ全体との新たな対話を志向するようになった。これはEUとアフリカとのパートナーシップの促進である。アフリカ統一機構（OAU）は二〇〇一年三月にアフリカ連合（African Union）となった。AUの採択した「アフリカ開発のための新しいパートナーシップ」（NEPAD）をEUは全面的に支持し、東アフリカの大湖地域の紛争予防と解決に貢献することを宣言した。

冷戦後のアフリカに対するEUの姿勢には二つの特徴がある。第一の特徴は権威主義体制に対する批判を強め、民主化を求めるということである。ヨーロッパ諸国では冷戦終焉にともない権威主義体制に経済支援を行うことに批判が強まった。第二の特徴は民主主義は開発と矛盾しないどころか、むしろ開発の条件であるという信念が強まったことである（Hurt, 2004 : 162）。こうしたEUの姿勢は冷戦に勝利したという自信により一般化したのであるが、その実際の適応においては不揃いがある。たとえば中国に対しては、その政治的ならびに経済的重要性ゆえに、対応は慎重であり、アフリカ諸国に対する場合と同じではない。EUの関心と姿勢は次のことからうかがえる。EUは多くの選挙監視要請を受け、実施してきた。その代表的な例は二〇〇〇年六月に行われたジンバブウェの総選挙監視である。そのために二〇〇〇年五月ＥＵは一・八三〇〇万ユーロを援助し、ＥＵ加盟国が個別に提供している分をあわせると全体で二四〇万ユーロとなった。そして一四〇〇人の地元監視員の訓練と一九〇名の監視団派遣を行った。選挙後、貧困撲滅プロジェクトのために一九〇〇万ユーロを提供した。しかしながら農村開発のための二〇〇万ユーロは土地政策のゆえに提供が停止され、さらにＨＩＶ／ＡＩＤＳプログラムの三三〇〇万ユーロの提供についても民主化の進展という条件がつけられた（Holland, 2002 : 136-137）。

政治的条件、すなわち「良い統治」を援助側が求めると、アフリカの政府から内政干渉だという批判を受ける。しかし制度的な民主化の開始時においては被援助側にも「良い統治」への積極性が見られた。一九九一年に成立したザンビアのチルバ政権の初期がその典型である。その結果、構造調整支援に加え、民主化支援という目的で資金が流入した。ところがその後、チルバ政権は高官による汚職や腐敗、言論弾圧、司法介入などにより評価を落とした。一九九六年の大統領選挙では、元大統領カウンダの出馬を妨害するなど問題が噴出した。その後も二〇〇一年の大統領選挙に向けて三選禁止条項を変更しようとするなど、民主化に逆行した。これに対してＥＵや他の援助国は援助条件と結びつけて圧力をかけた。しかしさほど実効性があったとはいえない。

ラクナーはその理由として援助側の分裂に注目している（Rakner, 2003 : 162-168）。世界銀行は一九九六年夏に対ザンビア援助の停止に反対した。「良い統治」とはもともと一九八〇年代に世界銀行が導入したものであるが、世界銀行はその性格から政治的介入は出来ない。したがって一般に「良い統治」を民主主義と結びつけてとらえるＥＵの姿勢とは違いがあった。しかもザンビアが構造調整の成功例になることを世界銀行が望んでいたことはもちろんのこと、援助中止によって生じる経済的コストに世界銀行は敏感にならざるをえなかった。必ずしも民主的ではなくても構造調整を積極的に進めるチルバ政権への対応にはジレンマがあったのである。実はこのことはＥＵや援助国にとっても基本的に変わらないのではないだろうか。民営化の促進など評価できるマクロな経済政策を実行している政府は援助側にとっても有益な存在である。「良い統治」は民主的統治ではなく、援助側にとって望ましい政策を実行しうる統治とよみかえられる。したがって中国とアフリカに対して、援助側の対応がかならずしも異なるとはいえない。援助側に共通するのは経済改革の要求と経済的利害の重視なのである。EUのザンビアへの援助は政治的理由により何回も減少したがすぐに回復した。このことが現実を示している。

EUの対外援助総額は六五億六一〇〇万ドル（二〇〇二年）、八一億二五〇〇万ドル（二〇〇三年）であり、アメリカ合州国と日本に次いで世界第三位である。EU加盟国全体では、二九九億四九〇〇万ドル（二〇〇二年）、三六八億二五〇〇万ドル（二〇〇三年）となり、世界一位の額である。二〇〇二年度の援助総額のうちACP諸国へは全体の四六％である(11)。近年、東欧や中央アジアが重視されるようになっているものの、EUが対アフリカ援助を重視していることは日本と比べるともちろんのこと、アメリカ合州国と比べても顕著である。

しかしアフリカ諸国からすると次のような問題がある。EU共通農業政策における農業補助金制度がアフリカにおよぼす影響である。EUは莫大な額の農業補助金（予算のおよそ半額）を投じて域内農業を保護している。なお過剰生産された農産物の輸出のために、EUは輸出補助金制度によって国際競争力を高めている。その額はおよそEUの援助額の半分に匹敵している。その結果、EU諸国は粉ミルク、鶏肉、砂糖などの主要な輸出国になっている。アフリカ国内の農業は安い輸入品との競合にさらされ打撃を受けることになる。なおEUとの関係と同様のことが、アメリカ合州国との関係においても見られる。合州国の棉花に対する農業補助金はマリ、ブルキナファソ、ベニンなどにおける棉花生産と輸出に打撃を与えている。小麦やトウモロコシの生産過剰問題は輸出補助金による輸出の促進あるいは食糧援助によって回避され、砂糖や酪農品については輸入制限により保護されている。

アフリカからの農産物輸出の拡大はこのような保護政策を廃止することによって可能となる。いわゆる公正な貿易（フェア・トレード）を実現すべきだという主張である。欧米は構造調整によりアフリカに保護政策の撤廃と貿易自由化をせまり、自らには保護政策を持続するという二重基準に対する批判は強い。ただし上述のように、アフリカはＥＵから「特権のピラミッド」の地位を付与されているという事実も無視できない。ギブが分析した砂糖の例を取り上げるならば、ＥＵの砂糖に関する政策は輸入税、輸出払戻金、最低価格補償、生産割当などから成り立っている。ＥＵの砂糖生産量は一七〇〇万トン（二〇〇〇／〇一年）で世界全体の生産量の一三％であり、白糖輸出では全世界の三〇％を占め、世界第一位である（第二位はブラジル、第三位はタイ）。粗糖を加えた合計では世界第二位である。ＥＵ価格は世界市場価格のおよそ二倍であるが、輸出補助金により輸出が可能となる。他方白糖には一〇〇キロ当り四一・九ユーロ、粗糖には三三・九ユーロ（二〇〇〇／〇一年）の輸入税を課している。しかしＡＣＰに対しては優遇措置がある。ＥＵは一定量（うち五二・五％は南部アフリカ）を価格保証つきで輸入している。世界市場価格一〇〇キロ当り一九・一〇ユーロに対し五二・三七ユーロで輸入している（二〇〇〇／〇一年）（Gibb, 2004 : 569–570）。それゆえＥＵの保護政策にもかかわらず、アフリカの砂糖生産国は利益を得ているという。しかし南部アフリカ各国別で見ると、砂糖輸出によるＥＵからの所得移転の六六％はモーリシャス、一九％はスワジランド、七％はジンバブウェであり、この三カ国で九二％に達する。他方南部アフリカの砂糖生産の五三％を占める南アフリカはＡＣＰとの協定外であり、割当の少ないザンビアはＥＵの輸出により価格が低下する国際市場で輸出分の八八％を売却している（Gibb, 2004 : 579）。

このようにロメ協定による恩恵は受けているものの、ＥＵの農業政策自身がアフリカの農産物輸出、したがって農業そのものに打撃を与えている事実を否定することは難しいであろう。このようなことによって途上国の農業発展が阻害されているという批判は多い。以上のことを踏まえると、次の主張に納得することが出来る。「『途上国側』が自国農業の発展のため先進国の農業保護の削減と市場開放を求めつつ自国農業保護のための特別な扱いを求める一方で、『先進国』が人口増と経済成長により農産物の需要拡大が見込まれる途上国の市場開放を求めていくという対立構図が浮かび上がる」（遠藤 2004：535）。

アフリカ諸国は先進国の農業政策の変更と市場開放を求めるばかりでなく、先進国の農産物輸出と貿易自由化によって影響を受けたアフリカ農業への配慮を求めることになる。アフリカの経済発展、そしてその基盤としての農業発展を図ることが求められるのであれば、そのために先進国がなすべきことは農業開発援助ばかりでなく、まして や食糧援助ばかりでないことは明らかである。農業保護政策は先進国において社会的にも政治的にも必要性が高く、その変更は容易ではない。しかしながら途上国からの輸出を促進し、生産を拡大するためには、先進国の農業保護政策の見直しと途上国における農業保護政策の容認という困難な課題に取り組む必要がある。

（2） 新たな国際環境——移民とアジア

二〇世紀から二一世紀へ世紀が転換した現在、奇しくもヨーロッパとアフリカとの関係は新たな様相を示しつつあるように思われる。それを最後に取り上げておく。各地で頻発する民族紛争、そして何よりも九・一一に象徴される世界の深い亀裂の存在は冷戦終焉後のユーフォリアを吹き飛ばした。アメリカ合州国やロシアとともにヨーロッパの諸国もテロリズム対策に邁進するようになった。しかしEUのテロリズム対策は主に国内の治安維持に集中している。二〇〇五年のマドリッドとロンドンにおける列車爆破事件は移民によるものであり、アルカイダなどのテロリズム集団と直接結びついていなかった。それゆえむしろ「内なるテロリスト」への警戒が強められ、そのことがイスラム系移民への迫害や差別をもたらす結果となった。

ＥＵとアフリカの関係で重要課題となっているのは、したがってテロリズムよりむしろアフリカからの不正規移民である。スペイン領カナリア諸島にセネガル、モーリタニアから、あるいはイタリア南部、ギリシャ、マルタにリビア経由でサハラ以南アフリカから、移民が急増している。セネガルからカナリア諸島まで一四〇〇キロをボートで八日から一〇日の日数をかけ移動し、途中で命を落とす人も多い。カナリア諸島に到着した人の数は二〇〇五年に四七〇〇人であったが、二〇〇六年は一〇月までですでに二万七〇〇〇人に達した[12]。アフリカ諸国における内戦、経済危機、政治弾圧などが移動を促す要因となっており、アフリカで生じていることが直接自国に影響することをＥＵは認識せざるを得なくなったのである。

事態の深刻化によりＥＵとアフリカ諸国の五八カ国が二〇〇六年七月にモロッコで移民に関する会議を開催した。二〇〇六年九月には移民問題をめぐる欧州八カ国閣僚会議が開かれた。スペインは二〇〇五年の春に不法移民を合法化し、約七〇万人に就労査証を与えたが、こうした政策が移動を促進したとフランスの内相が批難するまでになった。ＥＵには共通の移民政策はなく、移民問題についてＥＵ加盟国間で事前に協議する枠組が十分機能しなかったのである。

なおイギリス、フランスなどヨーロッパ諸国への移民はアフリカからすれば人材の流出さらに頭脳の搾取を意味する。なぜならこれらの国々は非熟練労働者の流入を抑制し、専門技術的能力の高い人々を導入する政策を近年採用しているからである。ザンビアのように南部アフリカでも周辺的な位置にある国においては欧米諸国への流出ばかりでなく、南アフリカなどザンビアに比べてより豊かな近隣諸国への流出も深刻な問題である。冷戦の終焉、アパルトヘイト体制の崩壊そして民主化は南部アフリカからの、そして南部アフリカ内での国際移動を急増させている。これらについてはこれ以上立ち入らないが、ザンビアの将来にとって注目すべき現象である。

EUとアフリカの関係の変遷を概観してきたが、今ひとつその関係に影響を与える新たな状況が生じている。アフリカとアジアの関係緊密化である。特に中国との関係の発展とその影響は注目に値する（Tull, 2006）。中国とアフリカ諸国五三カ国との二〇〇五年度の貿易量は三九七・五億ドル、六年間で六倍になった。合州国、フランスに次ぎ第三位である（丁 2007 : 136）。中国経済は急速に拡大をとげてきたため、中国の総輸出に占める割合は二％強と変化はない。しかしアフリカ側からすると総輸入に占める中国の割合は一九九九年の三・二％から二〇〇五年の六・九％へと増加している。電機製品、繊維、衣服などの消費財市場において、中国製品の存在は年々大きくなり、それだけに地元の繊維・衣服産業に与える影響も懸念されるようになっている。ザンビア中部の都市カブエにはムルングシ繊維工場があるが、今では綿糸生産部門のみが操業し、織物は生産されていない。中国からの輸入品に対抗できなかったからである。しかも皮肉なことに、この工場は二〇数年前に中国の援助により設立されたものであった。しかし中国のアフリカに対する経済進出に対して欧米諸国が関心をもつのは消費財貿易ではなく資源確保のための活動である。

中国の対アフリカ政策は一九六〇年代、七〇年代において独立運動と社会主義の支援を核としていた。ところが今日では、石油をアンゴラから、鉄鉱石を南アフリカから、コバルト・銅をザンビアから、木材をコンゴからというように資源確保のための通商が目立つ。中国がアンゴラ、コンゴ、赤道ギニア、スーダンの四カ国から輸入する原油は全輸入量の二七％（二〇〇六年）を占めている。中国の急速な影響力の拡大に対し、欧米諸国は批判的姿勢を見せる。資源確保は中国に限らないが、内戦や腐敗の存在にもかかわらず、すなわち内政を問わずに進出するやり方が槍玉にあがることが多い。しかしアフリカと中国との関係は着実に強まっている。こうした関係の発展を象徴するのが二〇〇六年一一月に開催された中国・アフリカ協力フォーラム北京サミットである。アフリカ五三カ国のうち四八カ国が参加、そのうち四一カ国は元首あるいは首相が出席した（吉田 2007 : 26）。アフリカ諸国の中国に対する期待感を示している。

ＥＵとアフリカとの関係に及ぼす影響として注目すべきは、中国がアフリカに対して征服者として来たのでないのはもちろんのこと、教師面をしたりパトロンとして振舞うことのない初めての大国だということであろう。中国の援助は政治的条件をつけず、内政不干渉を原則としている。こうした姿勢は欧米諸国や国際援助機関と異なるものである。アフリカ諸国の一部が冷戦時代にアメリカ合州国とソ連を競わせたように、中国の台頭はアフリカにとってＥＵなどへの牽制となる。スーダンやジンバブウェにとって、国連で拒否権を持つ中国の存在は制裁を回避する有力な助けとなっている(13)。

その傍ら流入する中国商品の急増や、中国人労働者を多く送り込む援助の方式などは中国に対する警戒や反撥を生む可能性もある。一般のザンビア人からすると中国に対しても他の外国に対してと同様、投資や援助、企業進出を期待する。しかしそれらに関連する人としてばかりでなく、日用雑貨などを売る商人として、ザンビア人商人と競合する者として中国人が台頭しており、そのことが一部に反中国人感情を生み出している。チャンベシにある中国人所有の工場で爆発事故（二〇〇五年四月二〇日）が発生し、四六名（五二名ともいう）が死亡した。安全性を無視した経営に批判が噴出したこともあり、上述したが、二〇〇六年九月のザンビアの大統領選挙では野党の有力候補（マイケル・サタ）が中国の脅威を強調し、それに対して在ザンビア中国大使はその候補が当選したら国交を断絶すると発言する事態が起きた。「中国人の関心は我々を搾取することである。以前他の連中がしたようにヨーロッパ人にかわって新たにアフリカを植民地化するために彼らはやって来た」（*Herald Tribune*, 2007. 8. 22.）。これに類する発言は、都市部の有権者、とりわけ低所得者、失業者や零細商人などを引きつけるために今後も繰り返されるであろう。今世紀になってザンビア経済は回復し、成長しはじめたが、経済改革により打撃を受けた人々や、拡大する格差に不満を持つ人々の中には、小売業においても存在感を増している中国人への反感がみられるようになった。二〇〇五年四月の爆発事故も影響している。MMD政権が積極的に推進してきた市場開放、とりわけ民営化は外資の参入を活発化させた。カウンダ時代とは政策において様変わりした政権に対して、国富を外国人に売り渡しているという批判が繰り返されてきた。中国人への反感は人々の中に蓄積されていた不満を煽動的な政治家が掬《すく》い取った結果であった。急速に貿易と投資で存在が大きくなってきたため中国が注目される。しかしむしろ問題は市場開放により拡大した資本の流入と銅価格の高騰をどう生かせるかということである。このことをザンビア政府は問われている。

（3） 二一世紀のアフリカ

二〇世紀前半のアフリカは植民地支配の確立とそれに対する抵抗運動の形成と発展の時代であった。独立達成後の二〇世紀後半は「二〇世紀はアフリカの世紀だ」とガーナ初代大統領ンクルマの豪語した期待が裏切られていく時代であった。経済は停滞するかたわら、農業と非農業、農村と都市、農民・労働者と一部富裕階層の格差は広がった。権力の掌握とそれによる国富の配分をめぐる闘争は民族間の対立を深刻化させた。冷戦終焉後はこうしたアフリカの状況が広く認識されるようになった。アフリカの人々が苦しむ感染症やテロリズムなどは先進国の人々にとっても無関心ではいられなくなり、それらはアフリカ問題と称され、アフリカが直面する問題への国際的取り組みの必要が叫ばれるようになった。

農業を中心とする経済の問題、農村社会の構造、民主化、そして国際社会との関係については何らかの形で述べてきた。アフリカの将来にとっていま一つ重要な要素であると思われるのはアフリカにおける国家の特徴である。二一世紀のペタウケ農村社会の人々は東部州の農業生産、ザンビア経済の動向、南アフリカをはじめとする南部アフリカ経済、そしてEUをはじめとする北の世界との関係によって左右されるだろう。しかしこれらの諸条件がペタウケの人々の生活にとってどれだけ望ましい影響を与えるかは国家のありようにもよるからである。

アフリカにおける国家の枠組が一九世紀末のアフリカ分割により形成されたため、国境のもつ不合理が著しいということは繰り返し指摘されてきた。しかし分割から一世紀、独立からでさえ半世紀を経て、分割の結果である国家的枠組は否定しがたい現実となっている。政治や主権の議論はとりあえずこの事実から出発せざるをえないのである。AUの前身たるアフリカ統一機構（OAU）もその設立に際し、現存の国境を前提としつつ主権国家の集合体として出発した。この半世紀、主権国家の国境が大きく変更されたのはエチオピアからのエリトリア独立が唯一の例である。今後、国内での少数民族をめぐる対立、あるいは資源をめぐる問題などにより、国境紛争、分離と統合運動がアフリカのいたるところで生じる可能性はある。民族対立の場合、民族的主張が自身の民族的解放を促進するとは限らず、むしろその主張を利用しつつ大国や支配民族は介入と支配の強化を行ってきたことを思い起こすべきであろう。例えばナイジェリアの東部州イボ人による分離独立宣言とその後のビアフラの悲劇である。エチオピア―エリトリア紛争、エチオピア―ソマリア紛争もそうした例といえよう。冷戦の終焉により大国の介入によるバルカン化の危険性は幸いにして後退した。しかし矛盾が内包されている状況にはかわりない。国境変更という領土争奪に伴う民族問題への対処の仕方に対し、地域協力、地域統合の取り組みがどう進むかは重要なことである。

しかしながらアフリカのほとんどの国家はいずれにせよ多人種・多民族国家、多言語国家である。国民国家的な何らかの同質性を有しておらず、出発時から多文化国家である。民族へのアイデンティティは国家へのアイデンティティをしばしば凌ぎ、多様性は絶えず分散化を促している。国民国家形成以前に国民国家後の問題を同時に経験しているわけであり、統合と多様性のジレンマに対してどのように取り組むかが、アフリカ諸国のみならずアフリカの人々の将来に重要な影響を及ぼす。このことからすると第4章第3節での考察を思い起こさざるをえない。すなわち民族や地域間の対立感情に基づく政治的動員を行う政治家は民主化とともに増える危険性がある。そのような動員を抑制することができるか否かが今後のアフリカを左右する試金石となろう。

（1）国際体制の変遷については百瀬宏『国際関係学原論』岩波書店、二〇〇三年、第二章を参照。

（2）タンザニアにおける土地制度と農業発展について論じた吉田昌夫『東アフリカ社会経済研究――タンザニアを中心として』古今書院、一九九七年が参考になる。

（3）モザンビークから南アフリカへの労働力送り出しの展開については網中昭世「ポルトガル植民地支配とモザンビーク南部における労働移動――ポルトガル・南アフリカ政府間協定の締結過程（一九〇一―一九二八）」『歴史研究』第八三二号、二〇〇七年に詳しい。

（4）南部アフリカ経済圏については小倉（1989：第3章）で論じた。なお一九六〇年代における状況の詳しい分析は林（1975）にある。

（5）この問題について、次の論文が多くの示唆を与える。吉國恒雄「燃えるジンバブエ」木畑洋一編『現代世界とイギリス帝国』ミネルヴァ書房、二〇〇七年。

（6）ヨーロッパ連合（EU）の前身は一九七六年までヨーロッパ経済共同体、一九九三年のEU成立まではヨーロッパ共同体である。特に区別する必要がない場合はEUと表記する。

（7）輸出所得安定化制度については次のものを参照。大熊宏「輸出所得安定化制度」『国際政治経済辞典』（改訂版）東京書籍、二〇〇三年、七五九―七六〇ページ。

（8）ジンバブウェの事例については William Brown, *The European Union and Africa: The Restructuring of North-South Relations*, London and New York: I. B. Tauris, 2002 の第6章を参照。

（9）前田（2000：332）の図10―1を参照。APC諸国の地位の低下を、遠藤は「希薄化」、マーティンは「周辺化」という。遠藤貢「アフリカをめぐる多国間主義の変容と現在」『国際政治』第一三三号、二〇〇三年、一一八ページ。Guy Martin, *Africa in World Politics*, Trenton and Asmara: Africa World Press, 2002, p. 47.

（10）*Africa Research Bulletin*, Vol. 31, No. 10, 1994, p. 11609, Vol. 35, No. 7, 1998, p. 14758.

（11）『政府開発援助白書』（二〇〇四年版）、資料編第四章第二節一三（EU）を参照。

（12）『朝日新聞』二〇〇六年一〇月一七日。

（13）中国はアフリカに対して幾つかの顔を持つ可能性がある。アルデンは次の五つを指摘している。グローバル化の象徴として、開発モデルとして、西欧の鏡・代役として、独裁者の友として、そして欧米の協力者としてである。Chris Alden, *China in Africa*, Zed Books, 2007.

おわりに

ザンビア東部州ンセンガ人に注目して、一九世紀末から二一世紀初頭にかけての南部アフリカ農村社会とその変容を論じてきた。列強による世界分割の中で急速に進んだ植民地化、その後の植民地支配、やがて広がる独立運動、独立後の経済停滞と紛争、深刻化する腐敗と権威主義政治、そして市場経済化と民主化などが、三つの世紀に跨るおよそ一〇〇余年間に、次々と生じた。そして分割と植民地支配はいうまでもなく、その後の独立運動から今日の市場経済化まで、冷戦とその終焉などの国際的条件に影響されてきた。上に列挙したものの中で、ザンビアがさほど直面しなかったのは暴力的な抗争ぐらいである。ザンビア国内における深刻な紛争は回避されたが、南部アフリカ全体は一九六〇年代から九〇年代まで厳しい政治状況にあった。アンゴラ、モザンビーク、ジンバブウェ、ナミビア、そして南アフリカでは激しい解放闘争、内戦、弾圧などが続き、ザンビアはそれらに巻き込まれざるをえなかった。

このような一〇〇年間の動向や国際的条件と関連させながら、本書ではザンビアの農村社会の構造と変遷、そして人々の対応を把握することを目指した。植民地支配、冷戦、市場経済と農村社会との関係づけが徹底されたとはいえないかもしれない。国際社会学の方法・視点による実証研究についても、どの程度実現できたかはわからない。「はじめに」で述べた農村社会学と国際関係学との接合の試みも結局未完だという苦情があることだろう。関係性と全体性に注目し、事象の関連をとらえることを心掛けたが、農村を扱いながら農業についての把握は不十分である。農村社会に覆い被る時代状況にンセンガの人々は受動的に対応しただけではない。植民地支配への抵抗がンセンガ社会でいかに展開したかを北ローデシアにおける独立運動全体の中に位置づけて検討する必要がある。書名に相応しい内容とするためにはこの問題を取り上げるべきであったかもしれない。このように課題は依然として多いが、二〇年間にわたる特定の農村での調査に主に基いて、一応のとりまとめをしたつもりである。

呪術は単なる無知や迷信としてかたづけられるものではなく、すでに述べたように社会が変容する時、それを押し止めようとする力であり、もしくは変容による社会的緊張と対立の表現でもある。二〇〇一年九月一一日にアメリカ合州国で起こった事件について村で話題になったことはない。しかしもしも村人が九・一一の映像を見たならば、バベルの塔の如く崩れ落ちる姿を見て、呪術師の仕業だと思うかもしれない。人々はザンビア国内に、そして地域社会内部に拡大しつつある格差を感じとっている。さらに世界的な格差について見聞する機会も増えており、富める者への憧れと現状への不満を抱くようになっている。相対的な貧しさを感じるようになった人々が疑問や怒りをどのように表現するのか。そのことに誰がどのように答えるのか。これらはアジア、アフリカ、ラテンアメリカで広がる内なる南北問題、ひいては地球規模の南北問題の帰趨に影響することになろう。

私事にわたることであるが、本書を書き終えて一つの感慨がある。私の父は日本の農業と農政に行政官としてかつ研究者として長年かかわってきた。若い頃赴任した昭和初期の東北農村の貧困に衝撃を受け、それはその後の生き方に大きな影響を与えたようであった。寡黙な父はほとんど自らの体験を家で語ることはなかったが、この事については二、三度聞いた覚えがある。私も経験談は苦手なので、アフリカの農村について語ったことはないが、私の著書を父は常に何時の間にか読んでいた。最も熱心な読者の一人であったように思う。もしもいま生きていて、本書を読むことができたら、東北農村にあたるのが私にとってはペタウケの農村だな、と言うかもしれない。父の仕事と私の関心がどこかで交差するなどとは、しばらく前まで思いもよらないことであった。

本書はすでに述べたように『労働移動と社会変動——ザンビアの人々の営みから』で扱った以降の調査に基づいてまとめたものである。重複を避けたため説明が不十分なところがあるかもしれない。すでに発表した論文の書き直しや組み替えをかなりしているので、本書の各章との対応は明確ではないが、以下関連性のあるものについて記しておく。本書全体の構成と内容の骨子は、シリーズ『国際社会』（東京大学出版会）の第5巻に書いた「社会変動と変貌する国際社会——植民地支配・冷戦・グローバル化とザンビアの労働移動」による。本書はこの論文を発展させたものといえる。序章第2節は『講座社会学16　国際社会』（東京大学出版会）に書いた「総論　国際社会学序説」にほぼ依拠している。第1章第2節は「社会変動と変貌する国際社会」、第2章第2節・3節は『階層・移動と社会・文化変容』（文化書房博文社）に書いた「ザンビアの還流型労働移動と農村社会」、第3章4節・5節は科学研究費補助金基盤研究B（2）（二〇〇三—〇五年度）報告書『南部アフリカにおける民主化と社会構造変動に関する学際的研究』に書いた「ザンビアの地方都市における商工業従事者と農村社会」をもとにしている。第4章第1節・2節は『講座社会学16　国際社会』に書いた「社会変動と国際的条件——南部アフリカにおける民主化を事例として」の第1節である。終章第4節は「アフリカ——ヨーロッパ連合による対アフリカ政策の変遷」大島美穂編『国家・地域・民族』（EUスタディーズ第3巻）（勁草書房、二〇〇七年）による。その他は、すなわち序章第1節、第1章第1節、第2章第1節、第3章第1節・2節・3節、第4章第3節、終章第1節・2節・3節は書下ろしである。資料や面接の聞き取りは科学研究費補助金基盤研究A（2）（一九九九—二〇〇一年度）報告書『南部アフリカにおける地域的再編成と人の移動』に書いた「ペタウケにおける労働移動と農村社会——調査結果と若干の分析」「北ローデシア東部州における労働移動と農村社会――植民地政府文書における記述」にある。

東京大学出版会の宗司光治氏には構想の段階から大変お世話になった。なお本書の出版のため、津田塾大学から特別研究費（出版助成）を得た。あわせて感謝したい。

二〇〇八年八月二二日

小倉充夫

索　　引

ラ

ワ

参考文献

【一次資料】

1）未刊行資料

Zambia National Archives

EP4/2/25 (*Tour Reports-Petauke 1949 to 1952*).

EP4/2/43 (*African Labour Advisory Board*)

EP4/2/76 (*Tour Reports-Petauke 1953 to 1955*).

EP4/2/110 (*Tour Reports-Petauke 1958 to 1960*).

EP4/2/122 (*Tour Reports-Petauke 1959 to 1960*).

KSJ4/1 (*1926 Reports: Native Commissioner's Tours*). ①

KSJ4/1 (*Quarterly Report 1925–31*). ②

KSY2/1 (*Tribes-General Notes, Extract from Old District Notebook 1902*). ①

KSY2/1 (*Notebook District 1901–1963, District Traveling and Native Affairs, Extract from Old District Notebook 27th May 1904*). ②

KSY2/1 (Tribes-General Notes: Extract from Old District Notebook 1904). ③

KSY2/1 (Census: Summary of Complete Census of the Division taken January-June, 1911). ④

KSY2/1 (*Notebook District 1901–63, 1912 Note on the Asenga, Census, The Development of the Area Council System in the Petauke District, Nsenga Customs, Tribes: Travel Notes*). ⑤

KSY2/1 (*Notebook District, The Development of the Area Council System in the Petauke District*). ⑥

KSY5/1/1-5/1/4 (*Petauke Report Annual 1904–25*).

KSY5/3/2 (*Petauke Reports-Tour 1925–30*).

KSY5/3/3 (*Petauke Reports-Tour 1932–35*).

SEC1/1305 (*Migrant Labour Agreement and Labour Statistics 1939–41*).

SEC1/1308 (*Migrant Native Labour: work book home remittance from Southern Rhodesia 1938–48*).

SEC1/1516 (*Labour for Rand Mines and Southern Rhodesia 1933–39 Vols. I-VIII*).

SEC1/1311 (*1940 Administration of Native Labour Investigation of Labour Conditions in Northern Rhodesia, Eastern Province*).

SEC2/736 (*Petauke Tour Reports 1940–48*).

SEC2/739 (*Petauke Tour Reports: Petauke 1950*).

2）刊行資料

Central Statistical Office (1995) *Internal Migration and Urbanization: Aspects of 1990 Census of Population, Housing and Agriculture*, Lusaka.

Central Statistical Office (1997) *Living Conditions Monitoring Survey Report 1996*.

Central Statistical Office (2001) *2000 Census of Population*, Lusaka.

Petauke Distirct (n.d.) District Strategic Development Plan 2001-2003.

Republic of Zambia (1971) *Second National Development Plan*, Lusaka: Ministry of Development and National Guidance.

Republic of Zambia (1979) *Third National Development Plan, 1978-83*, Lusaka: Office of the President.

Republic of Zambia (1984) *Restructuring in the Midst of Crisis, Vol. 1 (Development Policies and Objectives)*, Lusaka: Government Printer.

Republic of Zambia (various issues) *Monthly Digest of Statistics*, Control Statistical Office.

Republic of Zambia, National Commission for Development Planning (1983) *Economic Report 1982*, Lusaka: Government Printer.

Republic of Zambia, National Commission for Development Planning (1984) *Economic Report 1983*, Lusaka: Government Printer.

Republic of Zambia, National Commission for Development Planning (1986) *Economic Review and Annual Plan 1986*, Lusaka: Government Printer.

SADCC (1980) *Southern Africa : Toward Economic Liberation*, Blackrose Press.

United Nations, Economic Commission for Africa, Food and Agriculture Organization (1964) *Report of the UN/ECA/FAO Economic Survey Mission on the Economic Development of Zambia*, Ndola: Falcon Press.

【二次資料】

1）欧文文献

Alden, Chris (2007) *China in Africa*, Zed Books.

Apthorpe, Raymond (1960) "Problems of African History: The Nsenga of Northern Rhodesia," *The Rhodes-Livingstone Journal*, No. 28.

Apthorpe, Raymond (1962) "Notes by Raymond Apthorpe for Booklet to Accompany Recordings 'Music From Petauke' The Nsenga of Petauke, Northern Rhodesia," typescript.

Arrighi, G. (1973) "International Corporation, Labor Aristocracies and Economic Development in Tropical Africa," G. Arrighi and John S. Saul, eds., *Essays on the Political Economy of Africa*, New York: Monthly Review Press.

Ashbaugh, Leslie Ann, (1996) *The Great East Road: Gender, Generation and Urban to Rural Migration in Eastern Province of Zambia* (Ph. D. Thesis,

Northwestern University).

Ashforth, Adam (2000) *Madumo: A Man Bewitched*, Chicago and London: University of Chicago Press.

Ashforth, Adam (2005) *Witchcraft, Violence and Development in South Africa*, Chicago and London: University of Chicago Press.

Austen, Ralph A. (1993) "The Moral Economy of Witchcraft: An Essay in Comparative History," Jean Comaroff and John Comaroff, eds., *Modernity and its Malcontents*, Chicago and London: University of Chicago Press.

Bates, Robert H. (1976) *Rural Responses to Industrialization: A Study of Village Zambia*, New Heaven: Yale University Press.

Baylies, C. and M. Szeftel (1992) "The Fall and Rise of Multi-party Politics in Zambia," *Review of African Political Economy*, No. 54.

Baylies, C. and M. Szeftel (1997) "The 1996 Zambian Elections: Still Awaiting Democratic Consolidation," *Review of African Political Economy*, No. 71.

Beetham, D. (1994) "Conditions for Democratic Consolidation," *Review of African Political Economy*, No. 60.

Bjornlund, E., M. Bratton and C. Gibson (1992) "Observing Multiparty Elections in Africa: Lessons from Zambia," *African Affairs*, No. 91.

Bratton, M. and N. van de Walle (1994) "Neopatrimonial Regimes and Political Transition in Africa," *World Politics*, No. 46.

Brelsford, W. V. (1956) *The Tribes of Zambia*, Lusaka: Government Printer.

Brown, William (2002) *The European Union and Africa: The Restructuring of North-South Relations*, London and New York: I. B. Tauris.

Burdetle, M. M. (1988) *Zambia: Between Two World*, Boulder: Westview Press.

Carmody, Brendan (2004) *The Evolution of Education*, Lusaka: Bookworld Publisher.

Chanda, D. (1995) "The Movement for Multi-Party Democracy in Zambia: Some Lessons in Democratic Transition," L. Sachikonye, ed., *Democracy, Civil Society and the State: Social Movements in Southern Africa*, Harare: SAPES Books.

Chiluba, F. J. T. (1995) *Democracy: The Challenge of Change*, Lusaka: Multimedia.

Clark, John and C. Allison (1989) *Zambia: Debt and Poverty*, Oxford: Oxfam.

Crehan, Kate (1997) *The Fractured Community: Landscapes of Power and Gender in Rural Zambia*, Berkeley, Los Angels, London: University of California Press.

Dodge, Doris J. (1977) *Agricultural Policy and Performances in Zambia*, Berkeley: University of California Press.

Ferguson, James (1990) "Mobile Workers, Modernist Narratives: A Critique of Historiography of Transition on the Zambian Copperbelt, part 1 and 2," *Journal*

of Southern African Studies, Vol. 16, No. 3, No. 4.

Ferguson, James (1999) *Expectation of Modernity: Myths and Meanings of Urban Life of the Zambian Copperbelt*, Berkeley, Los Angeles, London: University of California Press.

Ferguson, James (2006) *Global Shadows: Africa in the Neoliberal World Order*, Durham and London: Duke University Press.

Geisler, G. (1992) "Who Is Losing Out? Structural Adjustment, Gender and the Agricultural Sector in Zambia," *Journal of Modern African Studies*, Vol. 30, No. 1.

Gertzel, Cherry, C. Baylies and M. Szeftel, eds. (1984) *The Dynamics of the One-Party State in Zambia*, Manchester: Manchester University, Press.

Gibb, Richard (2003) "Globalisation and Africa's Economic Recovery: a Case Study of the European Union-South Africa Post-Apartheid Trading Regime," *Journal of Southern African Studies*, Vol. 29, No. 4.

Gibb, Richard (2004) "Developing Countries and Market Access: The Bitter-Sweet Taste of the European Union's Sugar Policy in Southern Africa," *Journal of Modern African Studies*, Vol. 42, No. 2.

Gluckman, Max (1965) *Politics, Land and Ritual in Tribal Society*, Oxford: Basil Blackwell.

Grotpeter, John J., Brian V. Siegel and James R. Pletcher, eds. (1998) *Historical Dictionary of Zambia*, Lanham and London: Scarecrow Press (Second ed.).

Harnischfeger, Johannes (2003) "Witchcraft and the Stole in South Africa," Johe Hund, ed., *Witchcraft Violence and the Law in South Africa*, Hatfield: Protea Book House.

Holland, Martin (2002) *The European Union and the Third World*, Houndmills: Palgrave.

Hurt, Stephen R. (2004) "The European Union's External Relations with African after the Cold War: Aspects of Continuity and Change," Ian Taylor and Paul Williams, eds,, *Africa in International Relations: External Involvement on the Continent*, London and New York: Routledge.

Hyden, Golan (1980) *Beyond Ujamaa in Tanzania: Underdevelopment and an Uncaptured Peasantry*, London: Heinemann.

IBRD (1986, 1992) *World Development Report*, New York: Oxford University Press.

Ihonbere, J. O. (1995) "From Movement to Government: The Movement for Multi-party Democracy and the Crisis of Democratic Consolidation in Zambia," *Canadian Journal of African Studies*, Vol. 29, No. 1.

International Labour Office (1962) *Zambia: Basic Needs in an Economy under Pressure*, Addis Ababa.

International Labour Office (1977) *Narrowing the Gaps: Planning for Basic Needs and Productive Employment in Zambia*, Addis Ababa.

Kareithi, P. J. (1996) *Power with Responsibility: A Framework for a Free and Democratic Press in Africa* (Ph. D. Thesis, University of Massachusetts).

Kashoki, Mubanga E. (1978) "The Language Situation in Zambia," Sirarpi Ohannessian and M. E. Kashoki, eds., *Language in Zambia*, London: International African Institute.

Krennerich, M. (1999) "Zambia," D. Nohlen, M. Krennerich and B. Thibout, eds., *Elections in Africa: A Data Handbook*, Oxford: Oxford University Press.

Langworthy, Harry W. (1972) *Zambia Before 1890: Aspects of Pre-colonial History*, London: Longman.

Lijphart, A. (1985) *Power Sharing in South Africa* (Policy Papers in International Affairs, No. 124) Berkeley: University of California Press.

Luard, Evan (1990) *International Society*, London: Macmillan.

Makinda, S. M. (1996) "Democracy and Multi-party Politics in Africa," *Journal of Modern African Studies*, Vol. 34, No. 4.

Mamdani, M. and E. Wamba-dia-Wamba, eds. (1995) *African Studies in Social Movement and Democracy*, Dakar: CODESRIA.

Marten, Lutz and Nancy C. Kula (2008) "Zambia: One Zambia, One Nation, Many Languages," Andrew Simpson, ed., *Language and National Identity in Africa*, Oxford: Oxford University Press.

Martin, Guy (2002) *Africa in World Politics*, Trenton and Asmara: African World Press.

Marwick, M. G. (1965) *Sorcery in its Social Setting: A Study of the Northern Rhodesian Cewa*, Manchester: Manchester University Press.

Meillassoux, Claude (1975) *Femmes, greniers et capitaux*, Paris : Librairie François Maspero (川田順造・原口武彦訳 (1977)『家族制共同体の理論——経済人類学の課題』筑摩書房).

Mitchell, J. Clyde (1954) "African Urbanization in Ndola and Luanshaya," *Rhodes-Livingston Institute, Rhodes-Livingstone Communication*, No.6.

Moore, Henrietta L. and Megan Vaughan (1994) *Cutting Down Trees: Gender, Nutrition and Agricultural Change in the Northern Province of Zambia, 1890–1990*, Portsmouth: Heinemann.

Mukuka, Lawrence (1997) "Urban-Rural Migration of Zambia Retirees: Re-Adjustment and Contribution to Rural Development," Study Funded by the Study Fund Committee of the World Bank Social Recovery Project, Serial No. 47.

Mulford, David C. (1967) *Zambia: The Politics of Independence 1957–64*, Oxford: Oxford University Press.

Murithi, Timothy (2005) *The Afrcian Union: Pan-Africanism, Peacebuilding and Development*, Aldershot and Burlington: Ashgate.

Mwanakatwe, John M. (1994) *End of Kaunda Era*, Lusaka: Multimedia Publications.

Mytton, Graham (1974) *Listening, Looking and Learning: Report on a National Mass Media Audience Survey in Zambia (1970–73)*, Lusaka: Institute for African Studies.

Ogura, Mitsuo (1991) "Rural-Urban Migration in Zambia and Migrant Ties to Home Villages," *The Developing Economies*, Vol. 29, No. 2.

Ogura, Mitsuo (1998) "Labour Migration and Rural Society in Petauke, Zambia," 『国際関係学研究』(津田塾大学) 第 24 号.

Ohannessian, Sirarpi and M. E. Kashoki, eds. (1978) *Language in Zambia*, London: International African Institute.

Pettman, Jan (1974) *Zambia: Security and Conflict*, London: Julian Friedman Publishers.

Phiri, Sandram Henry (1980) "Some Aspects in a Border Area: A Study in the Historical and Political Geography of Rural Development in the Zambia/Malawi and Zambia/Mozambique Frontier Zone (1870–1979)" (Ph. D. Thesis, University of Liverpool).

Poole, Lane (1934) *Native Tribes on the Eastern Province of Northern Rhodesia*, Lusaka: Government Printer.

Posner, Daniel Nolau (1998) *The Institutional Origins of Ethnic Politics in Zambia* (Ph. D. Thesis, Harvard University).

Pottier, Johan (1988) *Migrants No More: Settlement and Survival in Mambwe Villages, Zambia*, Bloomington: Indian University Press.

Prah, K. (1996) "The Crisis of Neo-colonialism in Africa and the Contemporary Democratic Challenge," H. Assefa and G. Wachira, eds., *Peacemaking and Democratisation in Africa*, Nairobi: East African Educational Publishers.

Rakner, Lise (2003) *Political and Economic Liberalisation in Zambia*, Stockholm: The Nordic Africa Institute.

Richards, Audrey I. (1939) *Land, Labour and Diet in Northern Rhodesia: An Economic Study of the Bemba Tribe*, London: Oxford University Press.

Roberts, Andrew (1976) *A History of Zambia*, London: Heinemann.

Roger, Y. and J. Loxley (1990) *An Assessment of Zambia's Structural Adjustment Experience*, Ottawa: North-South Institute.

Rotberg, Robert I. (1965) *The Rise of Nationalism in Central Africa: the Making of Malowi and Zambia, 1873–1964*, Cambridge: Harvard University Press.

Sachikonye, L., ed. (1995) *Democracy, Civil Society and the State: Social Movements in Southern Africa*, Harare: SAPES Books.

Sakala, F. D. (1996) "From Independence to Multiparty Democracy in Zambia: A Personal View from Inside the Church," H. Assefa and G. Wachira, eds., *Peacemaking and Democratisation in Africa*, Nairobi: East African Educational Publishers.

Sartre, Jean-Paul (1964) "La pensée politque de Patrice Lumunba," *Situations V*, Paris: Gallimard (鈴木道彦訳 (1965)「「パトリス・ルムンバの政治思想」『シチュアシオンV』人文書院).

Sassen, Saskia (1996) *Losing Control? Sovereignty in an Age of Globalization*, New York: Columbia University Press.

Seymour, T. (1976) *Squatters, Migrants and the Urban Poor: A Study of Attitudes towards Inequality with Special Reference to a Squatter Settlement in Lusaka*, Zambia (Ph. D. dissertation, University of Sussex).

Shivji, Issa (1976) *Class Struggle in Tanzania*, London: Heinemann Educational Books.

Sichone, O. B. (1996) "Democracy and Crisis in Zambia," O. Sichone and B. C. Chikulo, eds., *Democracy in Zambia: Challenges for the Third Republic*, Harare: SAPES Books.

Simutanyi, N. R. (1996) "Organized Labour, Economic Crisis and Structural Adjustment in Africa: The Case of Zambia," O. Sichone and B. C. Chikulo, eds., *Democracy in Zambia: Challenges for the Third Republic*, Harare: SAPES Books.

Stefaniszyn, Bronislaw (1964a) "The Material Culture of the Ambo of Northern Rhodesia," *The Occasional Papers of the Rhodes-Livingstone Museum*, No. 16, Lusaka: The Rhodes-Livingstone Institute.

Stefaniszyn, Bronislaw (1964b) *Social and Ritual Life of the Ambo of Northern Rhodesia*, London: Oxford University Press.

Tordoff, W. and I. Scott (1974a) "Political Parties: Structures and Policies," W. Tordoff, ed., *Politics in Zambia*, Manchester: Manchester University Press.

Tordoff, W. and Robert Molteno (1974b) "Introduction," W. Tordoff, ed., *Politics in Zambia*, Manchester: Manchester University Press.

Tull, Denis M. (2006) "China's Engagement in Africa: Scope, Significance and Consequences," *Journal of Modern Afrcian Studies*, Vol. 44, No. 3.

Turok, Bed, ed. (1979) *Development in Zambia*, London: Zed Press.

von Donge, J. K. (1995) "Zambia: Kaunda and Chiluba: Enduring Patterns of Political Culture," J. A. Wiseman, ed., *Democracy and Political Change in Sub-Saharan Africa*, London: Routledge.

von Donge, J. K. (1998) "Reflections on Donors, Opposition and Popular Will in the 1996 Zambian General Elections," *Journal of Modern African Studies*, Vol. 36, No. 1.

Wallerstein, Immanuel (1983) *Historical Capitalism*, London: Verso (川北稔訳 (1985)『史的システムとしての資本主義』岩波書店).

Watanuki, Joji (1973) "State Formation and Nation-Building in East Asia," S. N. Eisenstadt and Stein Rokkan, eds., *Building States and Nations*, Vol. II, London: Sage.

Watson, William (1958) *Tribal Cohesion in a Money Economy: A Study of the Mambwe People of Northern Rhodesia*, Manchester: Manchester University Press.

Williams-Myers, Albert James (1978) *The Nsenga of Central Africa: Political and Economic Aspects of Clan History, 1700 to the Late Nineteenth-Century* (Ph. D. Thesis, University of California, Los Angels).

Wilson, Godfrey (1941) An Essay of the Economics of Detribalization in Northern Rhodesia, Part 1, *Rhodes-Livingstone Papers*, No. 5.

Wiseman, J. A. (1996) *The New Struggle for Democracy in Africa*, Aldershot: Avebury.

Yoshikuni, Tsuneo (2007) *African Urban Experience in Colonial Zimbabwe*, Harare: Weaver Press.

Young, Roger and John Loxley (1990) *Zambia: An Assessment of Zambia's Structural Adjustment Experience*, Ottawa: North-South Institute.

2)和文文献

i 南部アフリカ関連文献

青木一能 (2001)『アンゴラ内戦と国際政治の力学』芦書房.

赤羽裕 (1971)『低開発経済分析序説』岩波書店.

網中昭世 (2007)「ポルトガル植民地支配とモザンビーク南部における労働移動——ポルトガル・南アフリカ政府間協定の締結過程 (1901-1928)」『歴史学研究』832号.

市川承八郎 (1982)『イギリス帝国主義と南アフリカ』晃洋書房.

井上一明 (2001)『ジンバブウェの政治力学』慶應義塾大学出版会.

遠藤貢 (1996)「一党体制への転換と複数政党制への回帰——アフリカ」白鳥令・砂田一郎編『現代政党の理論』東海大学出版会.

遠藤貢 (2000)「アフリカ『市民社会』論の展開」『国際政治』第123号.

遠藤貢 (2003)「アフリカをめぐる多国間主義の変容と現在」『国際政治』第133号.

大山修一 (2002)「市場経済化と焼畑農耕社会の変容——ザンビア北部ベンバ社会の事例」掛谷誠編『アフリカ農耕民の世界』京都大学学術出版会.

小倉充夫 (1989)『現代アフリカへの接近』三嶺書房.

小倉充夫 (1995a)『労働移動と社会変動——ザンビアの人々の営みから』有信堂.

小倉充夫 (1997)「1991年政権交代後のザンビア政治と民主主義」林晃史編『南部アフリカ民主化後の課題』アジア経済研究所.

小倉充夫編（2002a）『南部アフリカにおける地域的再編成と人の移動』（科学研究費補助金基盤研究［A］［2］研究成果報告書，研究代表者・小倉充夫）．

小倉充夫（2002b）「社会変動と国際的条件——南部アフリカにおける民主化を事例として」小倉充夫・加納弘勝編『講座社会学 16　国際社会』東京大学出版会．

小倉充夫（2002c）「社会変動と変貌する国際社会——植民地支配・冷戦・グローバル化とザンビアの労働移動」小倉充夫・梶田孝道編『国際社会 5　グローバル化と社会変動』東京大学出版会．

小倉充夫（2004）「アフリカの環境問題」三浦永光編『国際関係の中の環境問題』有信堂．

小倉充夫（2005）「ザンビアの還流型労働移動と農村社会」奥山眞知ほか編『階層・移動と社会・文化変容』文化書房博文社．

小倉充夫編（2006）『南部アフリカにおける民主化と社会構造変動に関する学際的研究』（科学研究費補助金基盤研究［B］［2］研究成果報告書，研究代表者・小倉充夫）．

小田英郎（1993）「90 年代南部アフリカ諸国の政治体制と民主化」林晃史編『南部アフリカ諸国の民主化』アジア経済研究所．

川端正久・佐々木建編（1992）『南部アフリカ——ポスト・アパルトヘイトと日本』勁草書房．

北川勝彦（2001）『南部アフリカ社会経済史研究』関西大学出版部．

児玉谷史朗（1989）「ザンビアにおける国家と小農」林晃史編『アフリカ農村社会の再編成』アジア経済研究所．

児玉谷史朗（1990）「ザンビアの組織労働者と国家——鉱山労働者を中心として」『アジア経済』第 31 巻第 8 号．

児玉谷史朗（1993）「ザンビアにおける商業的農業の発展」児玉谷史朗編『アフリカにおける商業的農業の発展』アジア経済研究所．

児玉谷史朗（1995）「ザンビアの構造調整とメイズの流通改革」原口武彦編『構造調整とアフリカ農業』アジア経済研究所．

児玉谷史朗（1999）「ザンビアの慣習法地域における土地制度と土地問題」池野旬編『アフリカ農村像の再検討』アジア経済研究所．

児玉谷史朗（2003）「ザンビアにおける自由化後のトウモロコシ流通と価格」高根務編『アフリカとアジアの農産物流通』アジア経済研究所．

佐伯尤（2003）『南アフリカ金鉱業史』新評論．

佐藤誠（1998）「南アフリカの民主化とロメ協定加入問題」平野克己編『南アフリカの衝撃——ポスト・マンデラ期の政治経済』アジア経済研究所．

佐藤誠編（1998）『南アフリカの政治経済学——ポスト・マンデラとグローバライゼーション』明石書店．

島田周平（2007a）『アフリカ——可能性を生きる農民』京都大学学術出版会．

島田周平（2007b）『現代アフリカ農村』古今書院．

杉村和彦（2004）『アフリカ農民の経済』世界思想社．

杉山祐子（2001）「ザンビアにおける農業政策の変化とベンバ農村」高根務編『アフリカの政治経済変動と農村社会』アジア経済研究所.
拓殖大学海外事情研究所（2000）『海外事情』第 48 巻第 4 号（特集：アフリカの選挙と民主化）.
武内進一（2000）「アフリカの紛争――その今日的特質についての考察」武内進一編『現代アフリカの紛争――歴史と主体』アジア経済研究所.
丁可（2007）「中国の対アフリカ消費財貿易」吉田栄一編『アフリカに吹く中国の嵐，アジアの旋風』アジア経済研究所.
日本国際政治学会編（2000a）『国際政治』第 123 号（転換期のアフリカ）有斐閣.
日本国際政治学会編（2000b）『国際政治』第 125 号（「民主化」と国際政治・経済）有斐閣.
林晃史（1975）「南部アフリカ諸国の『従属的経済関係』」『アジア経済』第 16 巻第 10 号.
林晃史（1978）「南部アフリカの政治変動と内陸国ザンビアの銅輸送問題」『アジア経済』第 20 巻第 12 号.
林晃史（1982）「ザンビアの経済改革，階級形成と対南部アフリカ政策」『アジア経済』第 23 巻第 9 号.
林晃史編（1993）『南部アフリカ諸国の民主化』アジア経済研究所.
林晃史編（1997）『南部アフリカ民主化後の課題』アジア経済研究所.
林晃史（1999）『南部アフリカ政治経済論』アジア経済研究所.
平野克己編（1999）『新生国家南アフリカの衝撃』アジア経済研究所.
平野克己（2007）「アフリカ経済――成長と低開発」アジア経済研究所調査報告書『成長するアフリカ――日本と中国の視点』アジア経済研究所.
舩田クラーセンさやか（2007）『モザンビーク解放闘争史――「統一」と「分裂」の起源を求めて』御茶の水書房.
星昭（1970）「ザンビアにおける『部族主義』と土地所有」『アジア経済』第 11 巻第 2 号.
星昭・林晃史（1992）『アフリカ現代史（Ⅰ）』［第 2 版］山川出版社.
峯陽一（1994）「EU のアフリカ援助と日本」川端正久編『アフリカと日本』勁草書房.
峯陽一（1999）『現代アフリカと開発経済学』日本評論社.
室井義雄（1987）「アフリカにおける資本主義の浸透と労働力移動」森田桐郎編『国際労働力移動』東京大学出版会.
山田秀雄（1971）『イギリス植民地経済史』岩波書店.
山田秀雄（2005）『イギリス帝国経済史研究』ミネルヴァ書房.
吉國恒雄（2005）『アフリカ人都市経験の史的考察』インパクト出版会.
吉國恒雄（2007）「燃えるジンバブウェ」木畑洋一編『現代世界とイギリス帝国』ミネルヴァ書房.
吉田栄一（2007）「アフリカの地域産業をめぐる環境の変化」吉田栄一編『アフリ

カに吹く中国の嵐，アジアの旋風』アジア経済研究所．

吉田昌夫（1997）『東アフリカ社会経済論――タンザニアを中心として』古今書院．

ⅱ　本文・注で用いたその他文献

江口朴郎（1954）『帝国主義と民族』東京大学出版会．

遠藤保雄（2004）『戦後国際農業交渉の史的考察』御茶の水書房．

大熊宏（2003）「輸出所得安定化制度」川田侃・大畠英樹編『国際政治経済辞典』［改訂版］東京書籍．

大塚久雄（1969）「資本主義発展の起点における市場構造」『大塚久雄著作集』（第五巻）岩波書店．

小倉充夫（1995b）「国際社会学の構想」廣瀬和子・綿貫譲治編『新国際学』東京大学出版会．

小倉充夫（2002d）「国際社会序説――現代世界と社会の課題」小倉充夫・加納弘勝編『講座社会学16　国際社会』東京大学出版会．

小倉充夫（2003）「社会学と国際関係学との遭遇――『シリーズ国際社会』の編集に寄せて」『国際関係研究所報』（津田塾大学）第38号．

梶田孝道（1988）『エスニシティと社会変動』有信堂．

加納弘勝・小倉充夫（2002）「序　第三世界の社会変動と国際的条件」加納弘勝・小倉充夫編『国際社会7　変貌する「第三世界」と国際社会』東京大学出版会．

庄司興吉編（1986）『世界社会の構造と動態』法政大学出版局．

高島忠義（1991）『ロメ協定と開発の国際性』成文堂．

竹中和郎・駒井洋編（1985）『地球社会のなかの日本――国際社会学のすすめ』有斐閣．

東畑精一（1947）「農村建設の一観点――農村工業の問題」『一農政学徒の記録』酣燈社．

馬場伸也（1973）「国際関係の政治社会学」綿貫譲治編『社会学講座7　政治社会学』東京大学出版会．

馬場伸也（1978）「非国家的行動体と国際関係――序論」日本国際政治学会編『国際政治』第59巻，有斐閣．

馬場伸也（1983）『地球文化のゆくえ』東京大学出版会．

馬場伸也（1993）「国際社会学」森岡清美・塩原勉・本間康平編『新社会学辞典』有斐閣．

前田啓一（2000）『EUの開発援助政策――ロメ協定の研究：パートナーシップからコンディショナリティーへ』御茶の水書房．

宮島喬・梶田孝道・伊藤るり（1985）『先進社会のジレンマ』有斐閣．

室井義雄（1994）「生産様式の接合と労働移動――低賃金労働力の再生産メカニズム」森田桐郎編『国際労働移動と外国人労働者』同文舘．

百瀬宏（1993）『国際関係学』東京大学出版会．

百瀬宏（2003）『国際関係学原論』岩波書店．

柳澤治（1998）「大塚久雄の農村工業論の背景――同時代日本の論争をめぐって」

住谷一彦・和田強編『歴史への視線——大塚史学とその時代』日本経済評論社.
山田三郎（1986）「はしがき——農村工業の概念と本書の概要」山田三郎編『アジアの農村工業』アジア経済研究所.
綿貫譲治（2005）「国際社会学の性格と課題」『ソシオロジカ』第2巻第1，2号，創価大学.

著者略歴
1968 年　東京大学文学部社会学科卒業
1973 年　東京大学大学院社会学研究科博士課程単位取得退学
　　　　津田塾大学講師・助教授，在ザンビア日本大使館専門
　　　　調査員，津田塾大学教授，上智大学教授を経て，
現　在　津田塾大学学芸学部教授

主要著作
『開発と発展の社会学』（東京大学出版会，1982 年）
『現代アフリカの悩み』（日本放送出版協会，1986 年）
『現代アフリカへの接近』（三嶺書房，1989 年）
『現代国家と移民労働者』（共編著，有信堂，1992 年）
『労働移動と社会変動』（有信堂，1995 年）
『国際移動論』（編著，三嶺書房，1997 年）
『講座社会学 16　国際社会』（共編著，東京大学出版会，2002 年）
『国際社会』（全 7 巻，共編著，東京大学出版会，2002 年）

南部アフリカ社会の百年
植民地支配・冷戦・市場経済

2009 年 2 月 20 日　初　版

［検印廃止］

著　者　小倉充夫《おぐらみつお》

発行所　財団法人　東京大学出版会

代 表 者　岡本和夫

113-8654 東京都文京区本郷 7-3-1 東大構内
電話 03-3811-8814　FAX 03-3812-6958
振替 00160-6-59964

印刷所　株式会社平文社
製本所　牧製本印刷株式会社

ISBN 978-4-13-056104-4 Printed in Japan